本书出版获中国社会科学院创新工程出版资助项目经费支持,谨以致谢!

中国社会科学院大学文库

患者隐私权法律保护研究

龚赛红 蔡宏伟 马明华
赵菊敏 马 伟 蔡丽辉 于海旭 著

中国社会科学出版社

图书在版编目（CIP）数据

患者隐私权法律保护研究／龚赛红等著 . —北京：中国社会科学出版社，2022.7

（中国社会科学院大学文库）

ISBN 978 - 7 - 5227 - 0272 - 8

Ⅰ.①患… Ⅱ.①龚… Ⅲ.①病人—隐私权—研究—中国 Ⅳ.①D922.164

中国版本图书馆 CIP 数据核字（2022）第 091594 号

出 版 人	赵剑英
责任编辑	张　林
特约编辑	张　虎
责任校对	李　莉
责任印制	戴　宽

出　　版	中国社会科学出版社
社　　址	北京鼓楼西大街甲 158 号
邮　　编	100720
网　　址	http://www.csspw.cn
发 行 部	010 - 84083685
门 市 部	010 - 84029450
经　　销	新华书店及其他书店

印　　刷	北京明恒达印务有限公司
装　　订	廊坊市广阳区广增装订厂
版　　次	2022 年 7 月第 1 版
印　　次	2022 年 7 月第 1 次印刷

开　　本	710×1000　1/16
印　　张	14.25
插　　页	2
字　　数	235 千字
定　　价	78.00 元

凡购买中国社会科学出版社图书，如有质量问题请与本社营销中心联系调换
电话：010 - 84083683
版权所有　侵权必究

中国社会科学院大学文库学术研究系列编辑委员会

主　任　高文书
副主任　林　维　张　波　张　斌
编　委（按姓氏笔画排）

　　　　　王　炜　向　征　刘　强　刘文瑞　杜智涛
　　　　　李　俊　何庆仁　张　涛　张菀洺　陈洪波
　　　　　罗自文　赵一红　赵　猛　皇　娟　柴宝勇
　　　　　徐　明　高海龙　谭祖谊

总　序

张政文[*]

恩格斯说："一个民族要想站在科学的最高峰，就一刻也不能没有理论思维。"人类社会每一次重大跃进，人类文明每一次重大发展，都离不开哲学社会科学的知识变革和思想先导。中国特色社会主义进入新时代，党中央提出"加快构建中国特色哲学社会科学学科体系、学术体系、话语体系"的重大论断与战略任务。可以说，新时代对哲学社会科学知识和优秀人才的需要比以往任何时候都更为迫切，建设中国特色社会主义一流文科大学的愿望也比以往任何时候都更为强烈。身处这样一个伟大时代，因应这样一种战略机遇，2017年5月，中国社会科学院大学以中国社会科学院研究生院为基础正式创建。学校依托中国社会科学院建设发展，基础雄厚、实力斐然。中国社会科学院是党中央直接领导、国务院直属的中国哲学社会科学研究的最高学术机构和综合研究中心，新时期党中央对其定位是马克思主义的坚强阵地、党中央国务院重要的思想库和智囊团、中国哲学社会科学研究的最高殿堂。使命召唤担当，方向引领未来。建校以来，中国社会科学院大学聚焦"为党育人、为国育才"这一党之大计、国之大计，坚持党对高校的全面领导，坚持社会主义办学方向，坚持扎根中国大地办大学，依托社科院强大的学科优势和学术队伍优势，以大院制改革为抓手，实施研究所全面

---

[*] 中国社会科学院大学党委常务副书记、校长、教授、博士生导师。

支持大学建设发展的融合战略,优进优出、一池活水、优势互补、使命共担,形成中国社会科学院办学优势与特色。学校始终把立德树人作为立身之本,把思想政治工作摆在突出位置,坚持科教融合、强化内涵发展,在人才培养、科学研究、社会服务、文化传承创新、国际交流合作等方面不断开拓创新,为争创"双一流"大学打下坚实基础,积淀了先进的发展经验,呈现出蓬勃的发展态势,成就了今天享誉国内的"社科大"品牌。"中国社会科学院大学文库"就是学校倾力打造的学术品牌,如果将学校之前的学术研究、学术出版比作一道道清澈的溪流,"中国社会科学院大学文库"的推出可谓厚积薄发、百川归海,恰逢其时、意义深远。为其作序,我深感荣幸和骄傲。

高校处于科技第一生产力、人才第一资源、创新第一动力的结合点,是新时代繁荣发展哲学社会科学,建设中国特色哲学社会科学创新体系的重要组成部分。我校建校基础中国社会科学院研究生院是我国第一所人文社会科学研究生院,是我国最高层次的哲学社会科学人才培养基地。周扬、温济泽、胡绳、江流、浦山、方克立、李铁映等一大批曾经在研究生院任职任教的名家大师,坚持运用马克思主义开展哲学社会科学的教学与研究,产出了一大批对文化积累和学科建设具有重大意义、在国内外产生重大影响、能够代表国家水准的重大研究成果,培养了一大批政治可靠、作风过硬、理论深厚、学术精湛的哲学社会科学高端人才,为我国哲学社会科学发展进行了开拓性努力。秉承这一传统,依托中国社会科学院哲学社会科学人才资源丰富、学科门类齐全、基础研究优势明显、国际学术交流活跃的优势,我校把积极推进哲学社会科学基础理论研究和创新,努力建设既体现时代精神又具有鲜明中国特色的哲学社会科学学科体系、学术体系、话语体系作为矢志不渝的追求和义不容辞的责任。以"双一流"和"新文科"建设为抓手,启动实施重大学术创新平台支持计划、创新研究项目支持计划、教育管理科学研究支持计划、科研奖励支持计划等一系列教学科研战略支持计划,全力抓好"大平台、大团队、大项目、大成果""四大"建设,坚持正确的政治方向、学术导向和价值取向,把政治要求、意识形态纪律作为首要标准,贯穿选题设计、科研立项、项目研究、成果运用全过程,以高度的文化自觉和坚定的文化自信,围绕重大理论和实践问题展开深入研究，不断推进知识创新、理论创新、方法创新，不断推出有思想含量、理论分量和话语质量的学术、教材和思政研究成果。"中国社会科学院大学文库"正是对这种历史底蕴和学术精神的传承与发展，更是新时代我校"双一流"建设、科学研究、教育教学改革和思政工作创新发展的集中展示与推介，是学校打造学术精品，彰显中国气派的生动实践。

"中国社会科学院大学文库"按照成果性质分为"学术研究系列""教材系列"和"思政研究系列"三大系列，并在此分类下根据学科建设和人才培养的需求建立相应的引导主题。"学术研究系列"旨在以理论研究创新为基础，在学术命题、学术思想、学术观点、学术话语上聚焦聚力，注重高原上起高峰，推出集大成的引领性、时代性和原创性的高层次成果。"教材系列"旨在服务国家教材建设重大战略，推出适应中国特色社会主义发展要求，立足学术和教学前沿，体现社科院和社科大优势与特色，辐射本硕博各个层次，涵盖纸质和数字化等多种载体的系列课程教材。"思政研究系列"旨在聚焦重大理论问题、工作探索、实践经验等领域，推出一批思想政治教育领域具有影响力的理论和实践研究成果。文库将借助与中国社会科学出版社的战略合作，加大高层次成果的产出与传播。既突出学术研究的理论性、学术性和创新性，推出新时代哲学社会科学研究、教材编写和思政研究的最新理论成果；又注重引导围绕国家重大战略需求开展前瞻性、针对性、储备性政策研究，推出既通"天线"、又接"地气"，能有效发挥思想库、智囊团作用的智库研究成果。文库坚持"方向性、开放式、高水平"的建设理念，以马克思主义为领航，严把学术出版的政治方向关、价值取向关与学术安全关、学术质量关。入选文库的作者，既有德高望重的学部委员、著名学者，又有成果丰硕、担当中坚的学术带头人，更有崭露头角的"青椒"新秀；既以我校专职教师为主体，也包括受聘学校特聘教授、岗位教师的社科院研究人员。我们力争通过文库的分批、分类持续推出，打通全方位、全领域、全要素的高水平哲学社会科学创新成果的转化与输出渠道，集中展示、持续推广、广泛传播学校科学研究、教材建设和思政工作创新发展的最新成果与精品力作，力争高原之上起高峰，以高水平的科研成果支撑高质量人才培养，服务新时代中国特色哲学社会科学"三大体系"

建设。

  历史表明，社会大变革的时代，一定是哲学社会科学大发展的时代。当代中国正经历着我国历史上最为广泛而深刻的社会变革，也正在进行着人类历史上最为宏大而独特的实践创新。这种前无古人的伟大实践，必将给理论创造、学术繁荣提供强大动力和广阔空间。我们深知，科学研究是永无止境的事业，学科建设与发展、理论探索和创新、人才培养及教育绝非朝夕之事，需要在接续奋斗中担当新作为、创造新辉煌。未来已来，将至已至。我校将以"中国社会科学院大学文库"建设为契机，充分发挥中国特色社会主义教育的育人优势，实施以育人育才为中心的哲学社会科学教学与研究整体发展战略，传承中国社会科学院深厚的哲学社会科学研究底蕴和40多年的研究生高端人才培养经验，秉承"笃学慎思明辨尚行"的校训精神，积极推动社科大教育与社科院科研深度融合，坚持以马克思主义为指导，坚持把论文写在大地上，坚持不忘本来、吸收外来、面向未来，深入研究和回答新时代面临的重大理论问题、重大现实问题和重大实践问题，立志做大学问、做真学问，以清醒的理论自觉、坚定的学术自信、科学的思维方法，积极为党和人民述学立论、育人育才，致力于产出高显示度、集大成的引领性、标志性原创成果，倾心于培养又红又专、德才兼备、全面发展的哲学社会科学高精尖人才，自觉担负起历史赋予的光荣使命，为推进新时代哲学社会科学教学与研究，创新中国特色、中国风骨、中国气派的哲学社会科学学科体系、学术体系、话语体系贡献社科大的一份力量。

目 录

绪 论 …………………………………………………………… (1)
　一　患者隐私权的理论前提 ………………………………… (1)
　二　患者隐私权的立法基础 ………………………………… (3)
　三　我国患者隐私权法律保护的现实基础 ………………… (4)
　四　我国患者隐私权法律保护展望 ………………………… (5)
　五　本书的结构和写作分工 ………………………………… (6)

第一章　患者隐私权基本理论 ……………………………… (7)
第一节　患者隐私 …………………………………………… (7)
　一　患者隐私概念的界定 …………………………………… (7)
　二　患者隐私的类型 ………………………………………… (11)
第二节　患者隐私权 ………………………………………… (12)
　一　患者隐私权概念的界定 ………………………………… (12)
　二　患者隐私权的特征 ……………………………………… (15)
　三　患者隐私权的具体内容 ………………………………… (17)
第三节　患者隐私权的价值 ………………………………… (23)
　一　法律伦理价值 …………………………………………… (23)
　二　社会价值 ………………………………………………… (25)
本章小结 ……………………………………………………… (28)

第二章　患者隐私权侵害与救济的实务考察 ……………… (29)
第一节　患者隐私权侵权行为类型 ………………………… (29)

一　患者隐私权侵权行为类型概述 ……………………………（29）
　　二　患者隐私权侵权行为类型的表现形式 …………………（30）
第二节　患者隐私权侵害与救济的个案考察 ……………………（35）
　　一　患者隐私权侵害的救济途径 ……………………………（35）
　　二　患者隐私权救济的观念转变 ……………………………（37）
　　三　患者隐私权救济的司法实务考察 ………………………（40）
第三节　患者隐私合理期待的社会调查分析 ……………………（66）
　　一　调查背景、目的、对象、方法 …………………………（67）
　　二　调查结果 …………………………………………………（67）
　　三　调查结果分析 ……………………………………………（68）
本章小结 ………………………………………………………………（86）

第三章　患者隐私权法律保护中的利益冲突与平衡 ……………（87）
　第一节　利益冲突与利益衡量概述 ………………………………（87）
　　一　利益与利益冲突的界定 …………………………………（87）
　　二　利益冲突产生的原因 ……………………………………（89）
　　三　利益冲突下的利益衡量理论 ……………………………（91）
　　四　利益衡量理论下的利益冲突解决 ………………………（93）
　第二节　患者隐私权与社会公共利益的冲突与平衡 ……………（96）
　　一　社会公共利益概念界定 …………………………………（96）
　　二　患者隐私权与社会公共利益的冲突 ……………………（97）
　　三　患者隐私权与社会公共利益的平衡 ……………………（99）
　第三节　患者隐私权与医疗机构利益的冲突与平衡 …………（103）
　　一　患者隐私权与医疗机构诊疗知情权的冲突与平衡 …（104）
　　二　患者隐私权与医疗机构临床实践教学权的利益
　　　　冲突与平衡 ………………………………………………（107）
　　三　患者隐私权与医疗机构对患者病历资料原始
　　　　目的外使用的利益冲突与平衡 …………………………（109）
　　四　患者隐私权与医疗机构电子病历使用权之间的
　　　　利益冲突与平衡 …………………………………………（111）
　第四节　患者与第三人之间的利益冲突与平衡 ………………（115）

一　患者隐私权与因职务行为与其密切接触的第三人
　　　　知情权的利益冲突 …………………………………… (115)
　　二　患者隐私权与其他有利害关系第三人知情权的利益
　　　　冲突及平衡 …………………………………………… (117)
　　三　患者之间隐私权的利益冲突与平衡 ………………… (123)
第五节　重大疫情危机应对中患者隐私权与其他权益
　　　　保护之间的平衡 …………………………………… (125)
　　一　重大疫情危机及其防控特点 ………………………… (126)
　　二　重大疫情危机中的患者隐私权的特征 ……………… (128)
　　三　重大疫情危机防控中患者隐私权与其他权益保护之
　　　　平衡应遵循的原则 …………………………………… (130)
本章小结 …………………………………………………… (135)

第四章　国外患者隐私权法律保护的规定 ………………… (137)
第一节　英美法系患者隐私权的法律保护 ………………… (137)
　　一　美国患者隐私权的法律保护 ………………………… (137)
　　二　英国患者隐私权的法律保护 ………………………… (140)
第二节　大陆法系患者隐私权的法律保护 ………………… (144)
　　一　法国患者隐私权的法律保护 ………………………… (144)
　　二　德国患者隐私权的法律保护 ………………………… (147)
　　三　日本患者隐私权的法律保护 ………………………… (149)
第三节　世界各国患者权利立法中
　　　　关于患者隐私权的内容 …………………………… (153)
　　一　患者权利国际公约对患者隐私权的规定 ………… (153)
　　二　医患关系法对患者隐私权的规定 ………………… (155)
　　三　基本卫生法中关于患者隐私权的保护 …………… (164)
本章小结 …………………………………………………… (166)

第五章　我国患者隐私权法律保护体系的构建 …………… (168)
第一节　我国患者隐私权法律保护的现状及反思 ………… (168)
　　一　我国患者隐私权法律保护立法现状 ……………… (168)

二　我国患者隐私权法律保护的总体评价 …………………（176）
　　三　我国患者隐私权法律保护的不足 ………………………（180）
　　四　我国患者隐私权法律保护不足的原因分析 ……………（183）
第二节　我国患者隐私权的一般法保护构建 …………………（184）
　　一　患者隐私权的宪法保护 …………………………………（184）
　　二　患者隐私权的行政法保护 ………………………………（189）
　　三　患者隐私权的民法保护 …………………………………（195）
　　四　患者隐私权的刑法保护 …………………………………（196）
第三节　患者隐私权的"医患关系法"保护构建 ………………（198）
　　一　医患关系的性质 …………………………………………（198）
　　二　"医患关系法"隐私权保护的制度设计 …………………（200）
本章小结 …………………………………………………………（204）

附录　"患者隐私权法律保护"调查问卷 ……………………（205）

绪　论

患者隐私权是患者权利的重要组成部分，是患者权利运动中产生的一项重要的患者权利。在我国，患者隐私权的法律保护已经引起患者和医疗机构及其医务人员的重视，这在立法和法律实务中均有体现。早在1996年，我国学者邱仁宗等在《病人的权利》一书中对患者权利进行了探讨，指出隐私权是患者的一项重要人格权。2000年国内某大学附属医院发生了患者隐私权侵权事件，引起了我国社会各界的广泛关注，推进了国内患者隐私权保护的研究。随着隐私权在我国民法理论和立法中的确立，积极构建患者隐私权法律保护体系已经具有理论基础和立法实践基础。

一　患者隐私权的理论前提

患者隐私权的理论前提是隐私权理论的提出、被接受和不断完善。隐私观念在世界各地文化中多有体现，但对隐私权理论的最早提出尚存争议。有学者提出法国为最早规定隐私权并加以保护的国家。多数论者对隐私权理论的研究源于美国法对隐私权的确认和保护。可以说隐私权理论是法学领域一个历久弥新、极具魅力的研究课题。隐私权已被多个国家和地区的法律移植，并结合本地域的文化传统、法律体系、经济社会发展情况等诸多因素，不断得到传承和发展，衍生出独具特色的隐私权法律体系。在法国，早在1791年，学者Jacobin Jérôme Pétion就提出要对他人的私人生活予以保护，以防止新闻媒体的侵犯。[1] 1819年，法国巴

---

[1] 张民安：《隐私权的比较研究——法国、德国、美国及其他国家的隐私权》，中山大学出版社2013年版，第5页。

黎大学著名学者 Pierre-Paul Royer-Collard 就已经提出了"私人生活应当用围墙隔断"的著名论断。① 在美国,隐私权经历了从最初的"独处权"发展到"自决隐私权",从民法领域和宪法领域向其他法律领域延伸的过程,涵盖了个人对于隐私信息、身体隐秘部位、个人空间、个人自决事务等方面的诸多权利。在威顿诉皮特斯案(Wheaton v. Peters)② 中,托马斯·库利法官最早提出"独处权",被认为是美国隐私权概念的源头。③ 1880 年库利法官在其侵权法专著中把"独处权"纳入被侵害权利中的一类权利。④ 1890 年,美国学者沃伦(Samuel D. Warren)和布兰代斯(Louis D. Brandeis)发表了著名的论文《论隐私权》(The Right to Privacy),指出隐私权是普通法上的一项权利,应当适用侵权行为法进行保护,⑤ 该文引领了美国隐私权理论的研究。1960 年 Prosser 教授将对隐私权的侵害行为总结为四种情形,该理论被广泛接受。德国联邦最高法院通过 1954 年的"读者来信案"、1958 年的"骑士案"、1961 年的"高丽人参案"等案例确认了公开他人隐私的行为为侵权行为,并以此为基础,将隐私权作为一项独立的人格权予以确立,直接得到民法典的保护。⑥ 在日本,通过 1964 年东京地方法院审理的"盛宴之后"一案,首次明确认可了作为人格权之一的隐私权。1981 年的"前科查询案"被定位为最高法院最早处理的隐私权案,在日本侵权法发展史上占据着重要的地位。⑦ 在我国,对于隐私权的研究相对较晚,我国台湾学者史尚宽、王泽鉴,大陆学者梁慧星、张新宝、王利明等对隐私权进行了研究,形成了各自相关理论,为我国《民法典》隐私权法律规则的制定起到了很好的指导

---

① 张民安:《场所隐私权研究》,载张民安主编《场所隐私权研究》,中山大学出版社 2016 年版,第 1—2 页。
② Wheaton v. Peters, 33 U. S. 591 (1834).
③ [日] 新保史生:《隐私权的生成与展开》,转引自吕艳滨《信息法治——政府治理新视角》,社会科学文献出版社 2009 年版,第 209 页。
④ 张娟:《个人信息公法保护历程述评——以美国信息隐私权、德国信息自决权为中心》,《安徽大学法律评论》2013 年第 1 辑。
⑤ 张民安:《序言》,张民安主编:《美国当代隐私权研究——美国隐私权的界定、类型、基础以及分析方法》,中山大学出版社 2013 年版,第 70 页。
⑥ 王秀哲:《美国、德国隐私权宪法保护比较研究》,《政法学刊》2007 年第 2 期。
⑦ [日] 五十岚清:《人格权法》,铃木贤、葛敏译,北京大学出版社 2009 年版,第 158—159 页。

作用。

二 患者隐私权的立法基础

患者权利的立法确认是患者隐私权的立法基础。患者权利运动促进了包括患者隐私权在内的诸多患者权利的立法确立和保护。"个人主义"的兴起是患者权利运动的思想准备，受个人主义思想影响的《美国独立宣言》和《法国人民和公民权利宣言》成为患者权利运动的直接武器。① 患者权利运动产生了丰硕的成果，通过了诸多重要的患者权利保护宣言、准则等文件。

《世界医学会关于患者权利的里斯本宣言》（WMA Declaration of Lisbon on the Rights of the Patient）于1981年10月在里斯本召开的第34届世界医学大会上通过，并于2015年4月在挪威召开的第200次理事会上再次得到肯定。② 该《宣言》规定了患者应享有的多项权利，具体包括：接受良好质量医疗的权利、自由选择的权利、自主决定的权利、知情的权利、要求保密的权利、健康教育权、人格尊严权、宗教信仰权等。③ 《促进欧洲患者权利宣言》（A Declaration on the Promotion of Patients' Rights in Europe）于1994年在阿姆斯特丹由世界卫生组织欧洲区办事处（WHO/EURO）主办、荷兰政府承办的欧洲患者权利会议通过。该《宣言》搭建起了欧洲的共同行动框架，还包含了阿姆斯特丹会议签署的《欧洲患者权利原则：共同框架》（Principles of the Rights of Patients in Europe：A Common Framework），规定的患者权利有：医疗领域的人权、知情权、同意权、保密信息和隐私权、得到护理与治疗的权利。④

可以看出，在以上两部关于患者权利的宣言中，患者被赋予了多项权利。由于患者权利运动成果的基础是人权理论，因此，患者权利运动

---

① 李雳、张怀承：《患者权利运动的伦理审视》，《中国医学伦理学》2007年第6期。
② 唐超编：《世界各国患者权利立法汇编译》，唐超译，中国政法大学出版社2016年版，第7页。
③ 世界医学会：《关于患者权益的里斯本宣言》，http://blog.sina.com.cn/s/blog_552d63470100o57s.html，访问时间：2017年12月15日。
④ 唐超编：《世界各国患者权利立法汇编译》，唐超译，中国政法大学出版社2016年版，第17—20页。

中产生的患者权利多是道德层面上的应然权利，需要上升到实然权利的层面，得到法律的确认和保护，这就需要国内法在立法中制定具有可诉性、具有法律约束力的患者权利相关法律法规，完善患者权利保护法律体系。两部《宣言》都积极呼吁通过国家立法具体规定赋予这些权利以更强的约束力。其中很多权利已成为各国法律所确认的法律权利，极大地促进了患者权利的保护。我国还没有患者权利保护的专门立法，进行立法的必要性研究和构建患者权利法律保护体系也成了我国医学界和法学界的共同话题和重要任务。

三　我国患者隐私权法律保护的现实基础

（一）相关法律法规仍需不断完善

在《民法典》颁布实施之前，虽然作为民事法律部门最重要法律的《民法通则》没有隐私权的相关规定，但是在其他相关法律法规中却明确出现过隐私权的用语，含有隐私权保护的相关规定。2005年修订的《妇女权益保障法》明确提出过隐私权的概念。我国《执业医师法》《传染病防治法》《艾滋病防治条例》和《医疗机构病历管理规定》等医疗法律法规中都有关于患者隐私权保护的相关规定。在《民法典》的编纂过程中，我国学者在建议稿中对隐私权保护进行了立法可行性论证。2010年实施的《侵权责任法》作为我国民法的重要组成部分，为民事权利的保护提供了法律保障。《侵权责任法》第2条涵盖的民事权利非常全面，明确提出隐私权受到该法保护，是隐私权民法保护的重要依据。该法作为我国民事法律的重要部分，第一次正式在民法部门提出了隐私权的概念，并在医疗损害责任部分规定了患者隐私权保护的相关条款。2017年实施的《民法总则》在第五章民事权利中规定了人格权法律保护相关条款。《民法总则》第110条再次明确提出隐私权受法律保护，作为总则性的规定，为隐私权民法保护提供了坚实基础，该规定为《民法典》所继承。另外，《民法典人格权编》对隐私权进行了较为详尽的规定。综上所述，现有关于患者隐私权保护相关法律法规为我国患者隐私权的法律保护奠定了必要基础，但相关规定还需要协调、统一，以求进一步完善。

（二）相关案例凸显法律完善的需求

近些年，我国法院也审理了一些较为典型的患者隐私权侵权案件，案例涉及患者隐私信息泄漏、患者身体隐私被侵犯等情况。① 通过这些案例的判决可以看出我国患者隐私权法律保护存在以下特点：一是主要案例是关于患者隐私信息被侵犯的情形，对于侵犯患者其他隐私权益的案例并不多见；二是裁判结果还不太统一；三是医疗机构之外的侵权主体侵犯患者隐私权的案例已经出现；四是在这些案例中，对于患者隐私权作为单一诉由的案例较少，对于因侵犯患者隐私权而引起的侵犯患者名誉权的诉讼较多；五是相关案例主要为民事案例。原因可能如下：一是患者隐私权保护意识不强；二是在我国民法确认隐私权以前，将隐私权置于名誉权的保护之下；三是患者隐私权法律规范较少，或缺乏可操作性。就立法来看，我国涉及患者隐私权保护的法律法规以行政法规和民事法律为主。在《侵权责任法》颁布实施前，对于患者隐私权的保护倾向行政法的保护；作为民事权利救济法的《民法典侵权责任编》关于患者隐私权保护的规定仍然过于简约。刑法作为权利保护的最严厉手段，在患者隐私权法律保护中应发挥重要的作用；程序法在患者隐私权法律保护中也应该发挥应有的作用。因此，应当在《基本医疗卫生与健康促进法》《民法典》等基础法律的基础上构建更加全面、统一和协调的患者隐私权法律保护体系。

四 我国患者隐私权法律保护展望

（一）患者隐私权内涵的厘定

患者隐私权保护的基础之一是对患者隐私权的内涵的界定。国内外学者对于人格权与隐私权的研究较多，但对患者隐私权的研究相对较少，也尚未达成共识，相关研究主要包括患者隐私权的属性、患者隐私权的类型化、患者隐私权保护的限制及利益协调机制、患者隐私权侵权责任构成要件和患者隐私权侵权责任免责事由等方面。国内的相关研究存在的问题主要表现在以下三个方面：第一，现有研究结论尚不统一。目前，关于患者

---

① 国内涉及患者隐私侵权的判决主要有：（2017）浙01民终3053号、（2014）榕民终字第2195号、（2014）临兰民初字第6351号、（2015）鄂武昌民初字第01984号、（2016）云2504民初2602号、（2016）鄂01民终3690号、（2016）苏0804民初2995号、（2015）方拐民初字第272号、（2018）皖04民终133号、（2017）赣07民终3923号、（2015）驻民三终字第00588号等。

隐私权的研究较为一致的观点为患者隐私信息和患者身体隐私的保护方面。随着《民法典》的颁布实施，对于患者隐私权其他方面的研究也有了基础。第二，缺乏系统化、理论化的研究。现有研究比较零散，更多地关注患者隐私权的行政法规、医疗规章制度层面的保护，侧重在医疗机构的具体操作方面对患者隐私权的保护。第三，有些研究有待深入，如患者隐私权的发展趋势与保护面临的挑战、隐私权和患者隐私权的关系、患者基因隐私的保护等。国内相关研究出现以上情况的原因之一就对于患者隐私权的内涵的界定不明确、不一致。今后关于患者隐私权内涵的研究应主要包括患者隐私权的概念、法律属性、特征、内容等方面。

（二）患者隐私权的全面保护

和其他民事权益一样，患者隐私权作为患者的一项基本人格权益，应受到各部门法统一、协调的保护。患者隐私权首先应受《宪法》的保护。我国《宪法》第38条规定："中华人民共和国公民的人格尊严不受侵犯。"《宪法》具有最高的法律效力，能够为包括隐私权在内的人格权提供权利来源和价值基础，因此患者隐私权的法律保护也具有宪法基础。在患者隐私权刑法保护方面，由于我国《刑法》并未直接保护隐私权，而是通过侵犯公民个人信息犯罪、非法获取计算机信息系统数据罪、非法侵入住宅罪等罪名进行间接保护。从总体上来看，在患者隐私权法律保护方面，由于我国医疗机构及其医务人员的特殊性，我国行政法规实际上承担了主要的任务，但是，行政责任代替不了其他责任。因此，患者隐私权的体系化保护还有待于民法及其他部门法的共同保护，需要将现有相关法律法规进行统一协调，进而构建患者隐私权法律保护体系。

五　本书的结构和写作分工

本书分为绪论和正文五章。绪论由龚赛红和蔡宏伟撰写；第一章为"患者隐私权基本理论"，由蔡丽辉和赵菊敏撰写；第二章为"患者隐私权侵害与救济的实务考察"，由于海旭、蔡宏伟、马明华撰写；第三章为"患者隐私权法律保护中的利益冲突与平衡"，由马伟、赵菊敏撰写；第四章为"国外患者隐私权法律保护的规定"，由马明华和龚赛红撰写；第五章为"我国患者隐私权法律保护体系的构建"，由龚赛红和马明华撰写。全书由龚赛红和蔡宏伟统稿。

第一章　患者隐私权基本理论

隐私自古就有，而对隐私权制度的研究则起源于19世纪初的法国，之后许多学者做了大量研究，大多数学者在其论著中均认可隐私权作为一项重要的人格权存在的价值与意义。正如学者所言，"确立和保护隐私权是人类文明进步的标志，维护人性尊严与尊重人格自由发展乃自由民主宪政秩序之核心价值"。[①]

患者隐私权作为隐私权制度的一个重要细分领域，由于受到长期存在且日趋紧张的医患关系影响，成为一个较为敏感的话题，受到人们的广泛关注。为了使患者隐私权得到充分的保护，避免患者隐私权受到侵害，进而减少医疗纠纷案件的发生，有必要对患者隐私权的相关问题进行深入系统的研究，完善相关理论，为将来的立法提供有益的思考路径。

第一节　患者隐私

一　患者隐私概念的界定

笔者通过研究发现，目前学界关于患者隐私的概念多数是通过明确其内容来界定，故笔者也将通过明确患者隐私的内容来界定患者隐私的概念。

目前国内外关于患者的隐私内容争议比较大。所谓患者隐私的内容

[①] 黄惠满、孙凡轲：《医疗资讯隐私权与新闻自由之冲突与调和》，《台湾健康照顾研究学刊》2012年第12期。

是指患者自身与医疗行为有关的信息、事务及领域。例如著名制药公司Eli Lilly案，Eli Lilly制药公司向700多名服用其公司生产的氟西汀的患者发送电子邮件宣布该服务将停止时，无意中列出了已注册该服务的其他人的地址，被认定违反患者保密政策。[1] 再如，2011年5月1日，奥萨马·本·拉登在巴基斯坦阿伯塔巴德被捕，而在此之前，美国中央情报局（CIA）开展了一场虚假的行动，一名医生打着接种疫苗的幌子挨家挨户收集DNA，医生未经同意就收集病人的DNA并将其交给中央情报局。[2] 在上述两个案例中，患者的隐私权是否都受到了侵犯，如果侵犯了，侵犯的是患者哪些具体的隐私？

我国学者对于患者隐私的内容研究比较丰富，观点呈现多样化及区别化，但基本均采用直接概括方式及直接概括加列举并用这两种方式来说明患者隐私的内容，其中采用后者居多。

首先，直接概括的方式即通过高度概括的文字而非具体列举的方式来概括说明患者的隐私内容。采用这种方式的学者分别有以下几种观点：第一种观点认为病人隐私事件应定义为：听到别人的资讯、自己的资讯被听到、自己身体私密处被暴露及看到别人身体私密处暴露。[3] 第二种观点认为患者隐私可分为生理隐私、心理隐私、社会隐私和资讯隐私。其中，生理隐私包括病人的身体及个人空间不被打扰；心理隐私包含了尊重患者个性、爱好及自主选择的内容；社会隐私中包含了患者的社交、家庭、私生活以及亲密关系的内容；而资讯隐私的范围包含病人到医院接受住院诊疗时，对于生理、心理、社会及资讯等隐私。[4] 第三种观点认为患者隐私权保护的隐私限定在私人信息中能被医疗机构及其医务人员接触且侵犯的那部分。第四种观点认为患者隐私权包括患者信息、患者私人活动和患者私人空间。[5] 以上学者分别从不同角度用概括的语言来说

---

[1] Gavin Yamey, Eli Lilly Violates Patients' Privacy, British Medical Journal, Vol. 323, No. 7304, 14 Jul. 2001, p. 65.

[2] Grace Flemin, HIPAA-Cratic or HIPAA-Critical: U. S. PrivacyProtections Should Be Guaranteed By CoveredEntities Working Abroad, Minnesota Law Review, 2014, p. 2376.

[3] 林淑娟、胡月娟：《隐私权之概念分析》，《长庚护理》2003年第1期。

[4] 李秋桂、林秋芬：《比较住院病人对隐私权的重视与获得程度之差异》，《护理杂志》2015年第3期。

[5] 蔡宏伟、龚赛红：《患者隐私权法律保护研究述评》，《医学与哲学》2017年第5A期。

明患者隐私权的内容，都具有一定合理性，但笔者认为上述第一种观点将患者的隐私内容限定在"资讯"及"身体秘密"两个方面，"资讯"实质过宽，"身体秘密"又实质过窄，二者无法将患者的隐私内容界定完整，故不可取。第二种观点从患者的不同领域的隐私作出分类较为全面，但"资讯隐私"与其他三类隐私的内容有重合之处。第三、第四种观点笔者较为认同，尤其是第四种观点包含了患者的私人空间，目前在国内比较少见。

其次，直接概括加列举并用方式，即在高度概括语言的基础上，再通过明确列举患者隐私的具体内容来说明。采用这种方式的学者有以下几种观点：第一，医疗资讯是指无论以何种形态呈现之资讯，由个人以外之自然人或法人所搜集、处理、利用，且有关于个人过去、目前与未来的生理、心理健康情况或个人对医疗服务或保险所为之给付，以及与前者关联而足以辨认个人之资讯。而医疗资讯即患者从第一次挂号至就医诊断过程中所有与其身体、身份有关的资讯，具体包括：患者的基本信息、患者的病情内容、医院出具的患者病历及医学影像等可体现包括患者的身份、健康状况、诊断、预后等资讯都属于医疗资讯。[1] 第二，病人隐私，泛指病人自初诊挂号、就医流程、诊疗程序等与医事人员互动所产生的所有健康相关资讯，包含个人基本资料、病情主诉内容、书面文字、影像资讯等，所有可显示病人身份、健康情形、医疗状况、诊断、预后、治疗的资讯，以及其他一切私人资讯均属之。[2] 第三，"医疗资讯"系进行医疗行为、预防保健、公共卫生统计，甚或为制定公共卫生政策所不能或缺之依据，至于医疗资讯乃指医疗机构所制作与医疗或保健相关之纪录，包含疾病就诊，健康检查或预防保健资料，且不以书面为限，举凡纸本病历、电子病历、云端医疗资料如云端药历、影像资料或远距照护资料等等均在其范围之内。医疗资讯的内容，具有多元之特性，含有敏感性资料与一般性资料，以及客观数据与综合性判断，分别来自不

---

[1] 黄惠满、孙凡轲：《医疗资讯隐私权与新闻自由之冲突与调和》，《台湾健康照顾研究学刊》2012年第12期。

[2] 黄惠满、高家常、孙凡轲、侯佩仪：《隐私权与病人隐私权之概念与法律规范》，《长庚护理》2010年第3期。

同来源而取得。而且，于功能上除与自身健康维护息息相关外，更兼具公共利益价值。医疗资讯为资讯主体之识别资讯及敏感性资讯之组合，所涵括之内容均系人格权所保护之范围，因此，医疗资讯权利为人格权之一部分，兼具私领域权利属性。[①] 第四，患者隐私权是患者的自主性相关权利，包括患者在医疗过程中涉及的身体状况，包括身体健康状况及身体私密部位和患者的病历病史等方面均享有自主权利。第五，学界认识较为一致的患者隐私主要包括患者身体方面的隐私和患者的信息隐私。对于前者学界基本无争议，而对于后者即患者的信息隐私的范围争议较大，争议的焦点主要在于患者的工作、收入和社会关系等是否包含在内。[②] 笔者认为患者的工作、收入和社会关系不属于患者的隐私范围，因为这些信息与患者在医疗行为之间并没有直接的联系，换句话说，患者与医务人员互动时这些信息并非必须提供给医院及医务人员，患者不提供这些信息不妨碍其在医院进行就医。更何况，这些信息通过我国现行法律中规定的隐私权即可受到保护。

综上所述，笔者认为采用直接概括加列举的方式来界定患者隐私可以最大程度保护患者的权利。结合上述学者的观点，笔者认为患者的隐私即与患者的身体、健康与医疗有关的不愿被第三人所知悉的所有信息，具体包含如下内容：（1）患者需要向医院和医务工作者提供的患者的基本个人信息，比如联系方式、家庭住址、年龄、病历病史等；（2）患者基于直接医疗行为而产生的各种特殊检查化验报告单，比如血常规报告单等；（3）患者向医务工作人员提供的辅助医疗行为的关联信息，如患者的性取向、性生活等方面的信息。当然对于一些特殊群体，如社会公众人物，他们由于特殊的社会身份而受到更多人的关注，其隐私的内容可能不局限于此。因此，对于前文第一案例，Eli Lilly 制药公司侵犯了患者的隐私权是没有疑问的，且侵犯的是患者的基本信息隐私。而对于第二个案例，作者认为"医生在未征得同意的情况下以注射疫苗的名义将搜集到的患者的 DNA 交给 CIA 的行为是公然侵犯患

[①] 纪振清、陈永鸿：《以 HFMEA 检视我国医疗资讯保护法制》，《高大法学论丛》2018 年第 2 期。

[②] 蔡宏伟、龚赛红：《患者隐私权法律保护研究述评》，《医学与哲学》2017 年第 5A 期。

者隐私权的行为"。① 笔者赞同作者的观点，同时认为此时医生侵犯的是与医疗行为有关联的信息隐私。

综上，学界对患者隐私的界定存在较大分歧，因此对隐私权的理解也不尽相同，我们需要将患者隐私进行类型化研究，以适应立法的需要。②

二 患者隐私的类型

如前所述，学者对于患者隐私的内容观点较多，并且持相同观点的学者不多，但笔者认为可将上述学者对于患者隐私的内容进行类型化研究，从不同的角度将患者的隐私内容进行分类。

第一，以是否依赖于患者对其隐私内容的意识为标准，可将患者隐私分为主观隐私和客观隐私。如黄惠满等学者认为，"病人隐私有所谓'主观'之隐私与'客观'之隐私。'主观'之隐私，为病人不欲为人知之事项；'客观'之隐私，指一般人立于病人之立场推定其不欲人知之事项。原则上，对于病人隐私的保障应该以主观之标准为主，但若病人未为明示或默示之表示，判断时应辅以客观之标准。"③ 同样，纪振清、陈永鸿认为医疗资讯包含"客观数据"和"综合性判断"。④ 前者即客观隐私，而"综合性判断"为主观隐私。进行此种分类的意义在于在侵犯患者隐私权的认定上，侵犯患者的客观隐私比较容易认定，而由于主观隐私的范围往往很难确定，因此在认定是否构成侵权上存在一定的困难。

第二，依据患者的隐私内容与医疗行为的关联程度，可将患者隐私的内容分为直接隐私和间接隐私。直接隐私即直接因患者的医疗行为而产生的隐私内容，如因医疗行为而产生的血液、体重、身高等检查报告单；而间接隐私指非基于医疗行为而产生，如患者的联系方式、家庭住址、经济状况、籍贯、年龄等基本信息，但其作为患者的隐私时必须以

---

① Grace Flemin, HIPAA-Cratic or HIPAA-Critical: U. S. PrivacyProtections Should Be Guaranteed By CoveredEntities Working Abroad, Minnesota Law Review, 2014, p. 2377.

② 蔡宏伟、龚赛红:《患者隐私权法律保护研究述评》,《医学与哲学》2017年第5A期。

③ 黄惠满、高家常、孙凡轲、侯佩仪:《隐私权与病人隐私权之概念与法律规范》,《长庚护理》2010年第3期。

④ 纪振清、陈永鸿:《以HFMEA检视我国医疗资讯保护法制》,《高大法学论丛》2018年第2期。

医疗行为的发生为前提。区分此种分类的意义在于单独侵犯患者间接隐私未必侵犯了患者隐私权，而有可能仅构成一般的隐私侵权。

第三，依据从患者隐私的内容能否直接识别到具体的患者，可将患者的隐私分为患者的可识别性隐私和去识别性隐私。患者的可识别性隐私即通过这部分隐私内容可具体识别到某个患者，去识别性隐私则相反。提出此种分类的有美国学者 John G. Francis、Leslie P. Francis，及美国医学协会。首先，John G. Francis、Leslie P. Francis 认为，现代社会大规模的医疗数据对了解医疗质量、医疗护理的相对安全性和有效性、疾病发病率和流行率以及公共政策对健康状况的影响等许多问题将发挥越来越大的作用。这些医疗数据中，有一些未提及个人，而另一些是从最初包含识别性（identifiers）的数据中提取的，因此保留了一些可识别性信息。在执行当代数据保护政策时，应当要明确去识别性信息（De-identified Data）和可识别性信息（identifiable information）两者之间划分的主要界限。[1] 其次，美国医学协会在《医疗卫生信息隐私领域，保护可识别的医疗卫生信息隐私：关于八个内容领域的衡量标准的共识报告》中提出的关于保护患者隐私权的八个关键问题中的第二个问题，即"在使用可识别个人身份的医疗信息（Identifiable Health Care Information）时要获得知情同意，并在未获得同意的情况下同意放弃使用"以及第四个问题，"保护可识别个人的医疗信息（Identifiable Health Care Information）"，[2] 都提出了可识别性信息这一概念。区分这一类别的法律意义在于，对于可识别性信息的侵犯无疑构成侵权，而对于不可识别性信息有可能不构成侵权。

第二节　患者隐私权

一　患者隐私权概念的界定

目前我国学者对于患者隐私权的定义主要有两个分歧：第一，关于

---

[1] John G. Francis and Leslie P. Francis, Privacy, Confidentiality, and Justice. *Journal of Social Philosophy*, Vol. 45 No. 3, Fall 2014, p. 408.

[2] Hastings Center, AMA's E-Force Enters Patient Privacy Debate. *The Hastings Center Report*, Vol. 31, No. 2, March-April 2001, p. 6.

患者隐私权的内容，一种说法认为患者隐私权与医疗行为有密切的关系，因此只包括与医疗行为直接相关的隐私。例如门诊病例、检查结果单据、既往的病史等。另一种说法则认为患者隐私权的范围理应包括所有私人隐私，即在范围上与一般隐私权相同。第二，关于侵犯患者隐私权的时间段，具体是指侵害行为发生在诊治过程中，还是医疗活动终止后，学界有许多争论。部分学者认为，应该将侵犯患者隐私权的时间段界定在医疗活动过程中。但是，大多数学者认为，侵犯患者隐私权的时间段不仅应该体现在医疗活动中，而且还应延续到医疗活动终止以后。[1] 对此，笔者认为，第一个分歧中的第一种说法即认为患者的隐私"只包括与医疗行为直接相关的隐私"太过绝对，如与医疗行为无关的但被医疗机构获知的患者的其他身体秘密也应当归入此类。第二种说法显然没有任何依据，患者隐私权的保护范围与一般隐私权的保护范围绝对不能等同，一般隐私权的隐私范围显然要比患者隐私权的隐私范围要大，例如个人的兴趣爱好、婚外性行为等作为一般隐私权的隐私范围却有可能不是患者隐私权的隐私范围。对于第二个分歧点，笔者也赞同大多数学者的观点，认为患者隐私权的保护期间应当延续到医疗活动终止后，若只限定在医疗诊断过程中，这相当于对患者的隐私没有任何保护。

此外，在隐私权研究较为成熟的美国，许多学者在界定患者隐私权时均认为"隐私"（privacy）的含义应包含"隐私"（privacy）"保密性"（confidentiality）和"安全性"（security），如 Benjamin[2]、Joy Pritts[3] 及 Gretche n Harper[4] 等。在这种观点下，隐私在个人信息语境是一个广泛包

---

[1] 付安娜：《论我国患者隐私权的法律保护》，硕士学位论文，甘肃政法学院，2008年，第11页。

[2] Benjamin M Bluml, Designing Solutions for Securing Patient Privacy—Meeting the Demands of Health Care in the 21st Century. *Journal of the American Pharmaceutical Association*, Vol. 39, No. 3, May 1999, pp. 402–408.

[3] Joy Pritts, The Importance and Value of Protecting the Privacy of Health Information: The Roles of the HIPAA Privacy Rule and the Common Rule in Health Research, http://www.iom.edu/-/media/Files/Activity%20Files/Research/HIPAAandResearch/PrittsPrivacyFinalDraftweb.ashx.

[4] Gretchen Harper, Health Information Exchanges' Dirty Little Secret: The Infrastructure's Inability to Enforce Health Privacy Legislation, 2014年1月13日, http://works.bepress.com/gretchen_harper/1/.

含隐私、安全性和机密性的术语。隐私、保密性和安全性经常交替互换使用，但本质上是不同的。隐私性与保密性在涉及可访问的信息时相同，但保密性还包括该信息的使用、谁可以访问该信息，以及该访问是否需要许可。安全性则是对隐私性和保密性的一种保障，即通过设置技术或（和）行政壁垒来保障隐私性和保密性。具体而言：（1）隐私是指患者的一种权利，是患者不与他人分享的一种保密信息。隐私是建立在个人可以控制自己信息的基础上。因此，个人在享有隐私权时，有权拒绝接受医学检查。例如，一名怀孕的妇女需要接受产前检查，定期提供血液和尿液样本，以监测其怀孕过程。这名怀孕妇女享有隐私权则意味着这些血液和尿液的样本不得用于未经其同意，或其在不知情的情况下被使用，例如用于艾滋病或药物检测，或用于确定是否含有遗传疾病。（2）保密性是指，一旦患者披露了其私人信息，该信息就不得与患者的医疗没有直接关系的医疗保健机构以外的人共享。保密性限制了可以看到及使用上述信息的人。因此，个人的敏感信息将可以保证不被用于其不知情的目的。在怀孕妇女的案例中，一旦她同意作基因遗传或者艾滋病检测，保密性暗示着检测结果将不会对作出检测的医疗机构之外的机构，例如保险公司、国家残疾人机构，或者产品营销公司进行披露。（3）安全性通过政策、程序和技术来实现，这些政策、程序和技术可以防止机密或敏感信息的泄露，进而防止泄露的有害影响。安全性涉及保护信息的人力和技术两方面。再以怀孕妇女为例，她希望每个她接触的人都能仔细处理收集到的有关她的敏感信息，并确保信息记录的传输和存储安全。[①]我国台湾地区有学者提出"病人隐私权"是病人自主权和保密权的组成部分，此为病人权利之一，对病人隐私权的保障，可谓对"人"表示尊重的具体表现。[②] 其中，自主权即可以控制他人拥有的关于自己的信息的个人权利，可以理解为"隐私及安全性"，"自己的信息"即"隐私"，"自己控制"即体现"安全"。而保密权则指有权利知晓病人私人信息的

[①] Designing Solutions for Securing Patient Privacy—Meeting the Demands of Health Care in the 21st century, pp. 402 – 403.

[②] 黄惠满、高家常、孙凡轲、侯佩仪：《隐私权与病人隐私权之概念与法律规范》，《长庚护理》2010 年第 3 期。

人未经病人同意不得泄露。故美国和我国台湾地区的学者均强调患者隐私概念的三个核心要素:"隐私""保密性""安全性"。

综上所述,患者隐私权作为隐私权的特殊类型具有一定的特殊性,是指患者享有的因诊疗服务需要而被相关人员或机构获悉的个人隐私受法律保护的权利。

二 患者隐私权的特征

第一,患者隐私权产生于医患关系。隐私权作为公民的一项基本权利,受到《民法典总则编》和《民法典侵权责任编》等法律的确认和保护。患者隐私权属于隐私权的一种,但不同于一般隐私权,患者隐私权产生于医患关系。笔者认为,此时的医患关系不仅包含基于医疗活动而直接产生的患者与医疗机构或医务人员之间的关系,还应包括基于医疗活动而间接产生的患者与其他机构或人员之间的关系,如患者与保险公司之间的关系等。从治疗开始到结束,当患者开始透露隐私信息时,双方即在信任与尊重之间寻找平衡点。坦陈自己的私密信息,一方面,需要医方打消患者疑虑,完成医患双方间的更好沟通,以帮助医方进行更准确的判断与诊治;另一方面,医方必然有义务对患者的隐私进行保护,不擅自向外披露。患者隐私权与医师的诊疗行为密切相关,体现在医患关系之中。在诊疗过程中,对患者信息的收集乃诊疗决策所不可或缺的手段,然而,对于患者个人资料被收集、处理、利用或分享过程中,医患双方存在着"资讯不对称"。患者隐私提供的对象是患者自己的诊疗团队,包括相关负责的医师、护士、医技检验和化验人员、医院相关的管理人员等,该范围不包括与自己诊疗无关的医护人员。隐私提供的范围是与自己疾病诊疗有关的个人信息,包括病史、婚育史、个人生活史以及性生活史等,甚至包括个人DNA遗传信息等内容,而不包括与诊疗疾病无关的个人隐私信息,如果因为上呼吸道感染而进行妇科检查,是患者无法接受的。患者隐私提供的时间是在疾病的诊疗期间,如果患者身体已经康复,患者几乎不会再提供任何个人隐私信息。患者面对身体健康乃至生命危险时,为了身体的康复被迫选择放弃自己的隐私权,这是一种有条件的放弃。患者提供个人的隐私信息,有条件地放弃自己的隐私权,其目的是为了让自身的疾病得到更好的诊断和治疗,尽最大可能减少对自身身体健康的损害。如果患者因为某些原因拒绝提供自己的隐私信息，自身疾病也有可能得到好的诊疗，但是可能对身体造成相对较大的损害。

正是因为患者隐私权适用于特定的医患关系之中，而医患关系的主体双方具有不对等和特殊的关系，一方面，医师因为其所掌握的专业的诊疗知识、医学技能及相关的治疗方式信息，而患者却对于关系自身身体及生命健康的诊疗信息知之甚少，因此在整个诊疗阶段，医患双方处于一种主导与被主导的联系中。另一方面，医患双方对于患者隐私信息的获取和披露的主动性程度不同，相对于医师而言，为了更好地诊疗疾病，希望尽可能知道较多的关于患者的各种信息，而对于患者而言，除了和疾病有直接关联的信息外，其他信息的披露与否都不具有主观的判断能力。这和一般隐私权是不同的。

第二，患者隐私权权利主体的特定性。患者隐私权的权利主体是特定的，即患者，对此学界并无争议。我国台湾学者也认为医疗资讯隐私权的主体为病人，主体特殊。病人属于相对弱势的群体。[1] 但我国大陆学者对于"患者"的范围有广义和狭义之说。广义上的患者除了直接接受诊疗活动的患者之外，还包含所有患有生理或者心理疾病的自然人，而狭义的患者是指去医疗机构接受治疗与医疗机构发生权利义务关系的自然人。[2] 笔者认为患者并不能简单地仅仅视为"罹患疾病的人"。世界卫生组织提出，"无论是否患有疾病，只要接受了保健机构的服务，都为患者"。[3] 耶鲁大学教授弗莱和雷塞尔博士在合著《病人》一书中指出："现在病人这个词是一个求医的人或正在被施予医疗的人，虽然有某种病患通常导致一个人寻求医疗帮助，但并非所有生病的人都成为病人，也并非所有的病人都必定生病。"[4] 笔者认为，患者既包括深受病痛之苦到医疗机构求医问药的病人，也包括并未患病而仅仅是寻求生理上、心理上帮助的主体，如孕产妇、体检人员等，还包括医学社会化背景下到医

---

[1] 黄惠满、孙凡轲：《医疗资讯隐私权与新闻自由之冲突与调和》，《台湾健康照顾研究学刊》2012年第12期。
[2] 付安娜：《论我国患者隐私权的法律保护》，硕士学位论文，甘肃政法学院，2008年，第13页。
[3] 刘姿言：《患者权利构建研究》，硕士学位论文，四川师范大学，2015年，第6页。
[4] 病人的权利课题组：《病人的权利研究报告》（上），《中国卫生法制》2001年第4期。

疗机构接受各种其他服务的群体，比如美容、整形、文身人群等。这些主体都会因为各种需求与医疗机构之间形成各种权利义务关系。患者隐私权就是保障患者的各种私密信息、人格尊严的权利，因此，法人及非法人组织都不是患者隐私权的主体。

第三，患者隐私权义务主体具有广泛性。患者隐私权的义务主体除了包括医疗机构、各类医务人员、医疗管理人员和医疗后勤人员外，与医疗活动有关的其他机构或人员也可以成为义务主体，如保险公司等。若医疗机构、医务人员将患者的医疗信息违法向保险公司提供时则可以构成共同侵权。上述主体在医患关系中居于主动地位，不仅基于医患双方的信息不对称，而且还在于医疗机构及医务人员在患者诊疗的所有环节都具有主导地位，这就决定了医方必须具备一定的道德性和伦理性，以胜任"生命所系，健康所托"的职责。除了良好的道德修养和伦理仁心，医患双方在战胜疾病的过程中是合作协同的关系，需要医方以更大的包容心和责任感与患者进行充分沟通，使患者对医方产生信任感，调动患者的主动性与医师共同战胜疾病的信心。[1] 医方不仅要承担法律规定的专家责任，还需履行保护患者隐私权的高度注意义务和保密义务，即患者隐私权对义务主体中的医护人员以义务的形式提出了特殊的要求。而一般隐私权的义务主体具有对世性，对义务主体的行为也没有特定的标准和要求。

第四，患者隐私权的客体特殊。患者隐私权的客体即隐私权保护的对象为与医疗行为有关的隐私。我国台湾学者认为医疗资讯隐私权之客体特殊，其特殊点在于其客体包含私人疾病资讯，在特定情况下能影响他人对病人健康之不当联想。[2]

三 患者隐私权的具体内容

（一）患者隐私权内容的界定

关于患者隐私权的内容，即患者隐私权具体包含哪些基本权能可以

---

[1] 彭红：《医患博弈与沟通调适》，博士学位论文，中南大学，2008年，第64页。
[2] 黄惠满、孙凡轲：《医疗资讯隐私权与新闻自由之冲突与调和》，《台湾健康照顾研究学刊》2012年第12期。

参考人格权的权能，对此学术界目前主要有以下几种观点：第一，认为隐私权包括隐私权支配权、隐私权隐瞒权、隐私权维护权和隐私利用权；[1] 第二，认为隐私权包括隐私自由权、隐私利用权、隐私控制权以及隐私救济权。[2] 第三，认为隐私权包括隐私知悉权、隐私修改权、隐私保有权、隐私使用权和隐私公开权。[3] 第四，认为隐私权主要包括隐私享有权、隐私维护权、隐私利用权和隐私公开权。[4] 第五，认为隐私权包括隐私隐瞒权、隐私处分权、信息自主权和隐私维护权。[5] 第六，认为隐私权包括隐私保有权、隐私利用权、隐私处分权和隐私排他权。[6] 此外，按照最高人民法院相关法官的解读，"所谓患者隐私权，是指在医疗活动中患者拥有保护自身的隐私部位、病史、身体缺陷、特殊经历、遭遇等隐私，不受任何形式的外来侵犯的权利。这种隐私权的内容除了患者的病情之外还包括患者在就诊过程中只向医师公开的、不愿意让他人知道的个人信息、私人活动以及其他缺陷或者隐情"[7]。总体来看，学界对隐私权权能的总结趋于一致，即隐私权主要包括隐私隐瞒权、隐私利用权、隐私维护权和隐私支配权。隐私隐瞒权，即隐私权人有权要求一定主体对自己的隐私予以保密的权利。隐私维护权是指维护个人的这种信息保密、私生活不被干涉的"独处"状态的权利。[8] 隐私利用权是指隐私权人对其隐私可以在不侵害他人权利和违背公序良俗的限度内自由使用，满足其财产上或精神上的利益。[9] 隐私支配权指权利主体有权对自己的隐私进行公开或者许可他人使用的权利，这一权能属于隐私权的积极层面。[10] 在四

---

[1] 张新宝：《隐私权的法律保护》，群众出版社2004年版，第687页。
[2] 吕光：《大众传播与法律》，台湾商务印书馆1981年版，第63页。
[3] 郭卫华、常鹏翱：《人身权法典型判例研究》，人民法院出版社2002年版，第21—22页。
[4] 王利明：《人格权法研究》，中国人民大学出版社2012年版，第534—536页。
[5] 张红：《人格权各论》，高等教育出版社2015年版，第522—524页。
[6] 马特：《隐私权研究：以体系构建为中心》，中国人民大学出版社2014年版，第214—215页。
[7] 最高人民法院侵权责任法研究小组：《〈中华人民共和国侵权责任法〉条文理解与适用》，人民法院出版社2010年版，第433页。
[8] 张红：《人格权各论》，高等教育出版社2015年版，第524页。
[9] 马特：《隐私权研究：以体系构建为中心》，中国人民大学出版社2014年版，第214页。
[10] 姬蕾蕾：《患者隐私权保护三题》，《医学与哲学》2017年第10期。

个权能中,隐私隐瞒权与隐私维护权体现了隐私权的防御性功能;隐私利用权和隐私支配权则体现了现代隐私权的积极行使功能。与此相应,结合我国《民法典》第1226条规定的患者隐私权的内容,患者隐私的权能也可以从这四个方面进行概述。

(二) 患者隐私权的具体内容

1. 患者隐私隐瞒权

所谓患者的隐私隐瞒权,指患者作为权利主体享有的对其隐私进行保密的权利,体现为未经其同意任何人不得进行披露或刺探、传播,是患者隐私权的消极防御权能。这一权能体现在我国《民法典》第1226条的规定,即不得"泄露患者的隐私和个人信息",强调了患者隐私信息的私密性和安全性。因此,有学者指出实践中侵犯患者隐私权的主要情形有:①超出知情范围刺探患者隐私;②故意泄露、公开传播或直接侵扰患者的隐私;③医务人员因非诊疗职责需要而知悉患者隐私;④直接侵入患者身体侵害隐私;⑤医方擅自允许对治疗过程的教学观摩;⑥未经患者同意公开其病历资料及有关资料等。[①]当然患者在行使这个权利的时候要受到以下的限制:①当隐瞒行为已经或将要损害社会公共利益之虞,如患者故意隐瞒其恶性传染病、职业病等,需要向有关部门告知,不得隐瞒;②当隐瞒行为已经或将要损害第三人利益时,如夫妻一方故意隐瞒自己的病情,使对方基于"夫妻双方忠实义务",使对方权利受到侵害等,不得隐瞒;③他人基于患者的合法授权,或虽没有获得授权,但患者愿意在没有任何附加条件的情况下将其隐私告知,对此部分隐私,患者不享有隐瞒权,但必须严格在患者的授权之下行为,若超出权限的行为依然构成侵权,如患者已经明确不得将其告知的隐私泄露给第三人;④当隐瞒行为过度行使而给患者造成损失的,患者应当自行承担后果。如在医疗机构诊疗时,因诊疗行为需要患者履行告知义务,而患者拒绝履行时,由此误诊给患者造成的损害不得要求诊疗机构承担。

2. 患者隐私维护权

所谓患者隐私维护权是指患者对于自己的隐私所享有的维护其不可侵犯性,在受到非法侵害时可以寻求司法保护的权利。即患者隐私权维

[①] 杨连波:《医患纠纷中隐私侵权的常见类型及预防》,《医院管理论坛》2004年第2期。

护权有两层含义，第一层是指患者作为权利主体享有维护其医疗隐私信息不受他人侵犯；第二层是指若他人侵犯了患者的隐私权，患者享有寻求救济的权利。具体包括：禁止他人非法收集个人信息资料传播个人资讯，非法利用个人情报；对于私人活动禁止他人干涉、追查、跟踪、拍照、摄影，禁止非法搅扰；对于私有领域禁止刺探、宣扬等。[①] 维护隐私的不可侵犯性的必要性包括：①由于在社会生活中对个人隐私的广泛需求，产生了获取或知悉个人隐私的多方面的利益诉求，而超越一定范围的隐私信息需求就构成对隐私的侵害威胁；②在公共领域中，由于社会公共秩序的维系而产生对于个人隐私信息的收集和处理的需求，在收集和保存中容易产生对于个人隐私信息的过度利用而构成对隐私权的侵害；③医疗机构及其医务人员在诊疗过程中享有对个人隐私信息收集和占有的权利，而由于机制的不健全，其对个人隐私信息的利用有时会背离疾病治疗的目的从而导致对个人隐私权的损害。

3. 患者隐私支配权

随着法治理念的推进和个人自治意识的强化，作为人格权重要内容的隐私权的基本内涵也呈现出扩张和彰显的趋势。而伴随着大数据时代的到来，隐私权的权利核心从强调个体的人身属性转化为对个体信息的保障。当隐私权的权利内核置于个体的信息资料时，隐私权的名称也随之改变，其中德国就将其称为"控制自己资讯的权利"或"资讯自决权"。[②] 而这种权利内核的转变也意味着隐私权权利属性与时俱进的改变，由于个体信息保护的主动性要求，所以传统的隐私权内核——"个体生活免遭干扰"就转化为"个体信息的占有支配"，与之对应，隐私权也从传统意义上的消极权利转变为积极权利，表现为对于个体隐私利益的主动控制和全面支配上。隐私支配权的主要内容是：其一，披露部分隐私的自主权，即隐私权主体决定披露的内容、披露方式及公开的范围，这也是对隐私权的一种处分；其二，准许对主体的活动或生活空间的探知，如准许他人观看，准许他人知悉自己的身体秘密，准许他人了解个人的病历信息等；其三，准许他人利用个人隐私，比如允许他人知晓自己隐

---

① 杨立新：《人身权法论》，人民法院出版社2006年版，第688页。
② 李震山：《人性尊严与人格保障》，台湾元照出版社2000年版，第288页。

私并利用自己的隐私创作文学作品，或准许他人利用自己的病历信息进行疾病诊疗的探索等。

基于疾病诊疗的特殊情景，患者隐私信息往往被收集得相当全面和准确，基于隐私自身的特点，其与患者的身份、人格具有密切联系，这就决定了：谁拥有了患者隐私信息，谁就在一定程度上拥有了支配患者身份及人格利益的权利。这将导致他人对患者事关个人的伦理、尊严价值的事情进行处置，这种处置具有一定程度的入侵的特性。因此，人格权的事实支配不妨碍人格权的继续存在。① 患者为了治疗疾病而支配处分个体的隐私，不意味着对自己隐私利益和信息支配权利的放弃，患者是本能地认为医疗机构及其医务人员基于职业职责有义务对其隐私信息承担保密义务，正如学者所言："尽管披露是一种侵犯隐私的行为，但这并不意味着避免披露就成为隐私利益保护的全部与根本，实际上，当社会主体对个人信息主张隐私权益的时候，人们所期望得到的一种确保个体信息仅被用于其所希望的目的的保障"。②

患者隐私之外延应包含针对空间、身体、行为以及个人信息等。那么，患者隐私支配权，就"空间"而言，是指诊疗过程中患者希望在隐秘的场所进行，如要求病房之间必须有隔离视线之屏障，手术室必须彼此独立等，以避免医疗过程为他人所见所知；就"身体"而言，患者于医疗过程中应有权排除他人未经同意以手术等方式侵入其身体，并且亦应有主动决定是否接受手术等；就"行为"而言，患者亦应有权决定是否配合诊疗或其他应配合的行为模式；就"个人信息"而言，是指患者对于自我之治疗个人信息有决定给予谁以及给予何种信息内容的权利。③对于患者隐私支配权各国一般都借助"告知后同意"来实现。④ 医疗中的告知后同意是指，医生有法律上的义务，以病人得以了解的语言，主动

---

① 马俊驹：《人格和人格权理论讲稿》，法律出版社2009年版，第107页。
② Daniel J. Solove, Privacy and Power: Computer Databases and Metaphors for Information Privacy, *Standord Law Review*, Vol. 53, 2001, p. 1439.
③ 郭明龙：《论患者隐私权保护：兼论侵害"告知后同意"之请求权基础》，《法律科学》2013年第3期。
④ 郭明龙：《论患者隐私权保护：兼论侵害"告知后同意"之请求权基础》，《法律科学》2013年第3期。

告知病人病情、可能之方案、各方案可能之风险与利益，以及不治疗之后果，以利病人作出合乎其生活形态的医疗选择。未取得病人之告知后同意所进行之医疗行为，医师应对该医疗行为所造成的一切后果负责。当然，每一种权利都有自身的边界，患者"告知后同意"的权利并不绝对，医方存在三种免责情形：紧急情况为挽救生命垂危的患者、患者放弃该权利和治疗特权。① 我国《民法典》第1219条是关于"告知后同意"的条款，免责条款是第1220条。这两条正对应比较法上的患者隐私支配权。至此，将"告知后同意"这一积极层面的"利益"回归至隐私权权利宿主，与《民法典》第1226条规定的隐私隐瞒权、第1225条规定的隐私利用和维护权共同构成完整的患者隐私权规范体系。②

4. 患者隐私利用权

根据学者界定，"隐私利用权是指自然人对于自己的隐私，不仅享有消极的隐瞒权，还享有积极的利用权，自然人对于自己的个人资讯可以进行积极利用，以满足自己精神、物质等方面需要的权利，这种利用权的内容，是自己自我利用而不是他人利用"。③ 此权利类似物权法中的财产所有权人对其财产享有的处分权。

我国台湾学者根据现实生活的实际状况，将一般情况下病人隐私权的主要内容归纳如下：（1）病人资讯秘密权。即未经病人许可，不得非法披露：①病人的就诊行为；②与疾病的诊疗没有直接关系的病人个人资讯；③与疾病的诊疗有直接关系的病人个人资讯；④疾病诊疗过程中形成的资料；⑤身体、生理方面的资讯等。（2）病人个人空间隐私权。医院属于公共场所，原则上不属于不特定人共享的公共空间。（3）病人个体生活免遭干扰的权利。病人在医疗机构接受诊疗时，有权依照个人的意志决定对于特定活动或社会秩序的参与，任何主体不能以其他诉求

---

① 艾尔肯、秦永志：《论患者隐私权》，《法治研究》2009年第9期。
② 姬蕾蕾：《患者隐私保护三题》，《医学与哲学》2017年第10期。需说明的是，因《民法典》已正式颁布实施，该处所提到的法条换成在《民法典》中与《侵权责任法》相对应的法条。
③ 张莉：《论隐私权的法律保护》，博士学位论文，中国政法大学，2006年，第21—22页。

对其决定进行干涉或阻扰。① 笔者认为,"病人资讯秘密权"即为"患者隐私权维护权"与"患者隐私权隐瞒权",而"病人私生活安定权"即"患者隐私权利用权"与"患者隐私权支配权"。

此外,我们可以参考一直是患者隐私权的倡导者——美国医学协会（American Medical Association）在一份名为《医疗卫生信息隐私领域,保护可识别的医疗卫生信息隐私:关于八个内容领域的衡量标准的共识报告》中提出的关于保护患者隐私权的八个关键问题来明确患者隐私的内容。第一,必须提供为何使用医疗信息的详细解释；第二,在使用可识别个人身份的医疗信息时要获得知情同意,并在未获得同意的情况下同意放弃使用；第三,将收集的资料限制在合理需要的范围内；第四,保护可识别个人的医疗信息；第五,允许查阅及修改那些可识别到个人的信息；第六,确保资料准确及完整；第七,在获得同意使用他人信息时,要限制披露和使用的目的；第八,在收集、储存和使用医疗信息时要遵行适当标准。该报告提出的最引人注目的建议是各机构应设立"数据披露委员会"（data disclosure board）,以评估未获得患者同意的医疗信息的使用情况。② 笔者认为,上述隐私内容中的第五、六项内容即体现为"患者隐私权的支配权",第一、二、七项的内容即体现为"患者隐私权的隐瞒权",第三、四及八项内容即体现为"患者隐私权的维护权",其中第二项的内容也同时体现为"患者隐私利用权"。

第三节　患者隐私权的价值

一　法律伦理价值

患者的隐私是一个非常多变的概念,它的多面性可能会引起重要的伦理价值问题,或造成混乱。在保护数据的公共政策中,隐私不仅包括对个人信息的获取方式,还包括更恰当地被称为"保密性"的内容,即

---

① 黄惠满、高家常、孙凡轲、侯佩仪:《隐私权与病人隐私权之概念与法律规范》,《长庚护理》2010 年第 3 期。

② Hastings Center, AMA's E-Force Enters Patient Privacy Debate. *The Hastings Center Report*, Vol. 31, No. 2, March – April 2001, p. 6.

关于个人的信息受到保护、使用或披露的程度。① 保密性的隐私的价值很广泛,包括人身安全、自由、自主、亲密、尊严、身份和平等。人身安全体现在患者对其隐私享有不被他人非法剥夺其生命、健康的权利。自由也是患者隐私权重要的价值之一,意味着患者有权支配其意志,不受任何人的干涉,例如在古巴和瑞典,艾滋病患者将被隔离,且未获得豁免将被拒绝进入美国。隐私尊重个人对其私密信息的自由选择,这是隐私自主性价值的体现。关于亲密关系,若知道伴侣的疾病状况可能会影响他们之间的正常关系。在尊严方面,已经得了艾滋病人可能需要接受有损其人格的检查,他们可能被视为"病人",或被归到艾滋病高危人群,而导致其在就业或医疗方面均受到严重的歧视,尽管他们受到美国《残疾人法》的保护。此外,有一些价值体现在保密性上。如上述例子,对 HIV 阳性的患者信息的披露在威胁到患者的人身安全、与他们的亲密关系的同时还威胁到了患者获得平等的权利。②

此外,患者隐私权是一项基本人权。从医学伦理的角度来看,医疗人权是普世价值,不应有人种或地位的差异。③ 患者的隐私权需要得到保障是因为患者隐私权是基本人权的一种,而且是患者享有的一项重要人权。如前所述,1953 年的《欧洲人权公约》第 8 条第 1 款就将隐私权写入其中进行保护,当然这种保护并不是没有限制,如果依据法律规定,基于国家安全、公共安全或国家之经济利益、防止骚乱或犯罪、保护健康或道德、保护他人之权利及自由等目的,且为民主社会所必要时,得以合法限制隐私权。④ 在我国,王家福教授已于 1998 年将隐私权写入其编写的《中国人权百科全书》中。

保护社会弱势群体,通常被认为是一种"人权保护",这在各国的法律和政治组织作为一项基本原则确立至今已有两百多年,美国《宪法》

---

① Leslie P. Francis, Privacy and Confidentiality: The Importance of Context, . *Monist*, Vol. 91, No. 1, 2008, pp. 52 – 67.
② John G. Francis and Leslie P. Francis, Privacy, Confidentiality, and Justice. *Journal of Social Philosophy*, Vol. 45, No. 3, Fall 2014, pp. 408 – 409.
③ 杏林论坛:《谈政治决策人物的医疗隐私权》,《当代医学》2013 年第 3 期。
④ 廖福特:《从欧洲人权法院 Storck 及 Buck 判决看其对德国法院之冲击——私生活及住家隐私权之论辩》,《欧美研究》2011 年第 3 期。

和源于法国大革命的自由、平等和团结的原则一直是最有力的说明。[1] 而患者作为社会中的弱势群体其隐私权需要被保护。在当今医疗卫生保健制度高度发达的国家，患者的权利诸如以患者的自主权、患者的隐私权等权利为形式的人权催生了关于个人医疗数据的使用相关的法律、法规和标准。[2] 对患者隐私的保护就是对人的尊重。从人性尊严的角度来看，应当保障患者隐私权。

二 社会价值

（一）医护人员职业道德的体现

尊重患者的隐私权是现代社会医护人员的医德的体现，更是其一项基本的义务。当前国内外许多关于医务人员的行为守则的规范性法律文件及医院内部制定的文件都对此作出了明确规定。例如，我国卫生部于1988年颁布的卫生部（88）卫医字第40号文件《医务人员医德规范及实施办法》第2条解释了医德的概念，即医务人员的职业道德，是医务人员应具备的思想品质，是医务人员与病人、社会以及医务人员之间关系的总和。医德规范是指导医务人员进行医疗活动的思想和行为的准则。同时第3条明确了各种具体的医德规范，其中的第五项规定：为病人保守秘密，实行保护性医疗，不泄露病人隐私与秘密。我国《执业医师法》第22条规定："关心、爱护、尊重患者，保护患者的隐私"。《护士条例》第18条也规定："护士应当尊重、关心、爱护患者，保护患者的隐私"。另外，我国福建省闽东医院的《医院工作条例、工作制度与工作人员岗位职责》中，对于医务人员在诊疗活动中对患者隐私权保护的义务作出了相应规定，其中明确列举了医务人员不得利用职务之便私自复印患者病历、检验报告等医疗禁止行为。

我国台湾地区"医疗法"第72条也对此作出了规定："医疗机构及其人员因业务而知悉或持有病人病情或健康资讯，不得无故泄露。""医

---

[1] Rudolf Bruppacher, PrivacyProtection, Health Care and Quality Control. *The Quality Assurance Journal*, No. 6 2002, p. 159.

[2] Rudolf Bruppacher, PrivacyProtection, Health Care and Quality Control. *The Quality Assurance Journal*, No. 6 2002, pp. 159–160.

师法"与"护理人员法"亦有类似规定,因此,执行职业健康检查的医疗机构与医护人员负有保密义务。①

在其他国家的医院也能找到与我国医院对医护人员义务的规定相同或类似的行为守则。如根据1986年萨尔瓦多医学院的《医疗伦理守则》,对医疗信息进行保密是医疗卫生工作者的一项基本职责,直接关系到社会的公共利益、患者的安全、家庭的荣誉、对医疗专业的尊重和人的尊严。这就要求医疗专业人员对在执业过程中所看到、听到或发现的信息进行保密。《医疗伦理守则》进一步指出,患者资料的保密是隐含的,在患者接受治疗前不需要详细说明。对患者信息的保密是医疗专业人员尊重患者的自主权、作为对患者信任的回报,以及维护公众对其与患者关系的信任的体现与途径。这将让那些信任医疗专业人员会保护他们的秘密的患者更有可能积极寻求治疗,并对医疗专业人员披露正确的诊断和治疗至关重要的敏感信息。同时《萨尔瓦多刑法》对职业秘密的定义和条件与《医疗伦理守则》中所述相同,并对违反病人保密的行为处以暂停行医执照和最长2年监禁的处罚。②

所谓"医者仁心苏万物,悬壶济世救众生""医者仁心,医德为先""为医者,存仁心"等都表达出医护人员医德的重要性,医德作为医务人员的职业道德,是一般的社会道德在医疗领域的特殊体现,也是处理好医患关系的重要前提。

(二) 和谐医患关系的必然要求

随着医疗服务的复杂性和费用爆发性增长,人们也越来越重视隐私的保护。保护隐私的法律及有关医患关系的法规都以严格保密为基础。只有在这种保密性得到保证的情况下,患者才能在诊断和治疗时披露所必要的信息,未经患者的明确同意,医护人员不得向任何人披露任何有关患者的医疗信息。但当今社会医疗护理日益复杂的状况,大多数患者由一名医生治疗的日子一去不复返,取而代之的往往是一个医生团队,

---

① 蔡奉真、郑雅文:《职业健康检查资料的隐私权保护》,《台湾杂志》2015年第3期。
② Heathe Luz McNaughton, Ellen M. H. Mitchell, Emilia G. Hernandez, Karen Padilla, and Marts Maria Blandon, Patient, Privacy and Conflicting Legal andEthical Obligationsin El Salvador: Reporting of Unlawful Abortions. *American Journal of Public Health*, Vol. 96, No. 11, November 2006, pp. 1927 – 1933.

使得患者的整个治疗涉及许多方面,如临床学、放射学和辅助医疗服务等,大多数时候医疗保险也涉及其中。再加上随着医疗卫生保健系统的一体化和普及化,收集、破译和传播医疗信息数据行为导致个人医疗信息数据被大量收集和处理,如此广泛的医疗数据的二次使用使得患者的隐私权保护必要又困难。[1] 这造成了患者的医疗信息极易被非法披露,从而侵犯患者的隐私权,这与患者的权利意识不断增强两者之间产生了冲突,这对于本就紧张的医患关系无疑是雪上加霜。

作为医护人员应当与患者之间建立充分的信任关系,尊重并理解患者,充分认识到只有尊重患者所享有的合法权利,才能与患者进行良好的沟通,让患者在一个舒心的环境中接受治疗,配合工作,减少"医闹""医患矛盾"的发生,从而建立和谐的医患关系。

(三) 文明社会的应有之义

文明是我国社会主义现代化国家的重要特征,是社会主义现代化国家文化建设的目标之一,也是从价值目标层次对社会主义核心价值观基本理念的凝练,与富强、民主、和谐居于社会主义核心价值观的最高层,对其他层次的价值观具有统领作用。文明不仅包括精神文明,还包括政治文明、物质文明及公民个人行为举止的文明。其中政治文明充分体现了法治价值,正如中国社会科学院法学研究所李林所长所言:"政治文明反映了人类社会政治生活的进步状态,是人类社会进步在政治法律理念、政治法律制度、政治法律组织、政治法律行为上的综合体现。从一个国家的文明建设角度讲,把社会主义政权建立在宪法以及由此构建的法治体系之上,是社会主义国家文明建设和发展的重要内容和主要途径。"[2] 我国《民法典》确立的隐私权制度体现了我国法治的发展,患者的隐私权作为隐私权的一种,是人类社会文明进步的标志,保护患者隐私权是我国建设社会主义文明社会的内在要求。

---

[1] Rudolf Bruppacher, Privacy Protection, Health Care and Quality Control. *The Quality Assurance Journal*, No. 6 2002, p. 160.

[2] 范传贵:《专家解析社会主义核心价值观文明的含义》,《法制日报》2014年3月17日。

本章小结

患者的隐私权是将一般隐私权的概念置于医患关系的框架之下，对处于弱势的地位的患者进行保护的一项重要权利。本章以隐私、隐私权的相关理论为基础，深入探讨了患者隐私权的相关制度。

笔者首先将目前国内外争议比较大的患者的隐私内容的界定作为明确患者隐私的概念的前提，通过国内外学者对患者隐私内容的两种界定方式，认为采用直接概括加列举的方式来界定患者隐私可以在最大程度上保护患者的权利。为了适应立法需要，笔者对患者的隐私进行了类型化研究，其中文中的第三种分类即"依据从患者隐私的内容能否直接识别到具体的患者可分为可识别性隐私和去识别性隐私"，此种分类标准可直接作为判断患者隐私是否被侵犯的依据，因此具有十分重要的意义。在对患者隐私权的研究中，笔者首先针对目前我国学者关于患者隐私权的定义的两个主要分歧，同时结合美国多数学者关于患者隐私权中的"隐私"含义中的"隐私""保密性"和"安全性"，提出了患者隐私权的概念，并在此基础上分析了患者隐私权的几个重要特征及具体内容。笔者还从法律伦理价值层面及社会价值层面分析了患者隐私权的价值。

通过以上理论的研究分析，期待人们加强对患者隐私权的认识，更加重视患者隐私权的法律保护，避免医疗纠纷的发生。

第二章 患者隐私权侵害与救济的实务考察

随着新型医患关系的发展以及对患者权利保护的加强，在世界范围内的司法实践中，都有着一种共识，认为患者隐私权应当加以保护，那么患者隐私权的保护路径就需要详细研究。而在研究保护路径之前，需要厘清患者隐私权的侵权行为类型，根据侵犯患者隐私权行为类型中的具体表现，研究患者隐私权的保护路径，制定相应的法律规制条款。此外，需要注意的是，尽管患者隐私权很少被上升为独立权利，但根据"不得拒绝裁判"的原则，出现了很多属于患者隐私权保护或与其有关的典型案例，从患者隐私权侵害与救济的实务考察入手，能够清晰地厘清实务界对患者隐私权的保护路径，从而为患者隐私权保护的理论研究及法律规则设计提供参考。

第一节 患者隐私权侵权行为类型

一 患者隐私权侵权行为类型概述

在探讨侵害患者隐私权的侵权行为类型之前必须界定清楚患者隐私权侵权行为的概念。笔者认为，所谓侵害患者隐私权的侵权行为，即患者隐私权侵权行为，可以被简单概括为行为人故意或者过失对患者隐私进行侵害，从而造成患者损害的侵权行为。其中，行为人一般指医疗机构或医务人员，但不排除第三人与上述人员共同侵权的情形。

所谓患者隐私权的侵权行为类型是指患者隐私权遭受损害的具体情

形,也即患者隐私权遭受侵害的具体表现形式。如前所述,侵犯患者隐私权的主体其实不仅仅局限于与患者相对的医疗机构和医务人员,其他第三人也有可能成为侵害患者隐私权的主体。因此,笔者认为,患者隐私权侵权行为类型化需要以侵权行为人的类别为基础,从广义角度和狭义角度理解。狭义的患者隐私权侵犯主体仅指医疗损害侵权主体即医疗机构或医务人员,广义的患者隐私权侵犯主体不仅包括医疗机构或医务人员,还包括其他主体侵害患者隐私权或与医疗机构或医务人员共同侵害患者隐私权的情况。我国在理论上探讨的侵害患者隐私权大多是从狭义角度而言的,侵权主体仅局限于与患者相对的医疗机构和医务人员。[①]

二 患者隐私权侵权行为类型的表现形式

一般来说,患者隐私权的侵权行为类型主要有四种具体表现形式:一是直接侵犯患者的身体隐私;二是超出知情权范围刺探患者的隐私;三是因过错泄露患者的隐私;四是未经患者同意公开其病历资料。

(一) 直接侵犯患者的身体隐私

直接侵犯患者身体隐私是指医疗机构及其医务人员故意或过失直接对患者身体等隐私侵害造成患者损害,包括直接侵害患者身体隐私或让患者进行与医疗行为无关的"羞辱性"行为。在医疗活动中,医务人员根据患者病情和诊治需要,可能需要通过"望闻问切"等方式进行诊疗活动,必要时要通过眼看、触摸、指导动作等行为及辅助的医学仪器与患者身体进行接触,从而查清病因病理,进行诊断治疗。但不可否认,医务人员中仍存在假借医疗职务行为,对患者隐私进行侵犯的现象。实践中,经常有些缺乏职业素养与道德的医务人员,假借医学检查等名义故意实施不必要的检查,或编造患者不知情的理由直接窥视或接触患者,尤其是异性患者的身体隐私。有的医务人员在未经患者同意的情况下,公开直播手术过程或请实习生现场观摩患者的治疗过程等,此种情况下,因患者对医学知识和医疗手段的信息了解较少,医务人员的侵权行为不易被患者或他人发觉,具有很强的隐蔽性与欺骗性,一旦造成不良后果,往往对患者及其亲属造成的精神损害更为严重。此外,个别医务人员道

---

① 参见张驰《患者隐私权定位与保护》,《法学》2011 年第 3 期。

德缺失,也可能利用信息不对称,利用羞辱性的指令行为,如要求患者检查时脱光衣物,或违反常规医疗诊断方法等对患者隐私进行侵害。此种类型的侵害患者隐私权的后果有可能是身体权、健康权上的直接损害,也可能是精神上遭受的屈辱感、不适感。

(二)超出知情权范围刺探患者的隐私

在诊疗过程中,患者有如实向医务人员作出说明的义务,通常还要向医务人员介绍自己的家族病史、治疗病史以及与疾病相关的自身状况等信息以便于医务人员作出准确诊断,但此种陈述并非无所不包,而应以有利于其开展诊疗活动所必要的信息资料为限。但是在医疗实务中,可能没有明确的标准或操作规范,或者患者没有专门的医学知识而不能判断哪些信息是需要告诉医务人员的,哪些是可以拒绝回答的,所以常常会出现医务人员超出职责或治疗需要,以编造、欺骗、引诱等手段取得患者或其亲属的信任后进行刺探、收集、记录患者的个人信息等行为。具体体现为医务人员询问患者与病情和治疗无关的如家庭关系、社会关系、工作单位、学历等信息。

此外需要讨论的是,医疗机构内部的医务人员之间,可否不经患者同意,直接共享患者的相关信息?如护士超出其护理职责需要知悉本来只能由医师或管理人员知悉的患者个人隐私,虽然在一定范围内没有造成严重的后果或者恶劣的社会影响,但是亦构成对患者个人隐私的侵犯。此外,医务人员非诊疗职责需要而知悉患者隐私,医疗活动中,医务人员主要包括在医疗机构中工作的管理者、医师、护士等从业人员。因诊疗职责需要不同,医务人员对患者个人隐私的知悉范围也应有所不同。如前述情况下,医务人员的主体特定,均为对患者负有诊疗义务的人员,与患者的告知义务相对应,其当然地享有对患者个人隐私一定的知悉权。由此可见,医务人员基于诊疗职责需要是其对患者个人隐私享有知情权的唯一抗辩事由,医务人员主体性质的差异是判定其是否享有对患者个人隐私知情以及知情范围的主要依据。因此,不负特定义务的医务人员非诊疗职责需要知悉,如骨科医务人员知悉神经科患者的个人隐私,一般情况下就可能构成对患者个人隐私的侵权。若在此基础上再进行故意泄露、公开传播和直接侵扰,需承担侵权责任则更为明显。

（三）因过错泄露患者的隐私

泄露患者的隐私是我国侵权责任法规定的一种法定侵害患者隐私权的类型。但我国学界在论述时，通常会强调"故意泄露患者隐私"，其实不然，过错不仅仅包括故意，也包括过失。因过错泄露患者隐私，既包括医疗机构及其医务人员故意将其在诊疗活动中掌握的患者的个人隐私信息，向外公布、披露的行为，也包括未经患者同意故意或过失将患者的身体暴露给与诊疗活动无关人员的行为。此外，医疗机构及其医务人员因过失丢失患者病历、住院记录等材料，造成患者隐私泄露的，也构成泄露患者隐私。此种情况在大数据网络时代，电子记录、电子病历兴起的条件下更值得关注。

这里需要探讨一类比较特殊的泄露患者隐私的情况，即未经患者同意，公开诊疗过程是否构成侵权。在这里还要区分两种情况：一是因医学诊疗行为具有社会公益性，如因教学、科研等需要即因医学教学、实习等观摩手术或直接利用患者作为教学模型是否构成因过错泄露患者隐私。美国于1974年制定了专门的《隐私法》，对患者隐私的保护是直接而强有力的。美国的通常做法是让患者享有充分的知情权与选择权，如为医学发展或医疗教学需要确实需要实习观摩，医疗机构会提前告知患者有关实习观摩的事项，患者有充分的选择权。但对于特殊观摩的实习或医疗教学观摩，如果患者不同意观摩，医疗机构会建议患者转院治疗。[1] 二是随着科技的发展，信息传播方式不断多元化，网络直播不断兴起，如未经患者同意，利用网络直播公开诊疗过程，是否构成对患者隐私权的侵犯。如2022年1月18日，有网友爆料称发现有人在B站直播病人做妇科手术，直播者疑似日照市中心医院的医生或麻醉师。1月18日16时许，山东省日照市公安局东港分局接到举报后，立即对涉事医院相关人员进行调查，于18时许将涉事医生厉某抓获。目前已立案，案件正在进一步侦查中。近年来，不少医务人员跨界试水直播，在一定意义上普及了医学常识，传播了健康理念。但是，也有个别直播内容以"真实诊疗活动"为卖点，引发医学伦理及患者隐私、个人信息保护质疑。在本案例中，依常理推测，直播妇科诊疗过程几乎不可能取得患者认可，

---

[1] 王胜明主编：《中华人民共和国侵权责任法释义》，法律出版社2010年版，第313页。

难以契合我国民法典对于信息利用的合法性前提。更重要的是，妇科治疗的高度私密性应当受到社会充分尊重，不容哪怕是患者本人自行处分。这就意味着，即使医患双方都对直播情况明知且同意，但考虑到患者群体的整体利益，以及对民事法律中公序良俗原则的显著违背，妇科手术应是直播行业的镜头"禁区"。[①] 笔者认为，除了上述的妇科手术，其他与患者隐私密切相关的诊疗过程不宜公开，特别是利用网络等向不特定人群公开，否则会构成对患者隐私权的侵犯。

（四）未经患者同意公开其病历资料

此种侵权行为包含三种情况：一是未经患者同意公开其病历、诊断证明、医学文书及有关资料；二是虽经患者同意，公开内容超出患者同意范围，或者医疗机构或医务人员以误导方式使患者陷入重大误解同意公开其病历材料或诊疗过程；三是医疗机构向患者授权的以外的人公开其病历及诊疗资料。患者在就诊过程中，一般都会配合医务人员的问询，披露自己的病情、病史、症状等一系列私人信息，同时，医务人员会根据患者的陈述，将该部分信息形成患者的病历资料等医学文书。这部分记载有患者隐私内容的医学文书及相关资料，一旦被披露，不但引起患者内心的精神痛苦，还往往会导致患者社会评价的降低，比如患者的某种身体缺陷、曾患有伤风化的疾病等。[②] 实践中，医疗机构及其医务人员未经患者同意公开其医学文书及有关资料的情况，要考虑特殊情况：一是出于医学会诊、医学教学或者传染性疾病防治的目的，公开患者的医学文书及有关资料，在这种情况下，一方面要考虑患者隐私权的保护，另一方面也要考虑到医疗行为的公益性，在二者之间寻求法益保护的平

[①] 苏航：《男医生直播妇科手术，怎么看？》，载人民法院报公众号，访问地址：https：//mp.weixin.qq.com/s?__biz=MzA4MjQ0Njc5OQ==&mid=2828116812&idx=1&sn=0c0425d6b382fed184cc32a3920d8563&chksm=b2e093ec85971afad664d14669a3c039eee5b4402077f8d297cb53ac53a07a406df4b3fa54a3&mpshare=1&scene=1&srcid=0119QlbabfDW9DIg2y6yA2pJ&sharer_sharetime=1642570495299&sharer_shareid=5a7006e0bce57f816a24f3832926fb4c&exportkey=AR2T46ESQ3I8GEHm8NSFpPA%3D&acctmode=0&pass_ticket=MOgxZwTi0ZXs6KNt8fgKHPRiCJRr%2Bvef6fBN0qkA0z%2BuQu%2BY23mt1q1pfBHfWwvL&wx_header=0#rd，最后访问日期：2022年1月19日。

[②] 全国人大常委会法制工作委员会：《中华人民共和国侵权责任法释义》（第2版），中国法制出版社2010年版，第349—352页。

衡性。笔者认为，在该种情况下，判断侵权责任是否成立需要考虑以下几个因素：一是是否事后取得了患者的同意、追认或者授权；二是医疗机构的公开行为是否具有公益性、道德性目的，公开方式与途径是否得当；三是是否造成了患者的实质性损害；四是公开行为与损害之间是否具有法律上的因果关系。一般来说，如果医疗机构及其医务人员在为公益事业、医学会诊、医学教学而公开患者医学文书及有关资料的过程中，不以营利为目的且对公开信息处理后，不特定的公众从公开的信息中无法辨识其中的患者身份，就一般不会导致侵权责任的产生。

另一种情况是医疗机构"被动"公开患者病历。也即需要讨论除患者本人以外，哪些人可以获取或知悉患者病历及相关材料。对于这种情况，医疗机构对患者医学文书及有关资料的管理制度尤为重要。此点在立法上具体体现在与患者有关的病历资料的查阅主体。原则上讲，患者的有关的病历资料查阅权只有患者本人享有。例如在我国，无论是最早的行政法规还是后来的《侵权责任法》甚至是《民法典》，都只规定了病历资料的查阅主体是患者本人。我国《医疗事故处理条例》和《医疗机构病历管理规定》规定，对于未死亡患者，如果未经其许可，即使是近亲属也无权查阅和复制相关的病历资料。《医疗机构病历管理规定》第6条规定，除涉及对患者实施医疗活动的医务人员及医疗服务质量监控人员外，其他任何机构和个人不得擅自查阅该患者的病历。因科研、教学需要查阅病历的，需经患者就诊的医疗机构有关部门同意后查阅。阅后应当立即归还，不得泄露患者隐私。此外，对于能够提起查阅和复制病历资料申请的权利主体范围，《医疗机构病历管理规定》也作了明确规定。我国《侵权责任法》第61条以及《民法典》第1225条均规定，患者要求查阅、复制前款规定的病历资料的，医疗机构应当及时提供。综上，查阅患者病历资料应当按照以下原则处理：一是患者本人能够查阅时，需要由患者本人查阅；二是患者本人授权他人查阅病历资料的，需要书面明确授权并出具相关代理手续且查阅需要符合法律以及医疗机构的要求；三是患者本人已经死亡，其近亲属有权查阅其病历资料。也就是说，医疗机构应当按照以上原则，提供病历资料，如果查阅人不符合条件的，医疗机构有义务拒绝提供病历资料。如医疗机构未按照以上原则对不适格的主体提供了病历资料，造成患者损害的，应当承担相应的赔偿责任。另外，需要讨论的是，与患者具有雇佣关系的用人单位，可否不经患者同意，直接获取患者的体检报告等病历资料。笔者认为，用人单位在获取患者体检和健康状况时仍需经过患者的明确同意或者授权，用人单位不能以管理需要为理由侵犯患者的隐私权。在此种情况下，医疗机构提供病历时也需要尽到相应的注意义务和告知义务。

最后需要说明的是，上述侵害患者隐私权的形式是最基本的类型，在信息时代，侵害患者隐私权载体也呈现了多样化的趋势。再者，如前所述，除医疗机构及医务人员以外的第三人也可能侵害患者的隐私权，或与医疗机构或医务人员以上述形式共同侵害患者的隐私权。

第二节 患者隐私权侵害与救济的个案考察

一 患者隐私权侵害的救济途径

（一）患者隐私权的特别法保护

患者隐私权是隐私权的下位概念，因此患者隐私权的救济途径完全可以纳入隐私权救济的途径中。但医患关系的特殊性如信息不对称、医疗行为的专业性等决定了在医患纠纷中患者相对处于弱势地位，因此对于患者的权益需要加以单独立法进行特别保护。2010年施行的《侵权责任法》第62条对患者隐私权保护就做了特别的规定。《民法典》第1226条基本上沿用了《侵权责任法》的规定，只是将保护范围从"患者的隐私"改成了"患者的隐私和个人信息"，这与《民法典》总则编和人格权编关于隐私权和个人信息保护的规定相一致。

对患者权利给予特别保护是世界各国的通行做法，其中也包括患者的隐私权，其原因可以归纳为两点：一是医疗行为的侵袭性和医务人员的自由裁量导致患者隐私权具有特殊性，且医疗机构与患者的信息不对称，致使患者隐私权需要特殊的法律规制；二是从立法政策层面来讲，保护和尊重患者隐私是全世界通行的做法，也是构建和谐医患关系的重要环节。但我国在《侵权责任法》以及《民法典》中以单立条款方式重申患者隐私保护的真正原因是：医疗领域中对患者隐私权侵犯的易发或多发性和认定保护的复杂性。具体地说，与其他行业相比，医疗行业的从业者在医患关系中更需要也更易于接触患者隐私，如在检查和护理患者身体时可获取其私人信息，在了解患者病情时也将涉及病情起因、既往病史、家族史等有关信息，接触的频繁性和涉及的广泛性增加了侵害患者隐私的可能性。同时，在诊断、治疗、检查和护理等各种医疗活动中，与患者的告知义务相对应，医务人员可具体了解并知悉患者的有关隐私，但医疗活动的多样性和差异性又影响着医务人员的知情范围，由此使患者隐私侵害的认定和保护呈现复杂性。因此，医疗行业这一特殊性决定了医患关系中对患者隐私保护的重要性，立法者单立条款保护表明对患者隐私的尊重和保护具有合理性。[①] 需要注意的是，患者隐私权虽然需要单独保护，但特殊情况下仍需结合隐私权、名誉权、患者知情权以及个人信息权加以全面保护。

（二）患者隐私权的救济途径

所谓患者隐私权的救济途径是指患者隐私权遭受侵害时的救济方法。目前来讲，患者隐私权的救济途径主要有两种。

1. 基于患者自我保护的私力救济

虽然，世界各国在权利保护上原则上排斥私力救济，但对于一些紧急情形，法律会赋予行为人私力救济的途径和方法。在患者隐私权的救济中，患者的自我保护便是第一道防线。虽然在医患关系中存在信息不对称，但随着医学专业知识的普及和网络信息的传播，民众对于诊疗行为规范的认识不断提升。患者有权要求医疗机构及医务人员为自己已经向其提供的有关隐私进行保密，不予传播；可以拒绝回答医务人员提出的与疾病诊断和治疗无关的任何询问；可以对医务人员超越职权的干涉、侵害自己隐私的行为进行主动防御保护；对于没有经过自己同意的医学教学实践观摩也可以拒绝。当然，在自我保护的私力救济中，患者的医疗常识、法律意识的提高显得尤为重要。在很多情况下，只要患者自己有足够的法律意识并在第一时间向医疗机构或者医务人员及时提出，就可以把侵权行为遏止在萌芽状态，可以避免纠纷的发生，也可以使得自己的隐私权得到及时保护。

2. 基于医疗机构及医务人员自律的行业救济

由于医疗机构与医务人员是患者隐私权侵犯的重要主体，因此医疗

[①] 张驰：《患者隐私权定位与保护》，《法学》2011年第3期。

机构的内部管理以及医务人员的职业道德和素质关系到患者隐私权的救济。目前全世界的医政管理体系中，均要求医疗机构内部设立医患矛盾解决的专门部门，这些部门一方面对内解决因医疗服务产生的投诉，另一方面对侵犯患者相关权益的行为进行处理。但这些机构处理矛盾纠纷时，中立性可能遭受怀疑，因而大部分患者不愿意选取此种模式进行救济。①

3. 基于法律规范的司法救济

规范的法律制度及完善的司法保障是保护患者隐私权的核心内容，也是患者隐私权保护的最后一道防线。当然，在医疗父权主义框架下，此种救济可能没有过多讨论的必要，但随着以"患者为中心"的医疗伦理学说的发展，患者隐私权的保护也逐渐纳入法律规范保护范围内。如我国在《侵权责任法》之前，实际上大多用行政法规来调整患者隐私权被侵犯的问题，而随着《侵权责任法》以及《民法典》的实施，患者隐私权的保护已经上升为基本法保护范围。但需要强调的是，在司法救济患者隐私权的方法上，要以缓和医患关系为前提。

二　患者隐私权救济的观念转变

（一）传统观念：通过解释隐私权、名誉权进行保护

1890 年美国学者 Smauel Warren 和 Louis Brandeis 发表《论隐私权》一文，主张个人的独处权利不容侵害。但直至 1905 年，在派维斯奇诉新英格兰生命保险公司（Pavesich v. New England Life Ins. Co.）一案中乔治亚州高等法院才宣布隐私权保护是州法的一部分，开启了隐私权司法保护之先河。具有里程碑意义的是 1960 年 Prosser 教授发表的《论隐私》（Privacy）一文，将对隐私权的侵害分为四种被广泛接受的情形。从 1965 年格里斯沃尔德诉康涅狄格州（Griswold v. Connecticut）案开始，隐私权的内容被导引到全新的事实领域，发展出来"宪法隐私权"：从个人信息的披露、窃听、测谎、通信秘密到性自由、避孕、堕胎、家庭关系、消极安乐死，以及个人的行为和外表等都属于隐私范畴。"新的隐私权即自主性"，从此隐私权成为私生活的自我控制权

---

① 刘作翔：《患者权益保护的法理基础与制度保障》，《河北法学》2015 年第 10 期。

而具有了积极权能。① 到 20 世纪中后期，欧美患者权利运动的广泛开展，使得患者权利保护成为社会各界越来越关注的问题。而患者隐私权的保护是患者权利保护的重要内容。患者隐私是患者在医疗机构就诊过程中被医疗机构及医务人员合法、合理掌握的与患者的身体、生活密切相关的各项信息。那么与之相对应的，患者所享有的对于该部分隐私不被医疗机构、医务人员任意散布、利用等的权利，即为"患者隐私权"。但在传统观念的影响下，对隐私权的保护是通过一般人格权的解释进行展开的。② 因此，传统观念也是通过对隐私权的具体解释，来实现患者隐私权的保护。

我国在《侵权责任法》施行以前立法并没有直接规定隐私权，但最高人民法院先后在司法解释中提到了对公民隐私权的保护。对于患者隐私权也只能通过隐私权、名誉权、一般人格权进行保护。而《侵权责任法》第 2 条用列举的方式规定了对包括生命权、健康权、隐私权、专利权、继承权等一系列公民的人身、财产权利的全方位保护，也是首次将隐私权作为具体明确的权利加以保护。《侵权责任法》第 62 条规定："医疗机构及其医务人员应当对患者的隐私保密。泄露患者隐私或者未经患者同意公开其病历资料，造成患者损害的，应当承担侵权责任。"我国《民法典》第 1226 条也基本上沿用了这个规定。此条虽然被认为是对患者隐私权的保护，但笔者认为，其还是来源于对隐私权的解释，这一点可以从我国最新的《民事案件案由规定》中没有规定患者隐私权纠纷为独立的案由这一点可以看出，且此条文仍然是消极防御性的患者隐私权表述。

（二）观念发展：个人信息控制权的引入

其实从隐私权的概念不难看出，隐私权是一种非常"主观"的权利，个人由于成长环境、性格养成等原因对外界的容忍以及开放的程度是不同的。简单地说，有些信息对于某些人来说是隐私，但对另一些人却不被认为是隐私。但如果上升为权利加以保护，就必须有大多数人认可的

---

① 郭明龙：《论患者隐私权保护——兼论侵害"告知后同意"之请求权基础》，《法律科学》2013 年第 3 期。

② 郭明龙：《论患者隐私权保护——兼论侵害"告知后同意"之请求权基础》，《法律科学》2013 年第 3 期。

客观标准。在隐私权的发展过程中，人们慢慢发现，个人信息与隐私权的外化与客观化密切相关，隐私权的绝大多数内容可以通过个人信息表现。因此个人信息权的引入可以看作是隐私权由客观防御性权利向主观积极性权利转变的重要节点。1980年，国际经济合作组织发布了理事会劝告八原则，成为各国个人信息保护制度的基本依据。这八项原则是：（1）收集限制的原则；（2）资料内容原则；（3）目的明确化原则；（4）利用限制性原则；（5）安全保护的原则；（6）公开原则；（7）个人参加原则；（8）责任原则。① 这八项原则对信息的收集、利用、保管的相关主体和要求进行了明确。

而患者个人信息控制权的提倡，源于医疗行为的过程记录的所有权归属于医疗机构和医务人员。不管是从行政管理上讲，还是医疗记录形成的客观情况，不管是何种方式、何种载体，都是医务人员或医疗机构对患者就诊过程的全程留痕，其虽以患者的信息为主要内容，但制作主体仍为医务人员，因此，记录医疗过程形成的医疗资料归医务人员以及医疗机构并无太大争议。② 特别是体现医务人员自由裁量，不适于对外公开的诸如主观病历等资料。从具体情况分析，一方面这些医学资料不在患者手中，不受患者随意掌控。但其中记载的患者的个人信息，其实大多属于隐私内容。其中包括患者的姓名、出生年月、性别、住所、职业、工作单位、电话号码、疾病名称、受伤情况、个人职务、诊断时间、既往病情、治疗计划、处方内容、家族病史，检查资料涉及的血液、病理组织、X光、CT、心电图，护理记录等。因此，为保护患者隐私权而赋予患者对个人信息的控制权是非常必要的。③

（三）新解释学：从隐私权到信息控制权

从隐私权理论的发展轨迹来看，隐私权权能经历了从消极隐私权到积极隐私权的转变。随着社会发展，一般人格权在消极防御权能之外发展出来了"个人信息自决权"：本人有权决定，哪些有关个人的信息可以透露给公众，以及这些信息可以被如何使用。个人信息自决权一方面赋

---

① 刘士国：《患者隐私权：自己决定权与个人信息控制权》，《社会科学》2011年第6期。
② 参见［日］植木哲《医疗法律学》，冷罗生、陶芸等译，法律出版社2006年版，第144页。
③ 刘士国：《患者隐私权：自己决定权与个人信息控制权》，《社会科学》2011年第6期。

予个人对其信息不被他人非法收集利用的自由，另一方面享有支配、处分的自由，兼具消极性与积极性。日本是较早将隐私权外化为个人信息控制权的国家。在"在日台湾人身份调查表订正请求诉讼案件"中，东京地方法院指出：当个人信息为他人掌握时，如果该个人信息是与当事人的前科、病历、信用状况等有关极为重大的事项，同时该信息明显违反事实，而对该错误信息放任不管提供给第三人必将给当事人带来社会生活上的不利益乃至损害，该当事人为了避免遭受不利益和损害可以要求持有个人信息的当事人删除或者订正与事实不符的部分。可以说，这一判决从正面认可了"个人信息控制权"的理论。[①]

我国最早是在《民事诉讼法》中规定了隐私权的保护，当事人因隐私权被侵犯的可以以隐私权纠纷为案由进行民事诉讼，从而进行实体权利的保护。之后颁布的各种行政医事法律，也有保护"隐私"的相关规定。如前所述，《侵权责任法》第2条列举的18项民事权利中，首次规定了"隐私权"。我国《民法典》在民事权利以及人格权编中都规定了隐私权的保护。而《民法典》第1226条对《侵权责任法》第62条进行了完善，规定医疗机构及其医务人员应当对患者的隐私和个人信息保密。最高人民法院在（2019）最高法知民终21号民事判决书中明确：患者诊疗数据等信息属于患者隐私。《民法总则》以及《民法典》均规定了个人信息权保护，而且我国正式制定了《个人信息保护法》，于2021年11月1日起施行。需要指出的是，这里的个人信息保护当然包括患者的相关信息，所以从以上我国的立法体系解释上看，不难推论出我国实际上是承认了患者对个人医疗信息的控制权。

三 患者隐私权救济的司法实务考察

（一）我国患者隐私权保护第一案

我国公认的"患者隐私权保护"第一案是一起全国首例因医院将患者作为教学对象而被提起诉讼、要求给予精神损害赔偿的案件。2000年9月15日，未婚女患者阿静（化名）去新疆石河子医院做人流手术。当她脱好衣服躺在床上接受检查时，医生孙某却突然叫进20多名见习生，当

[①] 周汉华：《个人信息保护前沿问题研究》，法律出版社2006年版，第149—151页。

场进行观摩、见习教学。患者阿静羞愧难耐，遂要求见习生回避，却被医生孙某告知没有关系，并让她躺好安心接受检查。接下来，医生孙某以阿静为教学模型，现场讲解各部位名称、症状等，整个过程持续约六分钟。同年10月8日，患者阿静以隐私权受到侵犯为由，将医生孙某和孙某所属医院作为共同被告，诉至新疆石河子市人民法院，要求被告赔礼道歉，并赔偿精神损失费1万元。法院于同年10月27日开庭不公开审理此案。[①]

该案当时在社会上引起了巨大轰动，并在医学界和法学界引起了普遍关注，虽然该案是以隐私权作为案由进行的诉讼，却引起了社会各界对患者隐私权保护的激烈讨论。该案中，患者阿静认为，医院的做法严重侵犯了患者的人格尊严和隐私权。在一般情况下，公民对于自身的特殊部位，享有不受他人非法观看、探究或拍摄的权利。医生为查明病因检查患者身体或专家会诊原则上不构成侵权，但主治医生以外的人对患者的隐秘部位进行观看，则是不能允许的，况且患者阿静本人当即已明确表示拒绝实习生观看诊疗过程。而两被告则认为，教学实习医院担任着培养学生的任务，任何患者都可能成为教学实习的对象。按通行惯例，一般都不提前征求患者同意，且全国各地的医院也都有相同的做法，法律法规对此也没有禁止性规定。见习生具有双重身份，他们既是学生，又是未来的医生，患者在诊疗过程中对于医生而言没有隐私权，所以见习教学行为是传授知识而非侵犯患者隐私权的行为。除此之外，医疗见习教学一定程度上具有社会公益性质，当社会公益性质与个人权利冲突时，应当以社会公共利益优先。

从上述原被告双方的观点中，不难看出当时存在两种主流的观点：一是患者的隐私权应当受到保护，患者不能作为"活道具"；二是患者在治疗中应当具有容忍义务，特别是在涉及公共利益与个人权利冲突时。

当时学界针对该案从以下四个方面进行了探讨，推动了患者隐私权保护的细化。

首先，患者隐私权虽然不是一项独立的权利，但隐私权应当保护得

---

① 参见孙振东《论医院见习教学中患者隐私权之保护——兼谈我国隐私权立法》，《法制日报》2000年10月26日第3版。

到了一致认可，而隐私权的客体中有相当一部分是属于患者隐私权的客体，如：（1）患者的个人身体秘密：患者的生理特征，生理、心理缺陷和特殊疾病，如奇特病症，性器官异常，患有性病、妇科病等"难言之隐"；（2）患者的身世和历史秘密：包括患者的出生、血缘关系，如系非婚生子女、养子女、生育史、婚恋史及其他特殊经历；（3）患者的性生活秘密：包括夫妻性生活、未婚先孕、堕胎、性功能缺陷等。患者的隐私权也必然具有隐私权主要权能，即隐私隐瞒权、隐私利用权、隐私维护权、隐私支配权。虽然从日常经验可以知道，在诊疗活动中，医护人员可以获取旁人难以知道的患者隐私。这就容易给人造成一种错觉：好像患者在医生面前无隐私可言。但事实上并非如此。从单纯的事实来看，医护人员在诊疗活动中获取患者上述隐私侵犯了患者的隐私权。但从价值判断的角度来说，人们普遍认为医护人员为了准确地诊治疾病和适当地护理患者，必须了解患者的一些隐私。那么医护人员获取患者隐私行为违法阻却的原因是什么？通说认为来自患者对隐私权的自由支配。如前所述隐私权主体可以决定自己的私人信息、私人活动或私人空间以何种方式、在何种程度上进入社会领域。患者出于维护自身生命健康的考虑，准许医护人员察视其个人领域和个人信息，这是患者在行使隐私支配权，是患者行使隐私权的一种形式。[1]

其次，阻却医疗机构违法的先决条件是患者的同意。由于医疗活动的特殊性，医疗机构及其医务人员获取患者的隐私在所难免，但患者同意是可以阻却医疗机构的违法性的。患者同意的方式分为两种：一是明示的同意，即患者明知道诊疗行为会在一定程度上对隐私进行侵犯，但明确表示医疗机构可以进行哪些行为。实践中，患者的明示同意往往会以协议的形式表现。二是默示的同意，我国《民法典》第140条已经将默示也作为一种意思表示方法，但同时规定默示只有在法律规定、当事人约定或者符合当事人之间的交易习惯时，才可以视为意思表示。在医患法律关系中，如果对医疗机构的诊疗行为没有明确的同意授权，但不表示拒绝，可以视为患者的默示，但这种默示的前提也是在患者自愿情况下依照自由意志作出的意思表示，如果医疗机构利用加重病情或信息

---

[1] 邱鹏：《论实习教学中的患者隐私权保护》，《判解研究》2004年第4期。

不对称使患者陷入了被动接受、无法表示拒绝的情况，不能一概地认为患者进行了默示同意。

再次，医疗机构及其医务人员获取患者隐私时必须遵循相应的原则：一是医护人员获取患者隐私须出于医疗目的，患者与医疗机构或医务人员形成医患法律关系的根本目的在于实现诊疗目的，因此患者有时牺牲隐私权是为了获得医疗利益，同时医疗机构获取当事人的隐私也必须出于诊疗目的，否则不能阻却违法。二是医护人员须尽详尽的说明义务。医护人员的说明义务是指医护人员在得到患者承诺时，必须将该医疗行为需要获取患者的何种隐私及为何需要的原因向患者解释清楚。这是患者作出有效承诺的逻辑前提。但是医护人员的说明义务也不是无限义务，在某些特殊情况下，应赋予医护人员以自由裁量权来决定是否履行说明义务。例如，遇有紧急情况，如果医护人员履行说明义务会耽误诊疗时间，造成严重后果；再如患者意识不清醒，医护人员难以有效履行说明义务；还有某些患者预先放弃对医护人员说明义务的要求。在这些情况下，一般认为医护人员不负有说明义务。三是承诺者须有承诺能力。这里的承诺能力，是指能够理解医护人员获取自己隐私的性质、效果和可能导致的损害后果的能力。承诺者具备承诺能力，就可以权衡治疗疾病和透露隐私的利益轻重关系，从而判断是否接受诊疗和护理。至于承诺方式，并不一定需要明示承诺，在一些轻微简易的疾病治疗中，患者对诊疗和护理所需获取自己隐私的程度和范围已有大致了解，那么患者接受诊疗和护理的行为本身可以看作已有默示同意的意思。[1]

最后，医院能否基于公共利益对患者的隐私权保护进行克减。隐私权的保护受社会公共利益的限制，这是国际社会的共识。如《公民权利和政治权利国际公约》第17条规定，除生命健康权外的其他人格权和政治权利都是可以克减的权利。我国《民法典》第8条、第10条的规定中，均提到了民事活动不得违背公序良俗。如《民法典》第8条规定：民事主体从事民事活动，不得违反法律，不得违背公序良俗；第10条规定：处理民事纠纷应当依照法律；法律没有规定的，可以适用习惯，但

---

[1] 邱鹏：《论实习教学中的患者隐私权保护》，载王利明主编《判解研究》2004年第4辑，第142页。

是不得违背公序良俗。这里的"公序良俗"在一定程度上包含了公共利益。但究竟什么是公共利益，其实是有争议的。查阅各国法律，会发现各国对于社会公共利益这个概念几乎全部是弹性的。比如《法国人权宣言》第 17 条规定，财产是神圣不可侵犯的权利，除非当合法认定的公共需要所显然必需时，且在公平而预先补偿的条件下，任何人的财产不得受到剥夺。再如《美国宪法修正案》第 5 条规定，非经正当法律程序，不得剥夺任何人的生命、自由或财产；非有公正补偿，私有财产不得征为公用。还有《日本宪法》第 29 条规定，财产权不得侵犯。财产权的内容，应由法律规定以期适合公共之福祉。私有财产，在公正补偿下得收归公用。从以上规定不难看出"社会公共利益"的"最大特别之处，就在于其概念内容的不确定性"。但确定的是我们不能把公民基本权利天然地划为公共利益的对立面，公共利益是由私人利益构成的，私人利益有时候也反映着公共利益。从医患关系角度，医疗行为的最大的公益性在于救死扶伤，让人们享受健康的生活。但其中包含了一个矛盾，我们不能牺牲个人的人格尊严去维护医疗行为的公益性，且在个别诊疗情形下，如果个别诊疗不具有重大社会价值，更不能成为医疗机构阻却违法的理由。

（二）患者隐私权救济的司法实务案例分析

继实习生观摩案患者隐私权引起社会各界广泛关注后，司法实务界也逐渐开始对患者隐私权加以重视。如前所述，尽管《民法典》规定了患者隐私权的相关内容，但司法实务并没有将患者隐私权作为独立的权利类型加以保护，此点从《民事案件案由》中没有单独规定患者隐私权纠纷可以看出。但为了对患者隐私权的保护，患者隐私权案件当事人最多的是以隐私权为名进行权利维护，除此之外，此类案件也包含在名誉权、肖像权、知情权、一般人格权等案件中。国外关于患者隐私权的一些司法案例也有较大的参考价值。

1. 张某强制猥亵案[①]

（1）基本案情

张某系北京某医院泌尿外科医师。2019 年 2 月 26 日，张某以为被害人任某某看病检查为由，通过摸、舔任某某阴部的方式进行猥亵。2019

---

① 参见北京市东城区人民法院（2019）京 0101 刑初 321 号刑事判决书。

年4月26日北京市东城区人民检察院以京东检三部刑诉〔2019〕233号起诉书指控被告人张某犯强制猥亵罪,向北京市东城区人民法院提起公诉。因涉及个人隐私,本案不公开开庭审理。

(2) 裁判结果及理由

一审判决被告人张某犯强制猥亵罪,判处有期徒刑7个月。理由是:被告人张某身为医生,利用被害人患病的前提,假借为其看病,违反职业道德和行为准则,在被害人不知反抗的情形下,实施猥亵行为,侵犯了他人的人格和名誉。

(3) 案例简析

本案虽为刑事案例,但是属于典型的直接侵犯患者身体隐私权的类型。张某身为医师,却因为低级趣味,违反医疗机构的管理规定,侵犯患者的隐私权。如果在民事诉讼中,张某的侵权责任仍然成立,用刑事责任调整更能体现此种行为的社会危害性。如前所述,侵犯患者的隐私权,在某些情形下,不仅需要承担民事责任,也需要以相应的罪名承担刑事责任。

2. 温某诉北京朝阳区第二医院隐私权、知情权纠纷[①]

(1) 基本案情

2003年4月20日上午,原告温某因感冒前往被告处就医,被告的发烧门诊医生要求原告进行胸部X光检查。在原告进入放射科检查室后,负责检查的男医生让原告除去上身全部衣物进行X光透视,原告按照医生的要求脱去衣服,裸露了上身。在此过程中,陪同原告前往就医的原告同行人员从操作室房门进入放射科检查室,对放射科医生要求原告除去上身全部衣物提出质疑,双方交涉未果。事后,被告对原告的X光片进行了诊断,检查结果为:"双下肺纹理增粗,心、肺、膈未见异常"。原告对检查结果并无异议。但对医疗机构及其医务人员的检查方法提出了异议,且医疗机构的服务态度也让温某无法接受。于是原告温某将被告诉至法院,要求被告赔偿精神损害赔偿金。

[①] 参见北京市朝阳区人民法院(2013)朝民初字第21910号民事判决书、北京市第二中级人民法院(2004)二中民终字第07629号民事判决书。

（2）裁判结果及理由

一审裁定驳回原告的诉讼请求。二审裁定驳回上诉，维持原判。

一审法院认为：原告因身体不适前往被告处治疗，被告对原告进行检查、诊断，双方之间形成了医疗服务关系，在此关系中，医生和患者之间有别于社会上普通人之间的人际关系，此时医生处于特殊的地位，其有权对原告的病情进行检查。在检查中，被告的放射科医生根据原告病情及诊治需要要求原告除去上身全部衣物进行检查，该行为没有违反任何禁止性规定，因此不构成对原告隐私权的侵犯。且原告接受检查时并未对医生要求其除上身全部衣物表示异议并拒绝，故被告的放射科医生未详加解释的行为亦未侵犯原告的知情权。所以，原告提出的被告侵权的诉讼主张不能成立，原告据此要求被告赔偿各项损失的诉讼请求法院不予支持。但是，被告的医务人员在为原告提供检查时言语过于简单，行为也存在需要改进之处。作为医疗服务机构，被告有必要提高其服务水平和服务质量，尽可能地提供令患者满意的服务。对此，法院将另行给予司法建议解决。

二审法院认为：公民的人格尊严受法律保护。未经他人同意，擅自公布他人的隐私材料或者以书面、口头形式宣扬他人隐私，致他人名誉受到损害的，按照侵害他人名誉权处理。本案中，温某因身体不适前往第二医院治疗，第二医院医生对温某进行检查、诊断，双方形成医疗服务关系，在检查中，第二医院放射科医生根据温某病情及诊治需要要求温某除去上身全部衣物进行检查，该行为没有违反任何禁止性规定，并无不当。但该医生言语声大，应注意改进其行为。由于第二医院不存在擅自公布温某的隐私材料或者以书面、口头形式宣扬温某隐私的行为，故不构成对温某隐私权的侵害。第二医院在为温某进行X光线摄影前要求其去除上身全部衣物，未详加解释的行为，不违反操作规程，亦不构成对温某的知情权的侵害。故原审法院判决驳回温某的诉讼请求是正确的，应予维持。

（3）案例简评

该案在当时也引起了巨大的轰动，被认为是患者隐私权保护的经典案例。但当时人们过多关注了诉讼事件，却少有人知道，本案原告温某是以败诉结束了"患者隐私权"的"保卫战"。

该案发生在《侵权责任法》实施之前，较具有代表性，也一定程度代表了当时司法实务对于患者隐私权的观点。即关于患者隐私权的侵犯的认定比较严格。如果患者对医疗行为当时没有提出异议，可以默认患者对医疗行为的同意，可以阻却医疗机构及医务人员的违法性。除此之外，医疗机构及其医务人员未违反医疗操作规程也是该案中医疗机构阻却违法的重要原因。该案还有一个细节就是一审法院针对医务人员的做法专门作了咨询与调查。关于在拍摄 X 光片检查时是否应除去受检部位全部衣物的问题，法院向北京市卫生局作了调查，得到北京市卫生局医政科答复为：对此问题相关部门尚无硬性规定，实践中一般由医生根据病人病情具体掌握。因此，法院没有认定医疗机构对患者隐私权构成侵犯。

3. 原告田某与某研究院名誉权纠纷[①]

（1）基本案情

2004 年 8 月 18 日，某研究院与内蒙古某保健品有限责任公司签订了《爱心科技救助》活动合作协议书。对"小儿进行性肌营养不良症"患者进行免费救助。2004 年 11 月及 2005 年 3 月田某分别两次申请爱心科技救助，经审查田某病情符合救助条件，获得了救助，并签署了爱心科技救助活动救助申请书。申请书约定：根据"爱心科技救助活动"的要求，患者需要做到：①对赠送产品不转送、转卖他人；②提供此前的诊断证明、治疗病历、用药及保健情况；③按要求提供检查、保健运动、随访的真实记录和信息；④同意为患者设立"爱心科技救助活动"保健档案和救助公示板，完全赞同公开、公正、透明、有序救助规则。申请救助患者需要提供的资料：①患者及法定监护人出示有效证件并提供签字复印件；②患者诊断的证明书；③与诊断相符的病历或复印件；④患者提供的上述 1—3 条资料设立爱心科技救助档案，恕不退还。特别约定：①救助活动办公室有该救助档案（包括被救助患者提供的上述资料及所有救助期间所记录的影像、声像和文字资料）的所有权和使用权；②本申请书未涉及的内容以"爱心科技救助活动"规则为准。2005 年 11 月，

---

① 参见北京市海淀区人民法院（2006）海民初字第 10765 号民事判决书、北京市第一中级人民法院（2016）一中民终字第 10028 号民事判决书。

田某家长听说在某研究院所有的网站上有田某病情和被救助的文字资料、照片和视频录像。田某提交的公证书可以看出，在2006年2月28日某研究院网站中的肌萎缩、肌无力特效治疗纪实上，有田某肖像单独出现，有田某肖像以及其病历材料、爱心救助前后身体状况的文字描述同时出现，有田某接受救助的视频资料，田某的肖像清晰可辨，未做任何技术处理。某研究院提交2006年3月29日从网站中的肌萎缩、肌无力特效治疗纪实上下载的田某的相关材料，其中对田某的照片及视频资料中田某的肖像进行了一定技术处理。另外，上述公布田某的网站为某研究院所有，可以被一般公众浏览。

（2）裁判结果及理由

一审判决被告删除与原告有关内容，赔偿精神损失费1万元；二审改判驳回原告诉讼请求。

一审法院认为：公民的隐私权受法律保护，未经他人同意，擅自公布他人的隐私资料或以书面、口头形式宣扬他人隐私，致他人名誉受到损害的，应认定为侵害他人名誉权。该案中，某研究院为报道爱心科技救助活动过程在其所有网站上登载了田某照片、病历资料、接受救助过程的文字资料及视频影像，虽然在某研究院2006年3月29日（田某起诉之后）下载的网页上田某的形象被进行了一定的技术处理，但是，在田某提交的2006年2月28日形成的公证书中，以上资料中田某的形象均清晰可辨，未做任何技术处理。某研究院在文字资料中虽未指明田某的姓名，但通过与文字资料相配合的田某照片来看，足以使认识田某的公众将田某与网页上对于田某病情及接受救助的文字资料及视频资料联系在一起。因田某病历资料以及其接受救助资料属于个人隐私，因此一审法院认定，某研究院存在利用网站发布田某个人隐私的事实。

该案争议焦点在于某研究院在其所有网站上登载田某病历资料以及其接受救助资料是否经过田某同意，是否形成对于田某的名誉侵权。某研究院认为根据救助申请书的约定，申请人同意为其设立爱心科技救助保健档案和救助公示板，完全赞同公开、公正、透明、有序救助规则，救助活动办公室有救助档案的所有权和使用权，某研究院将患者的康复效果在网站上进行纪实性报道的行为是经过田某同意的。田某认为，救助申请书约定某研究院可以公开透明有序的救助程序，但并未约定某研究院可以公开其照片和隐私。根据双方当事人陈述以及证据材料，法院认为，救助申请书的约定系双方真实意思表示，亦未违反法律强制性规定，该约定合法有效。救助申请书约定救助活动办公室有救助档案的所有权和使用权，其中包括患者及法定监护人出示有效证件并提供签字复印件、患者诊断的证明书、与诊断相符合的病历或复印件，以及救助期间所记录的影像、声像和文字资料。救助活动中为了研究患者病情、更好地对患者进行施救可以对以上资料进行合理性使用，但如果在使用过程中涉及向一般公众披露患者的肖像、病历资料、接受救助的影像、声像及文字资料时，因涉及患者的隐私，在两种权利冲突时，法律应给予患者隐私权以更高的保护，使用过程中如要向一般公众披露以上内容就需得到患者进一步授权及同意。故一审法院认定，某研究院在该院所有的网站上登载田某肖像、病历资料、接受救助的影像、声像及文字资料未经田某的同意，属于未经他人同意擅自公布他人隐私的行为，其行为存在过错，该行为使田某的病情被一般公众知晓，其肖像及接受救助的视频资料可以被一般公众浏览，给田某造成了损害，使其背负了巨大的精神压力，使其身心受到极大伤害，影响了田某的正常生活，该行为应认定为侵害田某名誉权。故本院对田某要求某研究院停止侵害、消除影响、赔礼道歉，并赔偿精神损失的诉讼请求予以支持。精神损失赔偿的具体数额应综合考虑某研究院的过错程度，侵权手段、场合、行为方式，侵权行为所造成的后果等因素进行判定。

二审法院认为：公民的隐私权受法律保护，未经他人同意，擅自公布他人的隐私资料或以书面、口头形式宣扬他人隐私，致他人名誉受到损害的，应认定为侵害他人名誉权。其中"未经他人同意，擅自公布他人的隐私资料"是侵害他人隐私权的构成要件。田某在接受某研究院的医疗救助时，其签署的救助申请书、爱心科技救助活动规则中约定，救助活动办公室有救助档案即患者资料、救助期间的影像、声像、文字资料的所有权和使用权；主办单位有权设立患者"康复公示专栏"，并采取展板、期刊、宣传册、网站及其他方式发布救助纪实及患者临床信息等。由此可以认定，某研究院在其网站上进行相关报道是经过田某事前同意的，某研究院的行为不属于擅自公布他人隐私，且某研究院系在其网站上报道救助活动，并非恶意传播、宣扬或者公开他人隐私。故田某主张某研究院侵害其名誉权，要求某研究院停止侵害、消除影响、赔礼道歉，并赔偿精神损失的诉讼请求，缺乏事实及法律依据。因此，二审法院撤销了一审法院的判决，改判驳回了原告的诉讼请求。

（3）案例简析

本案亦是在《侵权责任法》施行前的案例，由于《侵权责任法》施行前，民事侵权通常的裁判依据为《民法通则》，而《民法通则》并没有直接规定隐私权，因此请求权基础与裁判依据只能引用名誉侵权保护的相关规定。该案中，可以看出一、二审的结果完全相反，一审法院的裁判主旨在于公开的视频中未作处理，档案的公开、利用如果与隐私权相冲突时，应当优先保护隐私权；而二审法院认为，患者的同意是阻却违法性的重要因素，且双方当事人有明确的约定。约定时双方已经签有相关的条款，患者应当预见到该案的相关后果，另外，从二审的裁判理由似乎可以读出，隐私权的侵权还应当以当事人的恶意为构成要件。如前所述，《侵权责任法》施行前，医疗侵权采取的是严格要件，只要有阻却违法事由，一般医疗机构便不构成侵权。所以在当时看来，二审法院的判决更符合当时的实务观点。但现在重新解读该案，似乎一审法院的判决更具有前瞻性，符合患者隐私权的保护宗旨。

4. 傅某隐私权纠纷[①]

（1）基本案情

2009年10月14日，傅某在某医院门诊经超声检查，诊断为"胆囊壁腺肌增生症、胆囊壁息肉样病变"。之后，傅某入住某医院，并进行胆囊切除术，术后病理标本检查报告诊断为"慢性胆囊炎、胆固醇息肉形成"。傅某向法院提起医疗损害赔偿责任纠纷诉讼，在案件审理过程中，傅某提交包括超声诊断报告单在内的证据材料。法院于2012年作出判决，后某医院提起上诉。二审审理期间，某医院于2012年8、9月份，以电子邮件形式将傅某的超声检查图像发送给所称三位国外医学专家，咨询超声诊断相关问题。电子邮件正文未提及患者个人信息，但在所附超声检查图像上有傅某姓名、性别、出生日期、病历号等信息。此后某医院于2012年9月29日委托北京市长安公证处对其从互联网上下载相关邮件的

[①] 参见北京市第一中级人民法院（2014）一中民终字第03180号民事判决书。

过程及内容进行证据保全，并委托中国对外翻译出版有限公司进行翻译，然后将以上文件作为证据材料提交二审法院。傅某认为，在诉讼期间，医院未经其本人同意，将带有个人信息的检查图像利用互联网发送构成对其隐私权的侵犯。

（2）裁判结果及理由

二审裁定驳回上诉，维持原判（驳回原告诉讼请求）。

二审法院认为：隐私权是公民个人所享有的私人领域进行支配的、不受非法侵犯的一种人格权。在医患关系中，医疗行业和其他行业相比，更容易涉及患者的一些隐私，所以医疗机构及其工作人员有义务对患者的隐私进行保密。医患关系中侵犯患者隐私权一般应当具备以下情形：超出知情范围刺探患者隐私；恶意泄露、公开向公众传播或直接侵扰患者的隐私；非法利用患者隐私信息；非因治疗职责需要而知悉患者隐私；未经患者同意向公众公开患者的病历资料。该案纠纷的起因，系傅某认为某医院对其进行的医疗行为存在过错，提起了民事赔偿诉讼，某医院为实现免责抗辩的主张，在举证过程中，客观上存在将患者傅某的超声图像向第三方出示、咨询的事实，也存在将咨询过程、内容进行公证、翻译的事实。某医院的行为，主观上不存在恶意泄露患者信息，行为上未超出其知情范围或采取刺探等非法手段获取医疗资料；进行咨询的对象，是针对特定主体，采取的特定方式进行咨询，咨询内容仅限于超声图像资料，而非采取广泛地向不特定主体公布全部的病历资料；目的是为寻求医方的诊疗职责是否符合医疗规范的司法确认，并未超出诊疗职责的范围；进行公证、翻译的行为，是为达到符合民事诉讼法所规定的证据形式的目的，以便在人民法院审理案件时予以出示，不构成公开传播、非法利用的法律后果。当事人在诉讼中有权利就其主张进行举证，这是我国民事诉讼法赋予当事人的平等权利。综上所述，某医院的行为是为了行使权利，具有正当性，不构成对傅某隐私权的侵犯。

（3）案例简析

本判决是一起非常简单的案件，但二审文书的裁判理由却有着非常重要的意义。首先，提出了患者隐私权的特性，即在医疗关系中，医疗机构更容易获取患者隐私，因此对于患者的隐私医疗机构有更严格的谨慎义务；其次，明确提出患者隐私权侵权构成要件及患者隐私权的请求权基础，即医疗机构保密义务的违反；最后，明确指出了几种侵犯患者隐私权的具体情形，即超出知情范围刺探患者隐私，恶意泄露、公开向公众传播或直接侵扰患者的隐私，非法利用患者隐私信息，非因治疗职责需要而知悉患者隐私，未经患者同意向公众公开患者的病历资料。可以说该案是司法实务首次对患者隐私权的裁判提供了较为详细的思路，对于患者隐私权的保护具有重要意义。

5. 宋某与某卫生局要求履行法定职责行政纠纷①

（1）基本案情

宋某原系某公司职员。2008年5月，该公司与佰众门诊部签订协议约定：该公司2008年度员工体检安排到佰众门诊部，体检时间为2008年5月6日、8日两天，体检项目中包含乙肝表面抗原检查；佰众门诊部在体检完毕后8个工作日内将统一体检人员结果报告递送至该公司指定部门。该公司向佰众门诊部支付了体检费。2008年5月8日，宋某作为某公司职员到佰众门诊部进行统一体检，被检出系乙肝病毒携带者。之后，佰众门诊部按照协议约定将某公司员工体检报告送交该公司，其中包括宋某的体检报告。同年10月21日，宋某向某卫生局进行投诉，认为佰众门诊部将乙肝病毒标志物列入体检套餐，违反了《关于维护乙肝表面抗原携带者就业权利的意见》及《传染病防治法》第12条的规定，佰众门诊部擅自将体检报告送达其所在单位系泄露其个人隐私，要求某卫生局依照上述意见及法律规定对佰众门诊部的上述行为进行查处。某卫生局受理了宋某的投诉，于同年11月14日对佰众门诊部进行了调查，现场检查、调取证据，并制作了调查笔录和现场检查笔录，在调查、检查中，某卫生局对佰众门诊部未将乙肝体检检测结果为表面抗原等阳性的患者的情况按照规定上报传染病疫情报告卡的违法行为当场作出行政处罚决定，并按照规定对其作出医疗机构不良职业行为积分通知。同年12月9日，某卫生局根据检查结果向宋某出具回复信，该回复信告知宋某佰众门诊部不存在故意泄露患者隐私的情况等内容。宋某收到某卫生局的回复信后，认为该局拒绝履行法定职责而不依法处理佰众门诊部侵犯其隐

---

① 参见北京市第一中级人民法院（2009）一中行终字第1867号行政判决书。

私权的行为违法，遂以确认某卫生局上述行为违法为由向一审法院提起行政诉讼，请求法院判令：确认某卫生局拒绝履行法定职责而不依法处理佰众门诊部侵犯其隐私权的行为违法，责令某卫生局重新对佰众门诊部泄露隐私的行为依法处理。

(2) 裁判结果及理由

一审驳回原告诉讼请求；二审裁定驳回上诉，维持原判。

一、二审法院认为：依据《传染病防治法》第6条第2款、第12条、第69条第（七）项的规定，某卫生局作为行政区域内卫生行政部门，负责本行政区域内的传染病防治工作；对故意泄露传染病病人、病原携带者等个人隐私相关信息、资料的医疗机构，具有依法查处的职权。该案中，某卫生局受理了宋某的投诉后，对佰众门诊部相关人员进行调查，现场检查、调取证据，并制作了调查笔录和现场检查笔录，履行了相应的法定职责。卫生局根据调查结果认定佰众门诊部不存在宋某投诉的问题，并将调查结果以书面形式告知宋某，依法履行了对宋某投诉事项的审查职责，因此，一审法院判决认定某卫生局不存在拒绝履行法定职责的行为。

另根据《关于维护乙肝表面抗原携带者就业权利的意见》第2条第2款规定，严格规范用人单位的招、用工体检项目，保护乙肝表面抗原携带者的隐私权；用人单位在招、用工过程中，可以根据实际需要将肝功能检查项目作为体检标准，但除国家法律、行政法规和卫生部规定禁止从事的工作外，不得强行将乙肝病毒血清学指标作为体检标准。本案中，宋某参加的是其所在单位组织的体检，在体检前其知道体检项目，且没有相关规定禁止其在相应范围内自行选择体检项目。依据《传染病防治法》第69条第（七）项的规定，卫生行政部门有权对故意泄露传染病病人、病原携带者等个人隐私相关信息、资料的医疗机构进行查处。该案中，佰众门诊部依协议将某公司员工的体检报告交付给该公司，系履行协议约定义务的行为，不属于上述法律规定的故意泄露个人隐私相关信息的行为，且宋某未就体检报告的交付问题与佰众门诊部或其所在单位作出事先约定，宋某亦未向法院提交能够证明佰众门诊部具有泄露其体检结果主观故意的证据。

（3）案例简评

该案虽然系行政诉讼案件，但一定程度上反映了患者隐私权保护的相关问题和热点问题。一是，该案其实指明了患者隐私权保护的另一途径，即行政投诉，相比诉讼而言，行政投诉的效率要高一些。另外，根据相关的行政法规，卫生局是可以对医疗机构侵犯患者隐私权的行为进行查处和行政处罚的。不仅我国如此，外国也经常用这种方式保护患者隐私。如美国卫生部（Department of Health and Human Services，HHS）民权办公室（Office for Civil Right，OCR）是一个实施《健康保险携带和责任法案》（Health Insurance Portability and Accountability Act；HIPAA）的部门。主要负责保护人的一些基本权利，主要包括不被歧视的权利、宗教自由的权利、病人医疗信息的隐私权等，并且专门负责调查 HIPAA 违规的案例。2019 年 2 月，美国卫生部民权办公室公布了八个典型违反 HIPAA，侵犯患者隐私的典型案例。[①] 二是，该案引起了一个非常热点问题的讨论，即用人单位组织体检时，可否获悉劳动者的体检信息？在实践中，用人单位获取劳动者体检信息的不在少数，如北京市某法院处理过类似的案件。[②] 案件中，原告金某于 2012 年 8 月 29 日到被告处就诊并住院治疗。当日，金某签署了医疗费付费办法承诺同意书，其中载明："如果和睦家医疗在您出院或完成治疗之前，未收到来自保险公司的保函，您将需要自己负责总共的医疗费用，在您出院或完成治疗之前。如果您的保险公司或雇主（第三方）为您付清账户费用，您将同意支付费用的第三方有权获取您的医疗记录以便确认相关服务的应付费用。如果您达成上述同意，和睦家医疗会直接和您的雇主结账。但是，若因为任何原因雇主无法给患者付清费用，付清账户结余的责任仍需患者负担。"原告认可其在入院之初告知被告系由其工作单位即第三人为其支付此次医疗费用。2012 年 9 月 3 日，原告出院，《出院志》中载明原告的入院诊断为"双边腿软弱、疼痛；酗酒"，出院诊断为"外围肌病；酗酒"，出院医嘱为"在忍受范围内活动；正常饮食即可，戒酒；如果肌肉疼痛/无

[①] 参见《病人隐私 HIPAA：盘点 2018 年典型违规案例（附短评）》，https://www.cn-healthcare.com/articlewm/20181231/content-1043926.html，最后访问日期：2019 年 6 月 23 日。

[②] 参见北京市朝阳区人民法院（2015）朝民初字第 26222 号民事判决书。

力扩散至手臂,请来复查"。被告认可于2012年9月4日将上述《出院志》以电子邮件形式发送给第三人。原告金某认为,医疗机构将其病历发送给用人单位且导致用人单位提前与其解除了劳动合同,系对其隐私权的侵犯。法院审理认为,公民的隐私权受法律保护。医疗机构及其医务人员应当对患者的隐私保密;泄露患者隐私或者未经患者同意公开其病历资料,造成患者损害的,应当承担侵权责任。本案中,《出院志》作为载有原告病情诊断、治疗经过及相关医嘱的病历材料,属于原告隐私。但根据已经查明的事实,系原告向被告告知由第三人支付其医疗费用,并自愿签署了《财务政策》同意被告向第三人提供医疗记录,而"医疗记录"不应狭义理解为医疗费账单,《出院志》作为原告就医治疗的客观记载,显然属于医疗记录的范围,故被告将《出院志》提供给第三人系经过了原告的同意,不构成对原告隐私权的侵犯。据此,原告的诉讼请求缺乏事实及法律依据,法院不予支持。司法实务中对于用人单位能否获取劳动者体检报告的前提是同意,这种同意包括了直接同意与间接默认,因上文提到的两起案件均有劳动者同意的相关行为,因此法院不认为医疗机构系恶意泄露患者隐私。

6. 存某与某肛肠医院隐私权纠纷案①

(1) 基本案情

原告存某于2006年4月26日至同年5月23日因混合痔、肛裂在被告处住院治疗。2012年5月,原告的家人在上网时发现,原告在被告处就医的部分病历信息被制作成光盘在网上发布出售。之后,原告及家人从网上购买了这套名称为"移动医学院卫生部试听教程大量实践技能手术资料1000g移动硬盘"的手术类视频光盘,其中有原告在被告处就医的部分病历。后原告及家人找到被告要求联系网站删除相关信息,并给予其一定数额的经济补偿。2012年7月中旬,原、被告到公安机关报案,后公安机关将出售光盘人员抓获,但未能查清病历泄露的原因。2012年7月,在公安部门的协助下,删除了部分网页。现网上

---

① 参见北京市西城区人民法院(2013)西民初字第08478号民事判决书、北京市第二中级人民法院(2014)二中民终字第08046号民事判决书;北京市高级人民法院(2015)高民申字第01562号民事裁定书。

还能搜寻到出售手术类视频光盘的相关信息，但只是以网页的形式存在，网页上显示教学光盘已下架，不能进行交易。在豆丁网等多家网站的网页上"手术类视频目录"中还能显示"存××、痔裂"的内容。庭审中，被告称涉案光盘中涉及该院890名患者的病历，还有其他医院的患者病历。而原告称因被告的侵权行为给其造成精神压力，导致哺乳期间突然断奶，使刚出生半年的婴儿失去母乳，且经常失眠、记忆力下降、脾气暴躁。

（2）裁判结果及理由

一审判决被告赔偿原告存某精神抚慰金12000元；二审裁定驳回上诉，维持原判。

一审法院认为：根据原告在被告处就医时适用的《医疗机构病历管理规定》，医疗机构应当严格病历管理，严禁任何人涂改、伪造、隐匿、销毁、抢夺、窃取病历；除涉及对患者实施医疗活动的医务人员及医疗服务质量监控人员外，其他任何机构和个人不得擅自查阅该患者的病历；因科研、教学需要查阅病历的，需经患者就诊的医疗机构有关部门同意后查阅。阅后应当立即归还；不得泄露患者隐私。被告作为医疗机构，未严格执行上述管理规定，导致原告就医病历外泄，对原告的姓名权、隐私权造成一定伤害，对此被告存在过错，应对原告承担一定的赔偿责任。因载有原告部分病历内容的视频光盘在出售时有一定的相对性，且现已不能进行交易，故侵权范围已得到一定控制；虽然现仍有部分网页上显示"存××、痔裂"的内容，但仅限于认识了解原告情况的人对此可能有关注，因此影响范围有一定局限性。根据被告的过错程度及侵权的具体情况酌情确定精神抚慰金的具体数额为12000元。

二审法院认为：公民、法人的合法民事权益受法律保护，任何组织和个人不得侵犯。侵害他人人身权益，造成他人严重精神损害的，被侵权人可以请求精神损害赔偿。因侵权致人精神损害，但未造成严重后果，受害人请求赔偿精神损害的，一般不予支持，人民法院可以根据情形判令侵权人停止侵害、恢复名誉、消除影响、赔礼道歉。因侵权致人精神损害，造成严重后果的，人民法院除判令侵权人承担停止侵害、恢复名誉、消除影响、赔礼道歉等民事责任外，可以根据受害人一方的请求判令其赔偿相应的精神损害抚慰金。存某在被告处就诊后，被告即负有根据相关法律、行政法规及行业规定的要求，对存某的病历进行严格管理、保存、保密之义务，但被告未尽上述义务，致使存某病历外泄，被告存在过错。被告的行为对存某的隐私权构成侵害，并致使存某遭受精神损害，应对其侵权行为承担相应的法律责任。

（3）案例简析

该案是典型的因过错泄露患者隐私的情况，对于医疗机构而言，医疗机构应当严格履行病历管理义务，严禁任何人涂改、伪造、隐匿、销毁、抢夺、窃取病历；除涉及对患者实施医疗活动的医务人员及医疗服务质量监控人员外，其他任何机构和个人不得擅自查阅该患者的病历；因科研、教学需要查阅病历的，需经患者就诊的医疗机构有关部门同意后查阅。阅后应当立即归还；不得泄露患者隐私。该案中，医疗机构未尽相应的保管义务，致使患者的病历资料泄露，对患者造成了损害。医疗机构应当承担侵犯患者隐私权的侵权责任。该案留给的我们另一思考是，对于网上兜售信息的人是否也要承担侵权责任。另外，在大数据时代，如何更好地保护患者隐私权也是值得深入研究的课题。

7. 周某与邹某、淮南某妇产医院一般人格权纠纷[①]

（1）基本案情

邹某与董某原系夫妻关系，双方于2005年9月26日登记结婚，2007年2月6日二人生育一子。2011年起，董某先后四次起诉邹某要求离婚。2014年11月，深圳市中级人民法院作出判决，判决邹某、董某离婚。2015年初，深圳市宝安区人民法院受理了董某起诉邹某离婚后财产纠纷案。2015年2月6日，邹某向淮南某妇产医院申请调取了周某2013年8月27日至30日在该医院住院病历，并于2015年3月26日在该案庭审中进行了举证。随后，深圳市宝安区人民法院作出判决，查明"庭审中，原告承认婚姻关系存续期间与婚外女子生育一女，但主张未形成固定情侣关系，非婚外情"，但对邹某要求董某给付精神损害赔偿的诉求，告知其另案处理。判决后，邹某提出上诉，深圳市中级人民法院于2016年10

[①] 参见安徽省淮南市田家庵区人民法院（2017）皖0403民初3052号民事判决书、安徽省淮南市中级人民法院（2018）皖04民终133号民事判决书。

月作出终审判决，维持原判。2016 年 12 月 14 日，深圳市宝安区人民法院作出的判决查明"淮南某妇产医院的住院病历显示，2013 年 8 月 27 日，案外人周某生育一女婴，该住院病历显示周某的联系人为董某，双方关系登记为夫妻"，认定董某在与邹某婚姻关系存续期间与案外女子长期保持关系存在过错，判决其向邹某支付赔偿款 6 万元。对于诉讼中邹某调取周某病历的行为、淮南某妇产医院提供病历的行为侵犯了其隐私，遂要求判令邹某赔礼道歉，消除影响，赔偿精神抚慰金 5 万元；淮南某妇产医院赔礼道歉，消除影响，赔偿精神抚慰金 5 万元。

（2）裁判结果及理由

一审判决淮南某妇产医院向周某书面赔礼道歉，并向周某支付精神损害抚慰金 2000 元；二审裁定驳回上诉，维持原判。

一审法院认为：周某起诉称邹某使用不合法手段调取其在淮南某妇产医院住院病历，到处宣扬，侵犯其隐私权、名誉权，并提交了起诉状、住院病历、手机短信截图、民事判决书等证据予以证明。经审查，邹某向淮南某妇产医院申请调取住院病历，是用于案件诉讼，并不存在对周某的诽谤、侮辱等行为，周某所提供证据也无法证实邹某行为导致其社会评价降低，因此，周某诉请邹某书面赔礼道歉、消除影响并赔偿精神损害抚慰金 5 万元，依据并不充分，法院不予支持。

《中华人民共和国侵权责任法》第 62 条规定，医疗机构及其医务人员应当对患者的隐私保密。泄露患者隐私或者未经患者同意公开其病历资料，造成患者损害的，应当承担侵权责任。本案中，周某在淮南某妇产医院的住院病历，记载了周某住院治疗情况等信息，属于个人隐私，淮南某妇产医院负有严格管理、保存、保密义务。淮南某妇产医院向邹某提供病历的行为，违反其作为医疗机构的保密义务，对周某隐私权构成侵害，应承担侵权责任。

二审法院认为：《中华人民共和国侵权责任法》第 62 条规定："医疗机构及其医务人员应当对患者的隐私保密。泄露患者隐私或者未经患者同意公开其病历资料，造成患者损害的，应当承担侵权责任。"《医疗机构病历管理规定》第 17 条规定："医疗机构应当受理下列人员和机构复制或者查阅病历资料的申请，并依规定提供病历复制或者查阅服务：（一）患者本人或者其委托代理人；（二）死亡患者法定继承人或者其代理人。"该案中,周某的病历资料含有其身体隐秘部位信息,属于其个人隐私。邹某在向淮南某妇产医院申请调取材料时,并不符合上述规定的淮南某妇产医院应当受理并提供病历复印件的身份条件,淮南某妇产医院违反规定向邹某提供周某的病历资料,泄露了周某的隐私,给周某精神上造成一定的损害,侵犯了周某的隐私权,应依法承担侵权责任。淮南某妇产医院认为其行为不构成侵权,不应承担侵权责任的上诉理由不能成立。根据《中华人民共和国婚姻法》的规定,邹某对其前夫董某在夫妻关系存续期间的消费情况享有知情权,其为了了解董某在淮南某妇产医院的消费情况而申请调取材料于法有据,符合情理。且邹某作为申请人,其对自己的身份是否符合法定申请调取的条件并无审查义务,能否取得申请调取的材料,依法应由淮南某妇产医院审查决定,邹某本人并无决定权。同时,邹某系为了依法维权而自行收集证据,其行为并不违反法律规定。邹某调取了病历资料后也仅是用于诉讼,并未对外公开宣扬、传播。周某上诉称邹某对其进行辱骂、大肆宣扬、传播等,也并未提供充分证据加以证明。因此,周某认为邹某侵犯其隐私权、名誉权的上诉理由依据不足,本院不予采纳。周某的病历资料不仅含有其身体隐私部位的相关信息,更有周某不愿为外人所知的生理疾病信息,淮南某妇产医院依法负有保密义务,不得随意对外泄露。然而,淮南某妇产医院在邹某不具备调取周某病历资料的法定身份条件下,未尽到法定审查义务,向邹某提供了周某的病历资料,违法泄露了周某的隐私,无疑会给周某的精神上带来痛苦,生活上带来影响。因此,一审判决支持周某精神损害抚慰金的请求并无不妥。

(3) 案例简析

原告与二被告其实形成了两种法律关系,一是周某与邹某的名誉权纠纷;二是周某与某妇产医院的隐私权纠纷。但实际上全部可以归入患者隐私权保护的范畴。但如果细化邹某实际上是对周某个人信息的获取,但这种在诉讼中获取他人信息是否经过法院依职权调取更为恰当,当然本案的结果没有问题,邹某虽然获取了周某的个人信息,但没有对其名誉造成影响,且法院没有判决邹某承担责任最重要的原因在于能够获取周某信息的关键在于某妇产医院,换句话说,如果某妇产医院按照病历保管要求,则邹某必然不会取得病历。对于医疗机构而言,其明显违反了《侵权责任法》第 62 条的规定，应当承担侵权责任。其实该案也较为具有代表性，在一定程度上说明了人们对患者隐私权的关注与保护，司法实务的观点也正在转变，更注重患者隐私权的保护。

8. 车某与某医院侵权责任纠纷①

（1）基本案情

2018 年 3 月 28 日，车某因分娩就诊于某医院。在车某出院其婆婆到某医院的结算窗口结算本次住院医疗费时，某医院的工作人员将车某 2015 年曾在某医院进行流产的医疗费发票出示给车某婆婆，导致车某婆婆知晓车某在婚前曾进行过流产手术的事实。车某认为某医院工作人员的行为导致其与家人感情产生隔阂、家庭失和，对自己造成精神损失，遂诉至法院。

（2）裁判结果及理由

一审判决某医院支付车某精神损害抚慰金 30000 元；二审裁定驳回上诉，维持原判。

一审法院认为：行为人因过错侵害他人民事权益，应当承担侵权责任。被侵权人有权请求侵权人承担侵权责任。被侵权人对损害的发生亦有过错的，可以减轻侵权人的责任。车某到某医院就诊，某医院作为医疗机构对车某的隐私负有保密义务。某医院工作人员在车某家人进行医疗费用结算时将车某多年前流产的单据出示，某医院工作人员虽无侵犯车某隐私的故意，但存在疏忽。作为医疗机构专门负责医疗费报销事务的工作人员，在从事医疗费用报销过程中，应当认真核对前来报销的人员是否是患者本人，对于关系患者个人隐私的情况，应谨慎答复或在征得患者本人的同意后再告知其他人。某医院工作人员在未进行任何核实的情况下就将车某多年前的就医资料出具给除车某外的他人，且车某流产时间为 2015 年、生产时间为 2018 年，两次就诊时间间隔较长，某医院工作人员却在结算本次医疗费用时出具多年前的就诊发票，其存在过错，应当承担主要侵权责任。车某明知自己多年前曾在某医院处流产，其仍委托婆婆前去结算，其对自己流产信息的泄露亦存在疏忽，应承担次要

---

① 参见山东省荣成市人民法院（2019）鲁 1082 民初 6536 号民事判决书，山东省威海市中级人民法院（2020）鲁 10 民终 1359 号民事判决书。

责任。车某因流产信息的泄露，导致夫妻冷淡、家庭失和，给车某造成了精神压力和损害。综合双方在车某流产信息泄露中的过错程度，对于车某主张的精神损害抚慰金，酌定由某医院赔偿30000元。

二审法院认为：《中华人民共和国侵权责任法》第22条规定，侵害他人人身权益，造成他人严重精神损害的，被侵权人可以请求精神损害赔偿。某医院工作人员在车某婆婆到窗口打印车某2018年分娩住院的医疗费发票时，却将不属于必要事项的车某于2015年在该院流产的医疗费发票一并打印出来，因此导致车某婚前流产一事被其婆婆和丈夫知晓，进而影响车某夫妻感情和家庭关系，给车某造成了精神损害，某医院应当承担相应的侵权责任。考虑到车某对自己流产信息泄露也存在一定过错，一审法院综合车某和某医院在此次信息泄露事件中的过错程度，酌定某医院赔偿车某精神损害抚慰金30000元并无不当，本院依法予以维持。

（3）案例简析

该案属于典型的医疗机构因过失泄露患者隐私的情况，可以说具有非常典型的意义。此外，该案给我们的启示还有，患者的医疗记录和医疗信息原则上只有本人可以调取和支配。如前所述，我国不论是行政法规还是基本法律，只有患者本人有权查阅复制自己的病历以及医疗资料，其他人未经患者同意，是不能调取的。此外，医疗机构对于病历的保管应当具有注意义务。

9. 巴伦斯基诉福兰特－瑞莫斯案[①]

（1）基本案情

被上诉人福兰特－瑞莫斯医生为上诉人巴伦斯基因为交通事故造成的身体伤害进行了诊治。事故当时，巴伦斯基驾驶着汽车，他的朋友因乘坐该车而丧生。事故原因是巴伦斯基驾驶的汽车因不明原因错误地驶入其他车道，和一辆对向驶来的车辆相撞。在为巴伦斯基进行的治疗中，福兰特－瑞莫斯医生还为其做了毒品检测。巴伦斯基被检测出体内大麻素呈阳性，福兰特－瑞莫斯医生将该检查结果汇报给了调查事故的高速

---

① Jerric D. Ballensky, Plaintiff and Appellant v. Jan Marie Flattum-Riemers, M. D., Defendant and Appellee, 716 N. W. 2d 110

公路巡警。后该检查结果被用来起诉巴伦斯基过失致人死亡的刑事犯罪。巴伦斯基还诉称福兰特－瑞莫斯医生的行为使他身体上和精神上都受到了伤害，遭受了 N. D. C. C. § 32－03.2－04 规定的经济和非经济损失。福兰特－瑞莫斯医生则辩称，根据 N. D. C. C. § 43－17－41（1993）的规定她将被免予承担责任。一审法院批准了福兰特－瑞莫斯医生即席判决动议的申请，驳回了诉讼，巴伦斯基提起上诉。

（2）裁判结果及理由

一审判决驳回原告的诉讼请求；二审推翻原判，发回重审。

针对巴伦斯基对福兰特－瑞莫斯提起诉讼时诉讼时效的适用问题，二审法庭认为：正如巴伦斯基所述，根据 N. D. R. Civ. P. 4（c）（3）的规定，诉状的送达与被告收到的传票的效力相关，如果原告未能在对方要求的 20 日内送达诉状，传票就会失去效力。依照北达科他州民事诉讼程序的规定，对于被告而言，送达诉状的行为具有个人性，对于一个被告无效送达的事实不能使对于其他被告的送达也无效。因此，巴伦斯基未能在海森记忆医院协会（Hazen Memorial Hospital Association）要求的 20 日内为其送达诉状的情形不影响巴伦斯基对福兰特－瑞莫斯的起诉，也就是说巴伦斯基对福兰特－瑞莫斯医生提起诉讼时诉讼时效期间尚未届满。

患者是否由于医生非经授权将其毒品测试结果泄露而遭受非经济损害是事实问题。根据 N. D. C. C. § 32－03.2－04 的规定，民事侵权损害要以事实审判作为裁判依据，对经济和非经济损害进行赔偿。非经济损害包括产生于身体疼痛、心理创伤、行动能力受损、内心苦闷、极度精神痛苦、感受到屈辱的损害和其他非金钱的损害。事实审判要视被侵权人情感受损、心理创伤、感受到屈辱、自甘堕落和有失风度的程度来决定是否根据 N. D. C. C. § 32－03.2－04 规定来判断损害的情况。

关于福兰特－瑞莫斯医生是否应予免除承担责任，法庭指出：Section 43－17－41, N. D. C. C.（1993）授权医生可将某些信息向地方治安官或州检察官进行汇报。福兰特－瑞莫斯医生向高速公路巡警汇报的时间是 1995 年，而该法律已于 1977 年颁布实施，直到 2001 保持不变。如果医生在为一个因交通事故受伤的人进行诊治时，有合理理由怀疑该伤害可能是由于违反了该州的刑事法律所产生,基于善意进行汇报时可以免责,该情形包括非法吸毒影响下驾驶的情形。N.D.C.C. §1-01-21 规定的善意"是指一种不得违反道德利用他人的诚实意图,即不得利用他人缺乏信息或对交易事实认识存在偏差的情况,即使是通过法律的形式或技术的手段"。作为一个事实问题,福兰特-瑞莫斯向高速公路事故调查巡警做出汇报时是出于善意,根据 N.D.C.C. §43-17-41(1993)的规定被免除责任。

(3) 案例简析

该案的争点主要涉及三个问题:一是诉讼时效的问题;二是对于非经济损害法律适用的问题;三是对于医生因为善意汇报公开患者信息隐私而免责的问题。该案对我国患者隐私权法律保护具有借鉴意义,表现在:第一,该案对伤害的认定对于我国患者隐私权侵权责任构成要件具有借鉴意义。该案在判决意见中列举的非经济损害范围十分广泛,涵盖了各种身体上的痛苦和精神上的痛苦,甚至包括了行动能力受损、自甘堕落和有失风度的情形。第二,该案关于患者隐私权侵权中医生免责事由的规定和审判论证对我国患者隐私权的法律适用具有借鉴意义。该案判决意见对医生向刑事案件侦办人员汇报时具有的善意的解读,以及医生对患者伤害来源合理怀疑的详细列举对于我国患者隐私权侵权责任免责事由具有一定的借鉴意义。另外,该案还将法条的规定做出了必要的解释,使得因吸毒导致交通事故中致人伤害的情况得以适用法条的规定,体现了法官推理的高度技术性和专业性。

10. 赫尔曼诉克拉特奇等案[①]

(1) 基本案情

从 2003 年 3 月起,上诉人赫尔曼女士在位于俄亥俄州索隆的美国雀巢有限公司工作。上诉人赫尔曼女士于 2003 年 3 月 11 日在克利乌兰诊所(the Cleveland Clinic)接受了医疗服务,该诊所的克拉特奇医生(Dr. Richard Kratche)为其做了体格检查,但书面结果于当日被送往雀巢公司。诊所下属的索隆家庭健康中心(Solon Family Health Center)管理人

---

① Janet L. Herman, Plaintiff-Appellant/Cross-Appellee v. Dr. Richard Kratche, M.D., et al., Defendants-Appellees/Cross-Appellants, 2006 WL 3240680.

员阿肯森（Thomas Atkinson）将此解释为检查结果送往雀巢公司的目的是"用于员工赔偿保险"，后阿肯森将转送理由改为"用于赫尔曼女士的医疗保险个人家庭账户相关事宜"。赫尔曼女士于2003年4月2日到诊所进行了胸透检查。检查结果、账单和医疗信息作为其工伤赔偿所需材料也被送往雀巢公司。2003年4月10日，赫尔曼女士到诊所做了胸部诊断，诊断记录也被作为工伤赔偿所需材料送往雀巢公司。赫尔曼女士提起诉讼，诉称克利乌兰诊所和克拉特奇医生未经授权公开其医疗信息，构成医疗侵权、隐私侵权和故意导致感情痛苦的侵权行为。后一审法院批准了被告克利乌兰诊所和克拉特奇医生共同提出的动议，针对原告提出的所有诉讼请求做出了即席判决。赫尔曼女士随即提起上诉，认为一审审判错误。诊所也提起交叉上诉。

（2）裁判结果及理由

一审判决克利乌兰诊所和克拉特奇医生不构成侵权；二审部分维持原判，部分撤销，发回重审，维持交叉上诉判决。

上诉人诉称医生未经授权公开其患者信息构成医疗侵权。法庭援引了相关案例的审理结果指出，在俄亥俄州，一个独立的医疗侵权行为要以医生或者医院在未经授权的情况下，将从医患关系中得知的患者的非公开的医疗信息向第三方公开为条件。医生违反患者的信任，未经授权公开患者的医疗信息构成一个独立的侵权行为，不同于侵犯个人隐私的侵权行为。患者为了接受更为正确的治疗，有权向医生自由公开自己的症状和相关情况，且没有必要因为这些事实变为公共财产而有所顾虑。医生或医院未经患者授权公开其信息违反了医患之间的信托义务。诊所辩称原告的雇主不是"第三方"，因为雇主也对患者负有保密义务；因为没有"第三方"获知原告的医疗记录，所以诊所的行为不是原告遭受损害的直接原因。法庭认为，当诊所将患者的非公开的医疗信息向未获授权获取信息的一方，即第三方公开时，侵权行为就已产生。诊所进一步辩称其对于未经授权公开患者的医疗信息免予承担责任，因为诊所和雀巢公司都属于《健康保险携带和责任法案》（Health Insurance Portability and Accountability Act of 199）规定的相同的"保密圈范围"（circle of confidentiality）。法庭认为，雀巢公司不属于《法案》的调整范围；《法案》没有提到关于"保密圈范围"的任何内容；诊所没有援引，法庭也没有发现该案有任何《法案》规定的适用于公开他人医疗信息的授权。另外，在解决争议方面，诊所援引的三个用来支持"保密圈范围"的案例不具有说服力，因为三个案例的判决是在1996年《法案》颁布实施前作出的。诊所又补充辩称原告曾通过签署《隐私实践通知》（Notice of Privacy Practices）同意将其医疗信息向雀巢公司公开。法庭认为，诊所将原告的账单本应送往联合保险机构，由其支付费用，而不是送往雀巢公司。当诊所错误地将原告的个人健康信息透露给雀巢公司时，就已超出了授权的范围。

上诉人也诉称医生未经授权公开其患者信息构成隐私侵权。在诊所提交的动议中，诊所辩称其没有因为公开原告的秘密的医疗信息构成隐私侵权。法庭指出，俄亥俄州承认过失侵犯隐私权的侵权行为。侵犯隐私权的诉讼是指未经授权使用和利用他人的人格、公布他人的公众没有合法知情权的个人事务，或者错误地进入他人的私人活动，在他人的个人的普通的情感方面使他人产生盛怒或精神痛苦，感受到屈辱或羞辱。诊所也辩称原告未能对其遭受到的因侵犯隐私造成的损害加以证明。法庭已经认定诊所将原告的个人健康信息向雀巢公司进行了公开。当诊所错误地将上诉人的信息向雀巢公司邮寄时，已经错误地侵入上诉人的个人生活。当上诉人意识到她的诊断信息和个人妇科治疗信息被雀巢公司的员工获知时，感到尴尬、愤怒、神经错乱，感到个人隐私被侵犯的持久焦虑。诊所错误地侵犯了上诉人的个人健康信息隐私，导致了上诉人通常的情感方面的盛怒、精神痛苦、感受到屈辱或羞辱，但这是对于一个合理的事实问题的审理，是一个实质性事实问题。

上诉人还诉称诊所的行为构成故意施加感情痛苦的侵权。法庭指出，故意施加的感情痛苦侵权的诉讼请求要求原告必须证明：（1）被告有意使他人产生感情痛苦，或者知道或应当知道该行为会导致严重的感情痛苦；（2）被告的行为是极端的和让人盛怒的；（3）被告的行为是产生精神创伤的直接原因；（4）原告遭受的精神痛苦是严重的。严重的精神痛苦需要造成"严重的和持久的精神伤害"。要证明"严重的和持久的精神伤害"，上诉人必须提供一些实质的证据来支持其诉讼请求，例如专家证据，来否定有利于被告的即席判决。除了专家证据，上诉人还必须提交熟悉上诉人的证人观察到的上诉人在感情或习惯方面有变化的非专家证据。上诉人称诊所未经授权公开关于她的隐私信息使她感受到尴尬、愤怒、持久的情感焦虑。然而上诉人提供的仅仅是她自己的感知作为证据来支持她声称遭受到的严重和持久的伤害。最终，上诉人未能提供通过法律规定的专家证据或非专家证据来作"实质性证明"。

基于以上原因，我们对于一审法院的审判结果部分维持，部分驳回。一审法院做出的批准诊所申请的关于未经授权公开原告医疗信息以及侵犯原告隐私的即席判决的动议是错误的，但是批准有利于被告的针对原告提出的故意施加感情痛苦的诉讼请求做出即席判决的动议是正确的。

（3）案例简评

该案的论证主要针对被上诉人的行为是否构成未经授权公开患者（上诉人）健康信息的医疗侵权、侵犯隐私、故意导致上诉人极度精神痛苦的侵权行为展开。该案对我国患者隐私权法律保护具有借鉴意义，表现在：第一，该案区分了医疗侵权和一般情况下侵犯个人隐私的侵权行为。该案指出，医生违反患者的信任，未经授权公开患者的医疗信息是一个独立的侵权行为，不同于侵犯个人隐私的侵权行为。一个独立的医疗侵权要以医生或者医院在未经授权、没有特权的情况下，将从医患关系中得知的非公开的医疗信息向第三方公开为条件。而一般情况下侵犯个人隐私的诉讼是指未经授权使用和利用他人的人格、公布他人的公众没有合法知情权的个人事务，或者错误地进入他人的私人活动，使情感感知正常的普通人产生盛怒或精神痛苦，感受到屈辱或羞辱的诉讼。第二，患者隐私侵权免责事由包括将患者隐私信息用于治疗、保险机构支付医疗费用、健康保险等情形。该案中患者通过签署《隐私实践通知》（Notice of Privacy Practices）授权他人在特定情形下可对于其个人医疗信息进行使用，即在基于治疗、保险机构支付医疗费用、健康保险所需，法律容许或需要时将其使用和公开，这些免责事由对于我国患者隐私权保护立法具有一定的借鉴意义。

第三节 患者隐私合理期待的社会调查分析

为了解我国公民对患者隐私保护意识、对个人信息的敏感度及隐私合理期待的范围，课题组进行了为期一个月的社会调查，并对调查结果进行分析，形成以下的社会调查报告。

一　调查背景、目的、对象、方法

调查目的：调查我国 18 周岁以上的自然人对患者隐私的初步认识、对患者隐私的合理期待、在公共场所的隐私合理期待、患者个人信息的隐私合理期待、互联网背景下患者个人信息隐私期待、患者隐私权与其他权利冲突等问题的认识，最终用于患者隐私权保护以及患者个人信息保护隐私权模式的可行性研究。

调查对象：所有 18 周岁以上的自然人，专业背景分为：医务工作者（包括医疗机构的医师、药师、护士、在医疗机构实习的医科学生）；法律从业者（法律专业毕业的人员以及在校法学专业学生，限一级学科，法学、知识产权、公安学等真正学法律的；非法学学历但通过律考、司考、法考的视为法学学历）；其他工作者（上述两类人员以外的其他人员）三种类型。

调查方法：电子问卷的方式。

二　调查结果

3139 人参与了问卷调查，男性 1150 人，占比 36.64%，女性 1989 人，占比 63.36%。18—30 岁 2425 人，占比 77.25%，31—40 岁 273 人，占比 8.7%，41—50 岁 275 人，占比 8.76%，51—60 岁 132 人，占比 4.21%，60 岁以上 34 人，占比 1.08%。初中及以下学历 36 人，占比 1.15%，高中学历 62 人，占比 1.98%；大学及以上（包括大学在读）3042 人，占比 96.91%。医务工作者（包括医疗机构的医师、药师、护士、在医疗机构实习的医科学生）584 人，占比 18.6%，法律从业者（法律专业毕业的人员以及在校法学专业学生）812 人，占比 25.87%；其他工作者 1743 人，占比 55.53%。3139 人就 30 道涉及患者隐私保护的问题都进行了作答，能够反映被调查者对患者隐私保护的态度。不足之处在于参与者大学以下学历者占比极小，不能反映这部分群体对隐私保护的态度。

三 调查结果分析

（一）对患者隐私的初步认识

问题1，对"哪些事项是患者隐私"的问题的回答，认为"患者姓名"是隐私的有1739人，占比55.4%；认为"患者性别"是隐私有1158人，占比36.89%；认为"患者婚姻状况"是隐私的有2172人，占比69.19%；认为"患者职业"是隐私的有2003人，占比63.81%；认为"患者年龄"是隐私的有1584人，占比50.46%；认为"患者工作单位"是隐私的有2451人，占比78.08%；认为"患者经济状况"是隐私的有2623人，占比83.56%；认为"患者社会关系"是隐私的有2544人，占比81.04%；认为"患者身份证号"是隐私的有2791人，占比88.91%；认为"患者联系方式"是隐私的有2525人，占比80.44%；认为"患者家庭住址"是隐私的有2770人，占比88.24%；认为"患者检查结果"是隐私的有2684人，占比85.5%；认为"患者疾病状况"是隐私的有2645人，占比84.26%；认为"患者治疗方案"是隐私的有2209人，占比70.37%；认为"患者用药情况"是隐私的有2166人，占比69%；认为"患者疗程情况"是隐私的有2116人，占比67.41%；认为"患者社保情况"是隐私的有1990人，占比63.4%。对比如表2-1。

表2-1　　　　　　　　患者个人信息与隐私

患者信息种类	认为属于隐私人数	占比（%）
患者姓名	1739	55.4
患者性别	1158	36.89
患者婚姻状况	2172	69.19
患者职业	2003	63.81
患者年龄	1584	50.46
患者工作单位	2451	78.08
患者经济状况	2623	83.56
患者社会关系	2544	81.04
患者身份证号	2791	88.91

续表

患者信息种类	认为属于隐私人数	占比（%）
患者联系方式	2525	80.44
患者家庭住址	2770	88.24
患者检查结果	2684	85.5
患者疾病状况	2645	84.26
患者治疗方案	2209	70.37
患者用药情况	2166	69
患者疗程情况	2116	67.41
患者社保情况	1990	63.4

问题2，对"患者的哪类疾病信息"属于隐私的问题的回答，认为"所有疾病"是隐私的有1177人，占比37.5%；认为"所有疾病（除了日常感冒发烧）"是隐私的有1600人，占比50.97%；认为"肛肠类疾病"是隐私的有1115人，占比35.52%；认为"性疾病"是隐私的有1565人，占比49.86%；认为"生殖系统疾病"是隐私的有1540人，占比49.06%；认为"先天性心脏病"是隐私的有1019人，占比32.46%；认为"遗传性疾病"是隐私的有1301人，占比41.45%；认为"鼻子整容术"是隐私的有1259人，占比40.11%；认为"胸部整形术"是隐私的有1360人，占比43.33%；认为"生殖器官整形"是隐私的有1536人，占比48.93%。对比如表2-2。

表2-2　　　　　　　　患者疾病信息与隐私

疾病信息种类	认为属于隐私人数	占比（%）
所有疾病	1177	37.5
所有疾病（除了日常感冒发烧）	1600	50.97
肛肠类疾病	1115	35.52
性疾病	1565	49.86
生殖系统疾病	1540	49.06
先天性心脏病	1019	32.46
遗传性疾病	1301	41.45

续表

疾病信息种类	认为属于隐私人数	占比（%）
鼻子整容术	1259	40.11
胸部整形术	1360	43.33
生殖器官整形	1536	48.93

50.97%的接受调查者认为除了感冒发烧这样的日常疾病以外其他疾病信息都属于隐私信息，37.5%的接受调查者认为所有疾病信息都属于隐私信息，这两项的占比非常大，足以证明接受调查者的隐私敏感度很强。

问题3，对"医疗机构及其医务人员的哪些行为（措施）侵犯了患者的隐私权"问题的回答，认为"使用叫号屏（显示患者姓名等）"侵犯了患者的隐私权的有910人，占比28.99%；认为"检查报告随意放置，可被他人察看"侵犯了患者的隐私权的有2737人，占比87.19%；认为"候诊室、治疗室设置不当，诊断、治疗时可被其他人看到、听到"侵犯了患者的隐私权的有2591人，占比82.54%；认为"在床位牌记载患者疾病等信息"侵犯了患者的隐私权的有1418人，占比45.17%；认为"病历资料可被他人翻阅（通过电脑查阅）"侵犯了患者的隐私权的有2662人，占比84.8%；认为"对患者身体进行不必要的触碰"侵犯了患者的隐私权的有2142人，占比68.24%；认为"现场教学刺探患者信息"侵犯了患者的隐私权的有1915人，占比61.01%；认为"收集患者信息"侵犯了患者的隐私权的有1465人，占比46.67%；认为"传播患者信息"侵犯了患者的隐私权的有2526人，占比80.47%；认为"泄露患者信息"侵犯了患者的隐私权的有2778人，占比88.5%；认为"利用患者信息"侵犯了患者的隐私权的有2457人，占比78.27%；认为"擅自进入诊室、病房"侵犯了患者的隐私权的有1921人，占比61.2%；认为"擅自公开患者的治疗计划、医疗行程等情形"侵犯了患者的隐私权的有2491人，占比79.36%。具体对比如表2-3。

表 2-3　　　　　　　　　医疗机构的行为与隐私侵权

行为种类	认为属于侵犯患者隐私人数	占比（%）
使用叫号屏（显示患者姓名等）	910	28.99
检查报告随意放置，可被他人察看	2737	87.19
候诊室、治疗室设置不当，诊断、治疗时可被其他人看到、听到	2591	82.54
在床位牌记载患者疾病等信息	1418	45.17
病历资料可被他人翻阅（通过电脑查阅）	2662	84.8
对患者身体进行不必要的触碰	2142	68.24
现场教学刺探患者信息	1915	61.01
收集患者信息	1465	46.67
传播患者信息	2526	80.47
泄露患者信息	2778	88.5
利用患者信息	2457	78.27
擅自进入诊室、病房	1921	61.2
擅自公开患者的治疗计划、医疗行程等情形	2491	79.36

80%以上的接受调查者认为"检查报告随意放置，可被他人察看""候诊室、治疗室设置不当，诊断、治疗时可被其他人看到、听到""病历资料可被他人翻阅（通过电脑查阅）""传播患者信息""泄露患者信息"，也有60%以上的接受调查者认为"擅自进入诊室、病房""擅自公开患者的治疗计划、医疗行程等情形""对患者身体进行不必要的触碰""现场教学刺探患者信息"属于侵犯患者隐私权的行为。

问题4，对"我国法律对患者隐私保护重视程度"的回答，认为"非常重视"的有500人，占比15.93%；认为"一般重视"的有1259人，占比40.11%；认为"不太重视"的有961人，占比30.61%；认为"非常不重视"的有236人，占比7.52%；认为"不清楚"的有183人，占比5.83%。对该问题，与专业背景的交叉分析结果见图2-1。

问题5，对"我国医疗机构对患者隐私保护重视程度"的回答，认为"非常重视"的有448人，占比14.27%；认为"一般重视"有1242人，占比39.57%；认为"没感觉"的有589人，占比18.76%；认为"不太重视"的有681人，占比21.69%；认为"非常不重视"的有179人，占

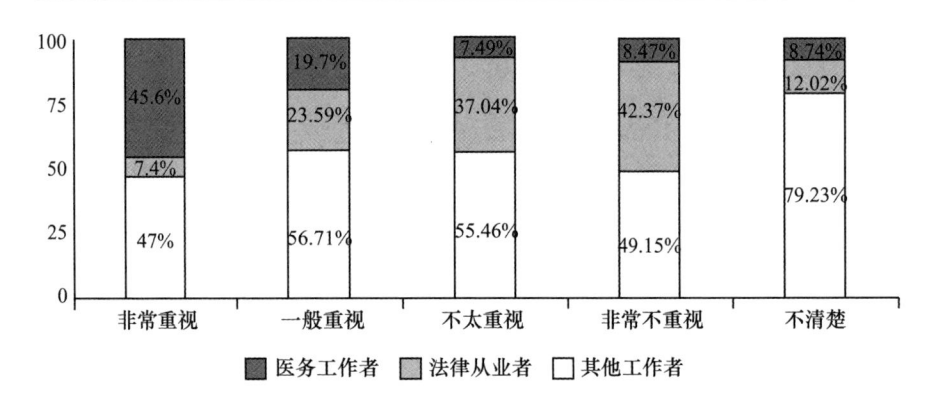

图2-1 不同专业背景的人认为中国法律对
患者隐私保护的重视程度

比5.7%。对该问题,与专业背景的交叉分析结果见图2-2。

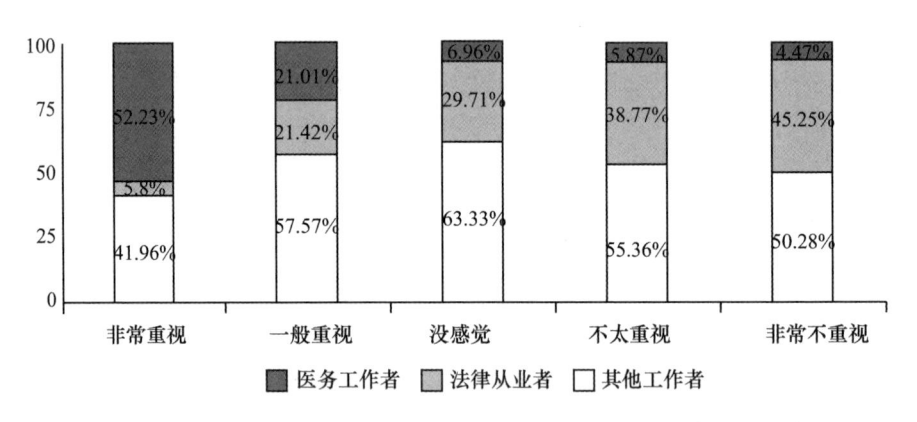

图2-2 不同专业背景的人认为医疗机构对患者隐私的保护重视程度

问题6,对"患者在接受医疗服务时,隐私权有没有受到医疗机构及其医务人员的侵犯?"问题的回答,认为"有"侵犯患者隐私权的有641人,占比20.42%;认为"没有"侵犯患者隐私权的有1253人,占比39.92%;认为"说不清"侵犯患者隐私权的有1245人,占比39.66%。对该问题,与专业背景的交叉分析结果见图2-3。

本组问题主要是围绕患者隐私的范围、疾病种类与患者隐私的关系、患者隐私侵权的类型以及患者隐私权受保护的程度。通过对问卷的分析,接受调查者对隐私的敏感度较强,对于"我国法律对患者隐私保护重视

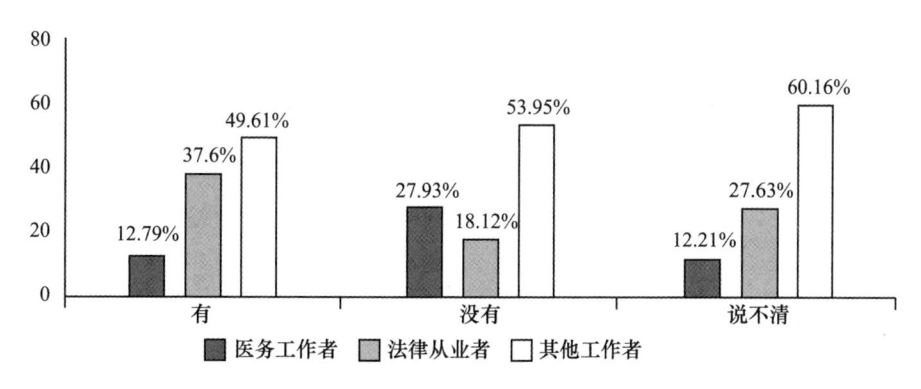

第二章 患者隐私权侵害与救济的实务考察　　73

图 2-3　不同专业背景的人对患者接受医疗服务时
医疗机构及医务人员是否侵犯隐私的认识

程度""我国医疗机构对患者隐私保护重视程度""患者在接受医疗服务时，隐私权有没有受到医疗机构及其医务人员的侵犯"等问题的回答时，不同的专业背景差异较大。

（二）对具体场景下患者隐私的认识

问题 7，对"患者是否愿意回答医务人员询问乳腺疾病患者婚姻状况、性生活状况"的回答，认为"情愿回答"的有 753 人，占比 23.99%；认为"不情愿但不得不回答"的有 2308 人，占比 73.53%；认为"不回答"的有 78 人，占比 2.48%。对该问题，与专业背景的交叉分析结果见图 2-4。

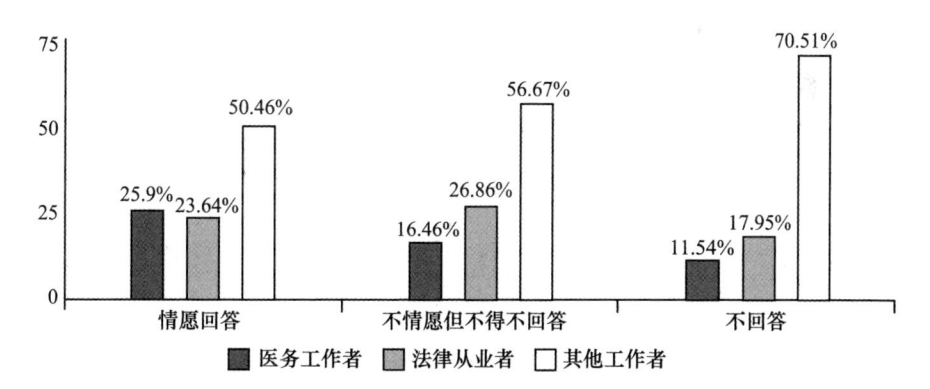

图 2-4　不同专业背景的人对患者是否愿意回答医务人员询问
乳腺病患者婚姻状况、性生活状况的认识

问题8，对"为了接受更好的治疗，患者是否会向医务人员主动提供可能对诊疗有帮助的隐私信息"的回答，认为"会"的有1821人，占比58.01%；认为"不会"的有165人，占比5.26%；认为"看具体情况"的有1153人，占比36.73%。对该问题，与专业背景的交叉分析结果见图2-5。

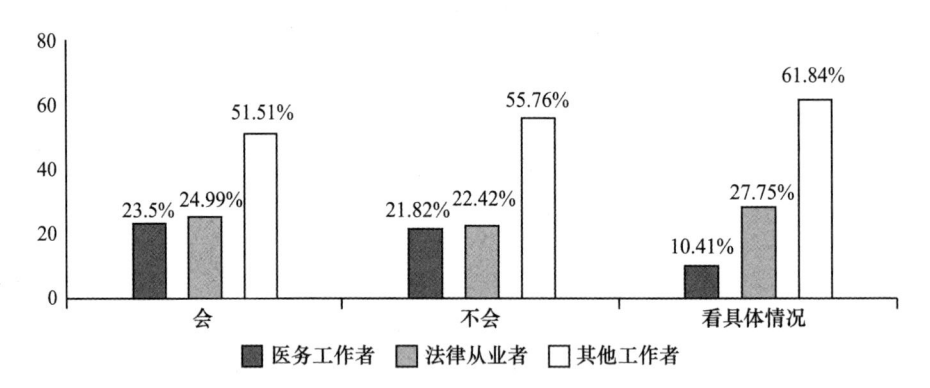

图2-5 不同专业背景的人对患者为了接受更好的治疗是否会向医务人员提供可能对诊疗有帮助的隐私信息的认识

问题9，对"某医院主治医生在某省电视台'寻医问药'栏目中，讲述了自己治疗的一个病例是河南省尉氏县大马乡大马村人。该医生的行为是否侵犯了患者的隐私权"的回答认为"侵犯"的有1655人，占比52.72%；认为"不侵犯"的有909人，占比28.96%；认为"说不清"的有575人，占比18.32%。对该问题，与专业背景的交叉分析结果见图2-6。

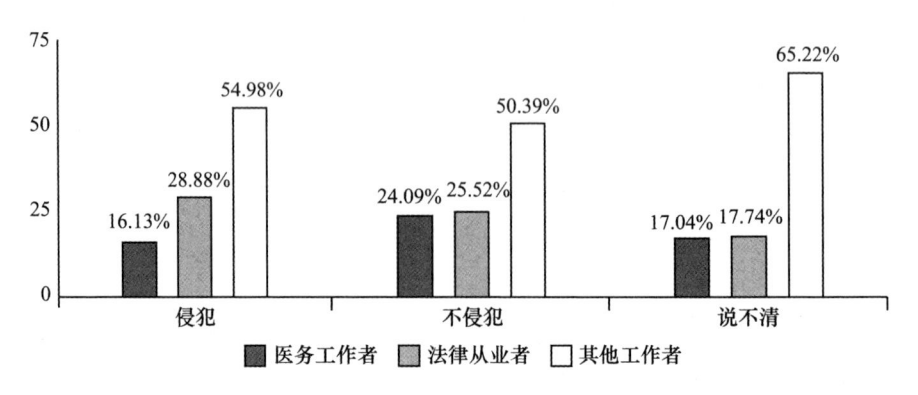

图2-6 不同专业背景的人对医务工作者在电视媒介中泄露患者精确地址信息是否侵犯隐私权的认识

第二章　患者隐私权侵害与救济的实务考察　75

问题10，对"某医院主治医生在国内医学期刊公开发表的学术论文中如此描述患者'马某，河南省尉氏县大马乡大马村人，年龄51岁，其主要症状是……'该医生的描述是否侵犯了患者的隐私权"的回答认为"侵犯"的有2133人，占比67.95%；认为"不侵犯"的有619人，占比19.72%；认为"说不清"的有387人，占比12.33%。对该问题，与专业背景的交叉分析结果见图2-7。

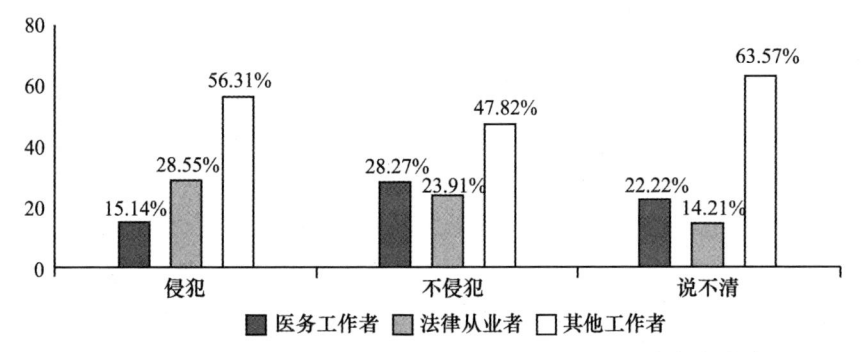

图2-7　不同专业背景的人对医务工作者在公开发表论文中披露患者精确信息是否侵犯隐私权的认识

问题11，对"一位护士在医院附近的饭店大厅就餐时，与非医务人员朋友高声谈论一个患者的病情及患者个人信息的行为是否侵犯患者的隐私权"的回答，认为"侵犯"的有2827人，占比90.06%；认为"不侵犯"的有115人，占比3.66%；认为"说不清"的有197人，占比6.28%。对该问题，与专业背景的交叉分析结果见图2-8。

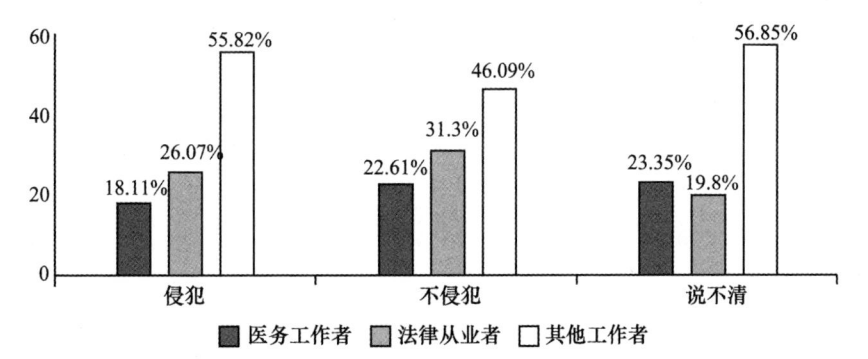

图2-8　不同专业背景的人对医务工作者在公共场所谈论患者信息行为是否侵犯隐私权的认识

问题 12，对"老王在某搜索引擎搜索了男科疾病的信息，自此该搜索引擎经常向其推荐壮阳类药物广告，某搜索引擎的行为是否侵犯老王的隐私权"的回答，认为"侵犯"的有 2257 人，占比 71.9%；认为"不侵犯"的有 458 人，占比 14.59%；认为"说不清"的有 424 人，占比 13.51%。对该问题，与专业背景的交叉分析结果见图 2-9。

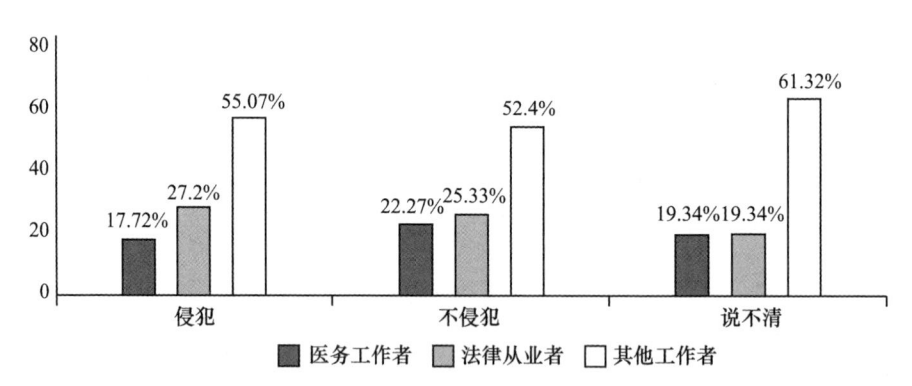

图 2-9　不同专业背景的人对搜索引擎根据个人的搜索历史精准推送广告是否侵犯隐私权的认识

问题 13，对"老王在某医生 APP 咨询了男科疾病的信息，随后登录某购物网站时，该网站在首页就推荐了与男科疾病有关的营养品"的回答，认为"是巧合"的有 162 人，占比 5.16%；认为"不是巧合，自己个人信息被收集、加工、出售了"的有 2674 人，占比 85.19%；认为"说不清"的有 303 人，占比 9.65%。对该问题，与专业背景的交叉分析结果见图 2-10。

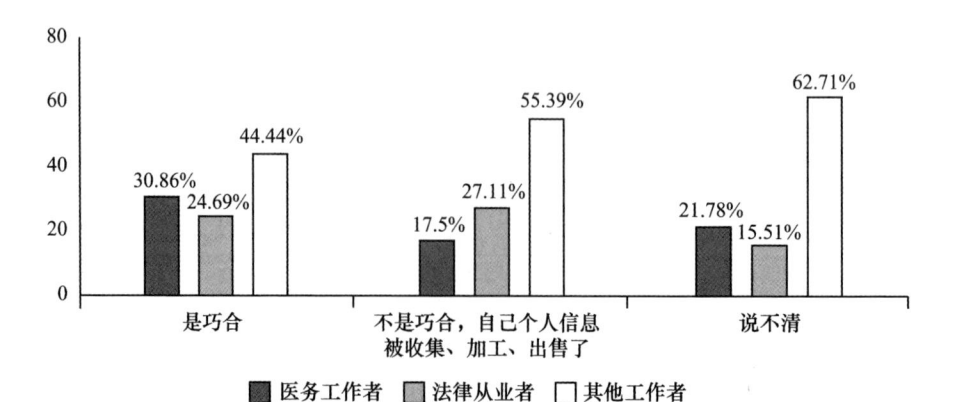

图 2-10　不同专业背景的人对网站根据个人咨询历史精准推送商品的认识

第二章 患者隐私权侵害与救济的实务考察   77

问题 14，对"某医院将某患者在该院住院生子的诊疗信息提供给了该患者情人的妻子，某医院是否侵犯该患者的隐私权"的回答，认为"侵犯"的有 2559 人，占比 81.52%；认为"不侵犯"的有 301 人，占比 9.59%；认为"说不清"的有 279 人，占比 8.89%。对该问题，与专业背景的交叉分析结果见图 2-11。

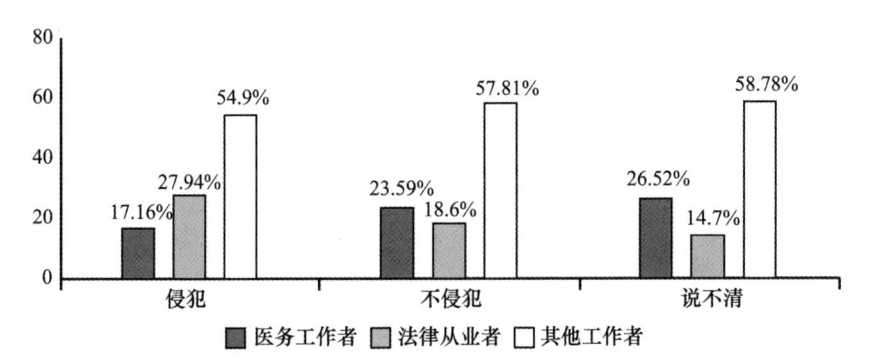

图 2-11　不同专业背景的人对医疗机构将患者的诊疗信息提供给利害关系人是否侵犯隐私权的认识

问题 15，对"某医院将某患者在该院的诊疗信息提供给了持有法院调查令的律师，某医院是否侵犯该患者的隐私权"的回答，认为"侵犯"的有 776 人，占比 24.72%；认为"不侵犯"的有 1995 人，占比 63.56%；认为"说不清"的有 368 人，占比 11.72%。对该问题，与专业背景的交叉分析结果见图 2-12。

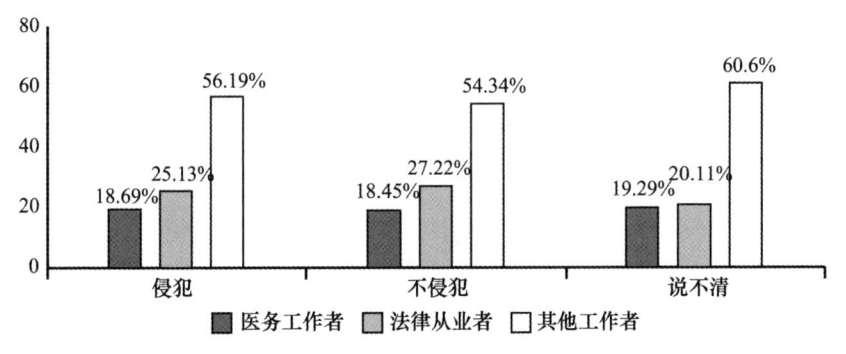

图 2-12　不同专业背景的人对医疗机构将患者信息提供给持有法院调查令的律师是否侵犯隐私权的认识

问题16，对"某医院将其所有的患者信息上报给国家卫生主管部门，是否侵犯该患者们的隐私权"的回答，认为"侵犯"的有593人，占比18.89%；认为"不侵犯"的有2104人，占比67.03%；认为"说不清"的有442人，占比14.08%。对该问题，与专业背景的交叉分析结果见图2-13。

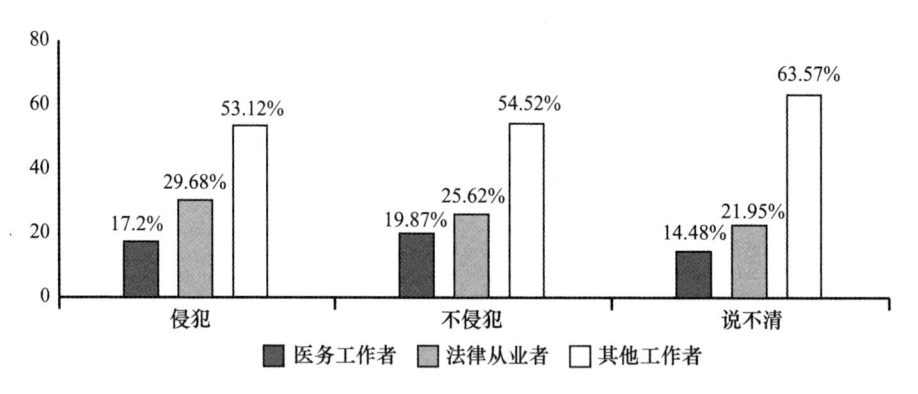

图2-13 不同专业背景的人对医疗机构将患者信息上报给国家卫生管理部门是否侵犯隐私权的认识

问题17，对"某医院将老王的病历资料提供给工伤认定部门用于工伤认定，是否侵犯老王的隐私权"的回答，认为"侵犯"的有379人，占比12.07%；认为"不侵犯"的有2502人，占比79.71%；认为"说不清"的有258人，占比8.22%。对该问题，与专业背景的交叉分析结果见图2-14。

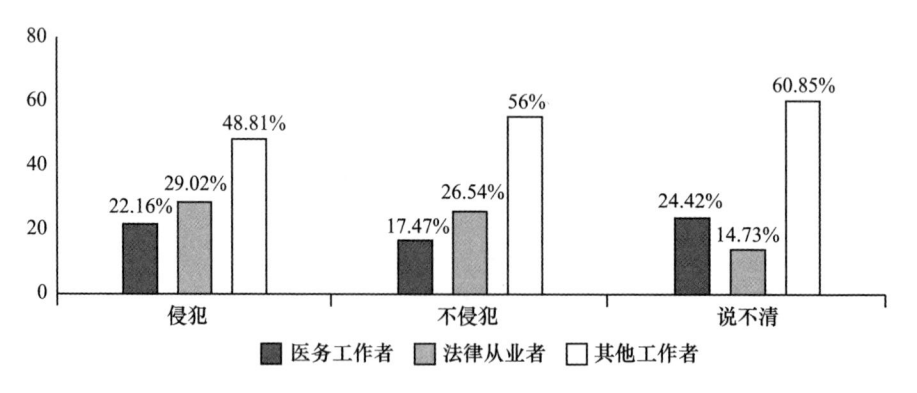

图2-14 不同专业背景的人对医疗机构将患者病历资料提供给工伤认定部门用于工伤认定是否侵犯隐私权的认识

问题 18，对"某医院将老王的基因信息提供给了老王的女友，是否侵犯老王的隐私权"的回答，认为"侵犯"的有 2384 人，占比 75.95%；认为"不侵犯"的有 346 人，占比 11.02%；认为"说不清"的有 409 人，占比 13.03%。对该问题，与专业背景的交叉分析结果见图 2-15。

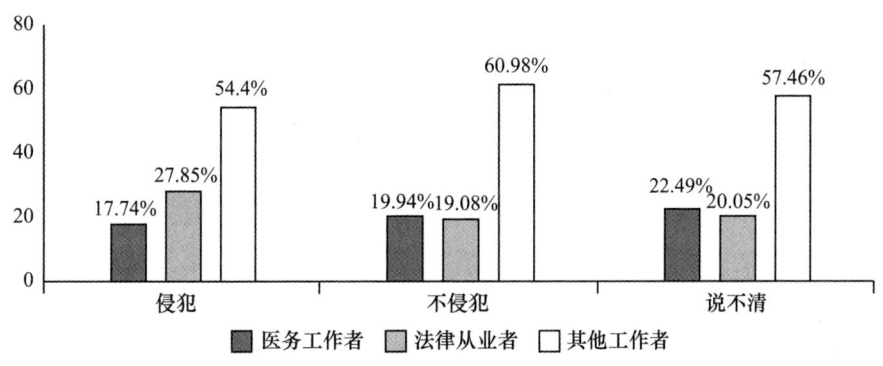

图 2-15 不同专业背景的人对医疗机构将患者基因信息提供给其女友是否侵犯隐私权的认识

问题 19，对"老王要求某医生不得将自己的健康检查资料提供给自己的妻子，但医生认为老王的妻子有知情权，就告诉了老王的妻子，该医生是否侵犯老王的隐私权"的回答，认为"侵犯"的有 1566 人，占比 49.89%；认为"不侵犯"的有 934 人，占比 29.75%；认为"说不清"的有 639 人，占比 20.36%。对该问题，与专业背景的交叉分析结果见图 2-16。

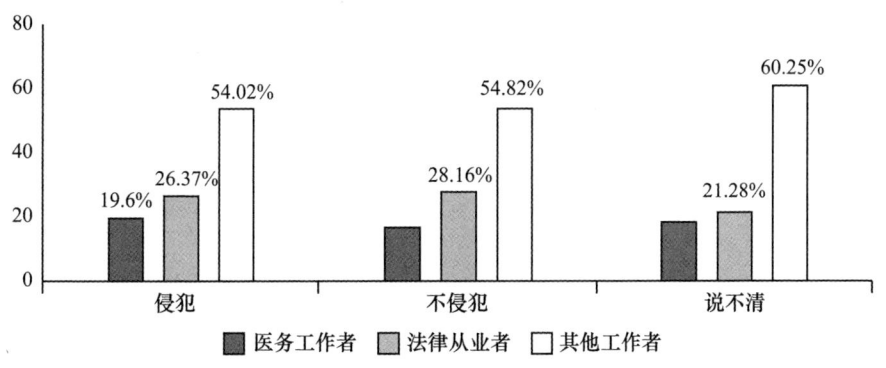

图 2-16 不同专业背景的人对医疗机构工作人员在患者明确表示不得将自己的健康信息提供给妻子前提下基于知情权告知其妻子，是否侵犯隐私权的认识

问题20，对"老王因混合痔、肛裂在某医院住院治疗，后来，老王的家人在上网时发现，老王部分病历信息被人制作成光盘在网上发布出售信息：'移动医学院卫生部试听教程大量实践技能手术资料1000g移动硬盘'的手术类视频光盘，其中有老王就医的部分病历。某医院的行为是否侵犯老王的隐私权"的回答，认为"侵犯"的有2711人，占比86.37%；认为"不侵犯"的有164人，占比5.22%；认为"说不清"的有264人，占比8.41%。对该问题，与专业背景的交叉分析结果见图2-17。

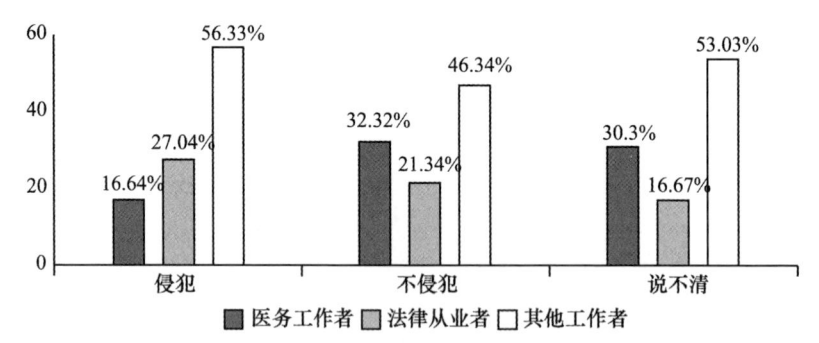

图2-17 不同专业背景的人对医疗机构将患者疾病信息制成光盘出售是否侵犯隐私权的认识

问题21，对"患者刘某在做流产手术时，带教老师一边做手术一边给几名旁边观摩的实习生讲解示范，带教老师是否侵犯刘某的隐私权"的回答，认为"侵犯"的有1668人，占比53.14%；认为"不侵犯"的有899人，占比28.64%；认为"说不清"的有572人，占比18.22%。对该问题，与专业背景的交叉分析结果见图2-18。

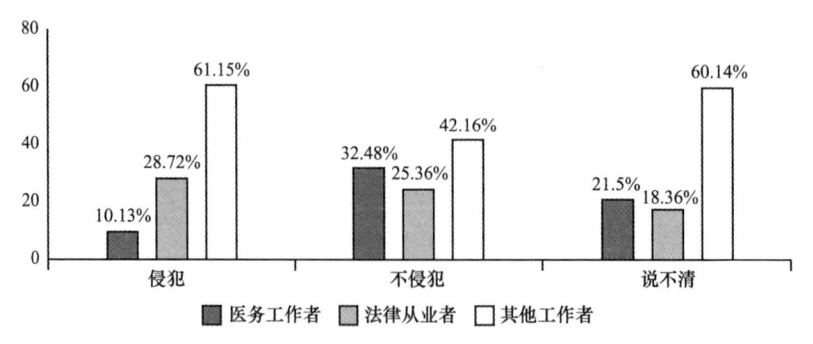

图2-18 不同专业背景的人对医疗教学实践中带教老师边手术边向实习生讲解示范患者流产手术细节是否侵犯隐私权的认识

问题 22，对"在医院候诊区，护士对候诊的人群说：'为了保护患者个人隐私，我不叫姓名，只叫编号……5 号……5 号患痔疮的那位患者进来吧'，该护士是否侵犯患者的隐私权"的回答认为"侵犯"的有 1706 人，占比 54.35%；认为"不侵犯"的有 1014 人，占比 32.3%；认为"说不清"的有 419 人，占比 13.35%。对该问题，与专业背景的交叉分析结果见图 2-19。

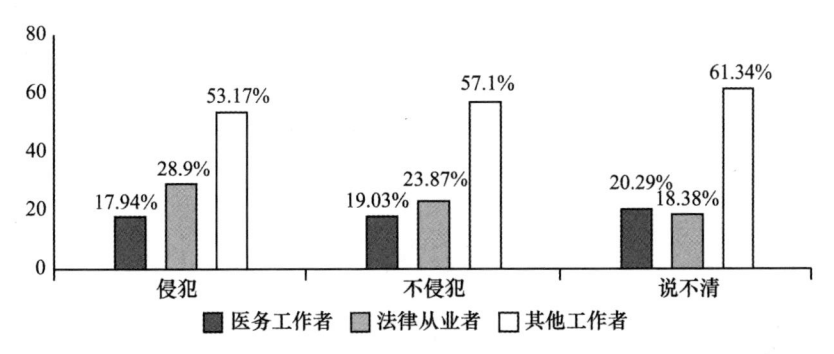

图 2-19 不同专业背景的人对医疗工作者叫号行为公开患者疾病种类行为是否侵犯隐私权的认识

问题 23，对"某新闻媒体在一篇医疗事故的新闻报道中，披露了受害者的病例摘要，提到了受害者的受损部位（附睾）……该报道是否侵犯患者的隐私权"的回答，认为"侵犯"的有 1851 人，占比 58.97%；认为"不侵犯"的有 749 人，占比 23.86%；认为"说不清"的有 539 人，占比 17.17%。对该问题，与专业背景的交叉分析结果见图 2-20。

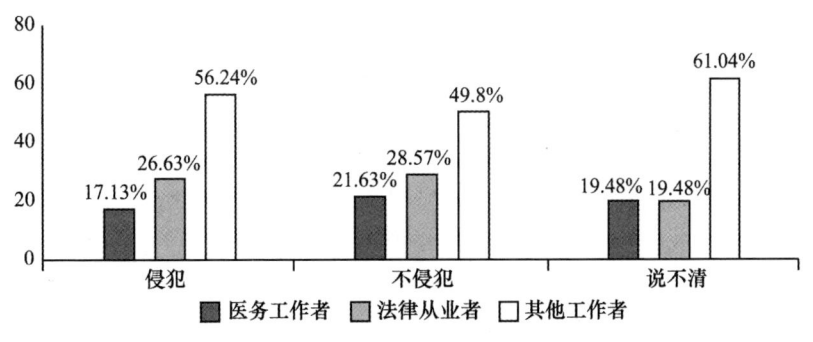

图 2-20 不同专业背景的人对新闻媒体在新闻报道中披露患者的病历信息是否侵犯隐私权的认识

根据对问卷的分析,对该组问题的回答时,不同的专业背景差异较大。

(三) 涉及新冠疫情患者隐私保护的认识

问题 24,对"疾控部门发布某新冠肺炎患者近十日内的行踪轨迹,是否侵犯该患者的隐私权"的回答,认为"侵犯"的有 473 人,占比 15.07%;认为"不侵犯"的有 2312 人,占比 73.65%;认为"说不清"的有 354 人,占比 11.28%。对该问题,与专业背景的交叉分析结果见图 2-21。

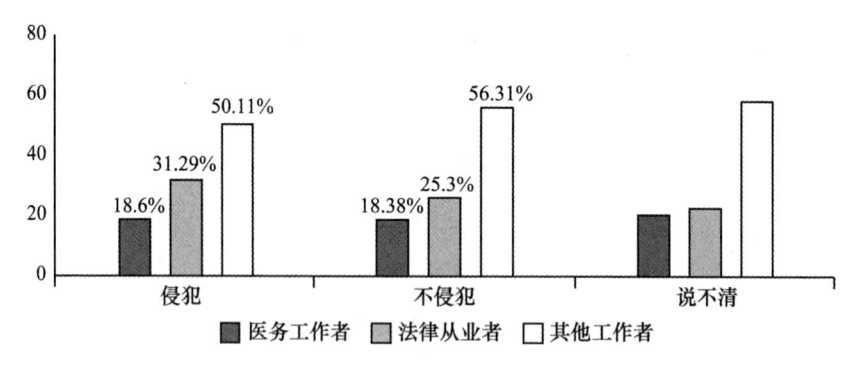

图 2-21 不同专业背景的人对疾控部门发布新冠肺炎患者的
行踪轨迹是否侵犯隐私权的认识

问题 25,对"疾控部门发布某新冠肺炎患者所接触的人员基本信息,是否侵犯接触者的隐私权"的回答,认为"侵犯"的有 644 人,占比 20.52%;认为"不侵犯"的有 2093 人,占比 66.68%;认为"说不清"的有 402 人,占比 12.81%。对该问题,与专业背景的交叉分析结果见图 2-22。

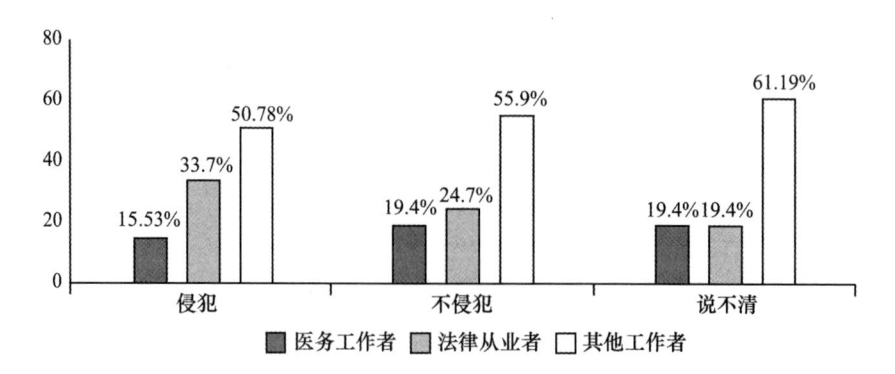

图 2-22 不同专业背景的人对疾控部门发布新冠肺炎患者接触人员
基本信息是否侵犯隐私权的认识

问题 26，对"认为在重大的疫情危机中，患者的隐私权与常态下的患者隐私权内容一样吗"的回答，认为"一样"的有 452 人，占比 14.4%；认为"不一样"的有 2340 人，占比 74.55%；认为"说不准"的有 347 人，占比 11.05%。对该问题，与专业背景的交叉分析结果见图 2-23。

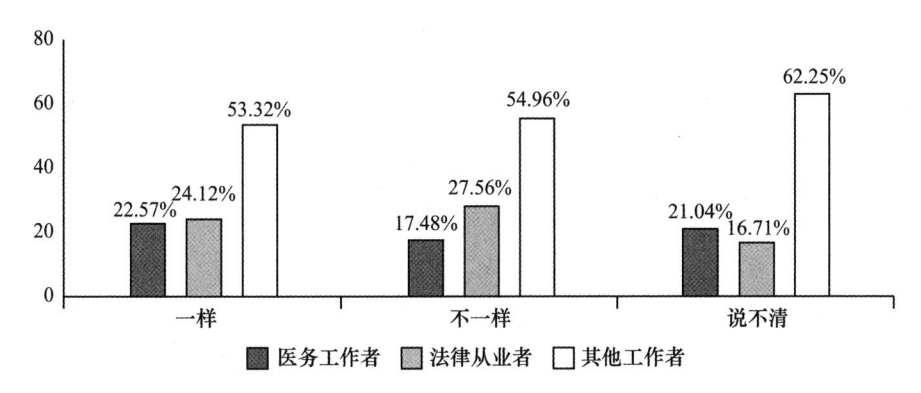

图 2-23　不同专业背景的人对重大疫情危机中与常态下患者隐私权内容是否一样的认识

问题 27，对"在重大的疫情危机中，您是否担心餐厅、银行、商场、药房等门店登记来访者的个人信息会侵犯隐私权"的回答，认为"丝毫不担心"的有 384 人，占比 12.23%；认为"有点担心"的有 1966 人，占比 62.63%；认为"很担心"的有 613 人，占比 19.53%；认为"不清楚"的有 176 人，占比 5.61%。对该问题，与专业背景的交叉分析结果见图 2-24。

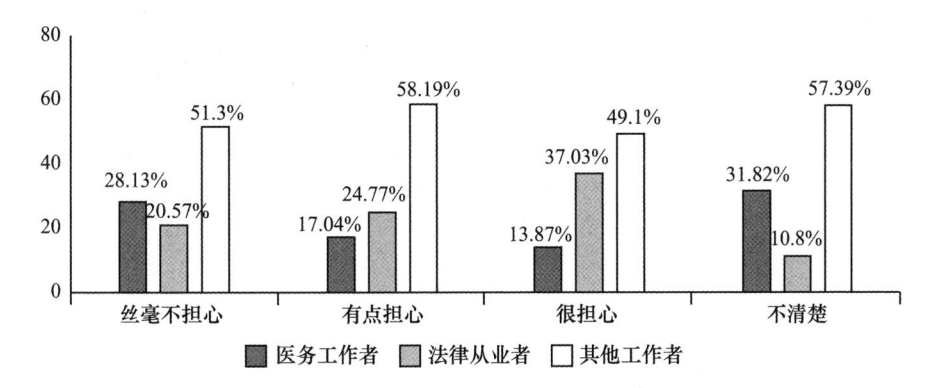

图 2-24　不同专业背景的人对重大疫情危机中对餐厅、银行、商场、药店等服务人员登记个人信息是否侵犯隐私权的认识

问题28，对"在重大的疫情危机中，利用大数据追踪疫情与人群接触史是否侵犯个人的隐私权"的回答，认为"侵犯"的有486人，占比15.48%；认为"不侵犯"的有2108人，占比67.16%；认为"说不清"的有545人，占比17.36%。对该问题，与专业背景的交叉分析结果见图2-25。

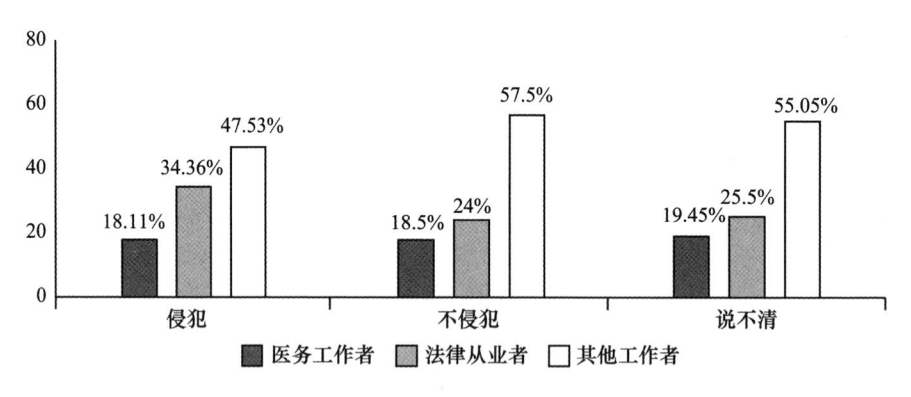

图2-25　不同专业背景的人对重大疫情危机中用大数据追踪疫情与人接触史是否侵犯隐私权的认识

问题29，对"在重大疫情危机中，确诊患者的哪些信息需要披露"的回答，认为"患者的身份证号码"的有1010人，占比32.18%；认为"患者的工作单位"的有1477人，占比47.05%；认为"患者的病史"有1714人，占比54.6%；认为"患者的入院时间"的有2081人，占比66.29%；认为"患者的行动轨迹"的有2823人，占比89.93%；认为"患者的人际关系、亲属关系"的有1593人，占比50.75%；认为"患者的民族、政治面貌、学历"的有431人，占比13.73%；认为"患者住所、门牌号等"的有1169人，占比37.24%；认为"患者个人图像"的有932人，占比29.69%；认为"患者姓名"的有1297人，占比41.32%；认为"患者电话"的有883人，占比28.13%。具体对比如表2-4。

表2-4　　　　不同专业背景的人对患者个人信息披露的认识

患者个人信息	认为需要披露的人数	占比（%）
患者的身份证号码	1010	32.18
患者的工作单位	1477	47.05
患者的病史	1714	54.6
患者的入院时间	2081	66.29
患者的行动轨迹	2823	89.93
患者的人际关系、亲属关系	1593	50.75
患者的民族、政治面貌、学历	431	13.73
患者住所、门牌号等	1169	37.24
患者个人图像	932	29.69
患者姓名	1297	41.32
患者电话	883	28.13

受调查者认为最需要披露的个人信息是"患者的行动轨迹"，其次是"入院时间"，认为最不需要披露的个人信息是"患者的民族、政治面貌、学历"。

问题30，对"在重大疫情危机中，公众的健康权与确诊患者的隐私权哪个更重要"的回答，认为"公众健康权更重要"有1538人，占比49%；认为"患者隐私权更重要"有92人，占比2.93%；认为"同等重要"有1509人，占比48.07%。对该问题，与专业背景的交叉分析结果见图2-26。

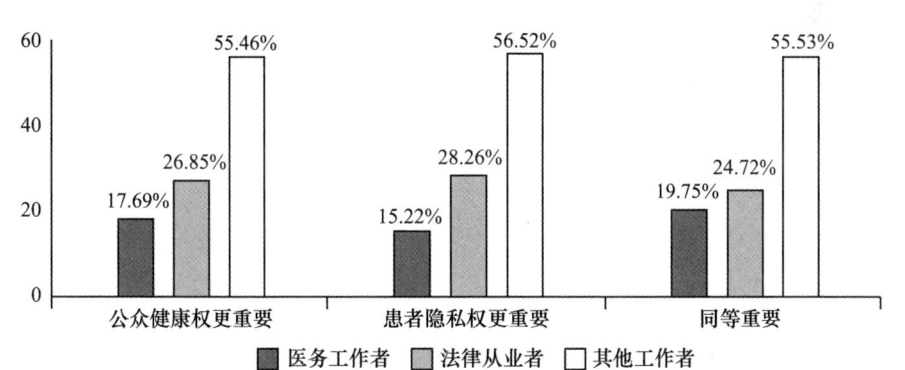

图2-26　不同专业背景的人对重大疫情危机中公众健康权与确诊患者隐私权哪个更重要的认识

根据对问卷的分析，在重大疫情危机中，接受调查者普遍认为隐私权让位于公众的健康权。而且对该组问题的回答时，不同的专业背景存在较大差异。

本章小结

随着社会的发展，人们权利意识的提升，法律制度的细化完善，患者隐私权越来越被理论界与实务界重视。虽然目前大多都是从狭义角度进行患者隐私权类型研究，但基本上涵盖了侵犯患者隐私权的全部类型。从具体表现来看，患者隐私权侵犯已经由传统的直接侵犯患者身体隐私逐渐向多元化类型发展，特别表现在与患者有关的隐私信息上。从保护路径考察，传统的患者隐私权通常放在隐私权保护的框架下，并运用一般人格权范围拓展来保护患者隐私权。但由于个人隐私具有较强的主观性，这就要求必须将保护标准予以客观化。随着世界各国对于个人信息保护的重视，患者隐私权的保护也逐渐依托个人信息保护来完成具体侵权行为的判断。此外，从实务考察来看，将患者隐私权置于隐私权保护或其他路径保护的框架下的效果并不好，患者很难得到胜诉判决，以我国为例，《侵权责任法》实施前，患者隐私权保护中支持患者主张的案例很少，绝大多数都驳回了患者的诉讼请求，但《侵权责任法》实施后，因为单独规定了医疗损害责任纠纷，并且对患者隐私保护规定了单独条款，这对患者隐私权保护具有划时代的意义。令人欣慰的还有，从《侵权责任法》之后，患者胜诉的案例也不断增多，这意味着患者隐私权保护将进入全新时代。

第三章 患者隐私权法律保护中的利益冲突与平衡

法律是体现正义价值追求的权利义务规范，而规制权利义务的法律所指向的利益诉求不尽相同，因此常常会发生利益冲突和碰撞。近年来，随着"医疗父权主义"逐渐向"以患者为中心"转变，患方维权意识不断增强，医患利益冲突日益凸显，医患关系日益紧张。在医患关系的交错碰撞中我们逐渐认识到，尊重患者隐私，协调各方利益，才能构建和谐的医患关系和推动医学事业的不断进步，实现个人与社会的双赢。患者隐私权的法律保护，其实质是在利益衡平视野下，对不同的社会关系进行利益衡量，充分协调患者隐私权与公共利益及其他利益的相互冲突，旨在构建医患关系和谐发展目标的法律体系。

第一节 利益冲突与利益衡量概述

一 利益与利益冲突的界定

（一）利益的界定

利益是利益冲突的核心概念，也是对利益冲突进行利益衡量的逻辑前提。目前学者对利益的概念众说纷纭，不同学者对利益一词给出了不同的解答，主要体现在以下四种学说：

第一，主观说。持这种观点的学者以近代功利主义哲学家边沁及18世纪法国启蒙思想家霍尔巴赫为代表，他们强调把利益作为人的一种主观感受，作为某种欲望需求或期望。边沁认为利益就是能够增加主体快乐总数或减少痛苦总数的事物。① 以隐私权的内涵为例，哪些属于个人隐私内容会因个人主观感受不同而异。

第二，客观说。该说认为利益是不以主体意志为转移的客观存在，表现为制度或者资源。② 这一观点以我国学者周旺生等人为代表。利益的本质包含着主体对客体的主观感受，这一学说完全排斥了主体的能动作用，显存不妥。

第三，主客观统一说。该说认为利益是主观和客观的统一，既是一种主观需求也是一种不以人的主观意志为转移的客观存在。孙国华认为利益即主体对自身主客观需求的某种满足及实现满足采取的措施。③ 主客观统一说的缺陷在于认为主客观统一的事物就是利益，忽略了社会环境和社会关系的作用。

第四，社会关系说。马克思通过考察人的本质在其现实性上是一切社会关系的总和后进一步指出："利益本质上属于社会关系的范畴。社会主体维持自身存在和发展，只有通过对社会劳动产品的占有和享有才能实现，社会产品的这种对立统一关系就是利益。"④

本书认为利益的界定应从主客观需求和社会关系两个方面考量，利益应当是人的客观需要和主观需求的有机统一。当然，人的这种主客观需求不能脱离他所处的物质生活条件，需要通过各个主体之间的社会关系呈现出来。

(二) 利益冲突的界定

"天下熙熙，皆为利来；天下攘攘，皆为利往。"利益问题是人们现实生活中最敏感的话题，如何争取及分配利益是人类社会最核心、最基础的问题。一如马克思所言："人们奋斗所争取的一切，都同他们的利益有关。"⑤ 耶林认为权利的内在本质就是利益。人人都在追求自身利益的最大化。权利是利益最大化实现的手段，而利益是权利行使的目的和

---

① [英] 边沁：《道德与立法原理导论》，时殷弘译，商务印书馆 2000 年版，第 58 页。
② 李璐：《利益衡量理论在民事立法中的运用》，中国政法大学出版社 2015 年版，第 57—59 页。
③ 孙国华：《法理学》，法律出版社 1995 年版，第 60 页。
④ 参见李淮春主编《马克思哲学全书》，中国人民大学出版社 1996 年版，第 376 页。
⑤ 《马克思恩格斯全集》第 1 卷，人民出版社 1956 年版，第 82 页。

归宿。

对于任何一个特定历史阶段的社会总体而言，资源的有限性导致的利益总量是有限的，而权利主体追求利益最大化的需求却是永恒存在的，主体自身需求的无限性与利益总量的有限性必然形成一对难以调和的矛盾，由此产生了利益冲突。① 权利冲突的本质即利益冲突的集中体现。而所谓利益冲突，就是利益主体基于利益差别和利益矛盾而产生的利益纠纷和利益争夺。② 在通常情况下，"利益冲突一般首先表现为两个或两个以上的利益主体对各自利益目标或多或少的不相容的确认；其次表现为一个利益主体的要求和行动构成对其他利益主体的利益威胁；最后表现为一个利益主体为了保证自身利益的实现所采取的抵制他方利益要求的敌对行为。"③

在每一个权利的背后，利益因素和价值因素是两个决定、支配权利的重要因素。由社会经济结构制约的利益因素是决定、支配权利的最主要因素，由社会的文化发展所制约的价值因素也是一个重要的因素。不同主体所享有的权利背后的利益因素和价值因素发生了碰撞和矛盾，形成了权利的碰撞和矛盾，利益冲突由此而生。④ 例如在传染病防治中，保护患者隐私是患者享有的一项基本权利，医方有责任对患者传染病病史、病情轻重等个人隐私保密。但在很多情况下，出于国家防控传染病的需要，疾病预防控制部门需要掌握患者病情的基本信息以便针对性地制定、落实防范措施以维护公众健康，此时患者隐私权保护与公众健康安全权维护之间的权利冲突就是一种公共健康利益与个人的隐私利益之间的冲突。

二 利益冲突产生的原因

利益冲突之所以产生，是政治、经济、文化、法律和社会等各种因素相互交织、相互影响和相互矛盾的结果。首先是由人的社会性属性决

---

① 梁上上：《民商法的转向以利益衡量为中心展开》，法律出版社2015年版，第9页。
② 张文显：《法理学》，高等教育出版社2003年版，第373页。
③ 王伟光：《利益论》，人民出版社2001年版，第152页。
④ 杨立新、曹英博：《论人格权的冲突与协调》，《河北法学》2011年第8期。

定的。人的社会性决定了人不能脱离社会而退回到自我封闭的荒岛而独立存在。一方面人们通过社会活动、与他人交往等无时无刻不处在与他人关系的调整之中；另一方面人是有思想有意识的精神实体，需要维持其自身的独立性、保持个人的人格以得到价值体验和满足。趋利避害的本性使得人们在各自物质与精神价值获取中追求各自的利益满足，但这种利益又可能是他人所追求的，相互之间的追求不可避免产生碰撞，于是利益的冲突就不可避免地产生。

其次，源于法律的局限性、非万能性。柏拉图在其早期就已洞察到法律局限性而提出"法治非善，人治唯善"的主张。他指出法律因为求恒定而难免僵化，犹如刚愎无知之暴君不允许任何违反其意思或向其质难。① 霍姆斯曾深刻地指出："法律的生命不在于逻辑，而在于经验。"法律不是万能的，抽象的法律不可能解决现实生活中所有纷繁复杂的社会问题。况且随着医学技术的日新月异，如器官移植、人工智能、基因技术等将引发隐私权保护的新内容。新权利内容引入法律调整范围后将使患者隐私权在不同场合与其他正当权利产生利益冲突，甚至引发纠纷、形成诉讼。

最后，源于法律语言的模糊性。语言是法律表达的载体。法律按其本性总要求高度的确定性，使得人们在法律规则面前对其行为的后果是可预测的。但语言的模糊性却往往使人们对法律的理解千差万别，甚至会南辕北辙，使得法律的确定性特征大打折扣，正如海德格尔的形象的表述，"我们总是在通往法律的确定性的途中"②。由此，语言模糊性与法律的确定性必然构成一对矛盾。当一种利益诉求产生，人类语言的模糊性又使法律往往不可能完全清晰地界定所有权利的范围，不可能给主体以精确的行为指引为或者不为某种行为。而我国立法长期遵循宜粗不宜细的基本原则，这决定了权利的边界往往是模糊的，不那么泾渭分明。尤其是相当多的法律条款属于缺乏制裁力的宣示性条款，导致法律的具体性、可操作性有待加强。

---

① 徐爱国：《西方法律思想史》，北京大学出版社2008年版，第12页。
② 王克金：《权利冲突论——一个法律实证主义的分析》，《法制与社会发展》2004年第2期。

以隐私权为例，我国的隐私权立法经历了从"他权利"到"准权利"，再到"法权利"的立法进程，宪法规定了隐私权受法律保护的基本原则，隐私权作为公民的一项基本人格权在《侵权责任法》《民法总则》《民法典》等法律中也做了一般或特殊性的明确规定。但何为隐私权？隐私权保护的内容有哪些？理论界到现在为止仍未达成共识。即使能够对患者隐私权精准定义，随着互联网以及人工智能、高科技医学技术的不断发展，隐私权的内涵外延、客体范围、保护手段等也将与时俱进，不断扩展和更新，对隐私权保护将会带来新的难题。如网络环境下的隐私权保护，由于网络环境具有放大效应，损坏结果一旦发生，往往不可逆且难以恢复。而对于隐私权的内涵边界，往往带有个人的主观价值判断，而每个人对隐私价值评判的标准不同、重视程度不一，按照个人价值观对隐私理解所得出的隐私权定义往往会大相径庭，造成对隐私权定义的诸多分歧。

三　利益冲突下的利益衡量理论

"解决利益冲突的实质就是进行利益衡量与价值选择的过程。"① 利益衡量理论是利益法学派采用利益衡量的方法协调各方利益冲突以达到各方主体利益平衡的一种法学方法论，从其诞生到现在已有百年以上历史。利益衡量理论的产生，源于对概念法学形式主义的反思和批判。20世纪初科学技术飞速发展，但各种社会矛盾激化，概念法学僵化保守的弊端已无法适应时代的要求。与之相适应，要求打破概念法学的禁锢，在司法审判中发挥法官的主观能动性，授予法官弹性法律解释权以补充成文法漏洞的呼声愈来愈强烈，② 利益法学派应运而生。

德国的利益法学派是利益衡量论的始祖。其代表人物赫克首次提出利益衡量理论，他认为法起源于对立利益之间的斗争，法的最高任务就是平衡利益。主张在司法实践中法官应采用利益衡量的方法对法律漏洞

---

① 王克金：《权利冲突论——一个法律实证主义的分析》，《法制与社会发展》2004年第2期。

② 梁慧星：《民法解释学》，中国政法大学出版社1995年版，第62页。

进行填补。① 其后美国社会法学派的代表人物庞德对利益冲突的原因、利益冲突衡量的原则等提出了自己的理论建树。庞德将社会利益作为利益衡量的标准，主张以最小的成本获取社会利益最大化，其最大的贡献在于像"门捷列夫元素周期表"那样的利益分类，对未来的利益衡量理论研究产生了深远的影响。② 随后日本也衍生了民法解释学的利益衡量论，以加藤一郎和星野英一为代表。日本的利益衡量理论不是简单的拿来主义，它灵活地将法国的自由法学、德国利益法学等理论成果与本国的国情相结合，构建出了自己的利益衡量理论。日本的利益衡量论赋予了法官极为宽泛的裁量权，将法的妥当性放在了首要位置。③

作为利益衡量理论的核心概念，何谓利益衡量，国内学者给出了不同的观点。杨仁寿认为利益衡量是法院判案的一种价值判断，指法官在司法审判时，在出现法律复数解释的多种可能性时，应采用价值判断方法探讨立法者在制定法律时之原意结合现实状况利益衡量后给出最佳取舍。④ 其实质是对概念法学保守僵化的思维方式不能适应社会生活对法律要求的一种反思。梁慧星考察日本的利益衡量理论后得出结论认为，利益衡量实质是一种法律解释，即在司法审判中有复数解释的可能性时，要抛弃过去的形式三段论的惯性思维，先进行事实判断基础上的利益衡量，再从现有的法律规范中找寻法律依据进行印证。⑤ 王利明则认为利益衡量是一种附随于法律解释过程的法律论证方法，是在对一个案件出现多种解释的前提下，通过法律论证进行利益排序和选择来实现裁判结论的妥当性。⑥ 尽管学者们看法不一，但对利益衡量的特征已达成共识：利益衡量的前提条件必须是存在利益冲突；利益衡量的方法是做出甄别判断后进行利益取舍；利益衡量的目的是实现公平正义。

---

① 张文显：《二十世纪西方法哲学思潮研究》，法律出版社1996年版，第130页。
② 李璐：《论利益衡量理论在民事立法中的应用》，中国政法大学出版社2015年版，第33—45页。
③ 李璐：《论利益衡量理论在民事立法中的应用》，中国政法大学出版社2015年版，第33—45页。
④ 杨仁寿：《法学方法论》，中国政法大学出版社1999年版，第234—235页。
⑤ 梁慧星：《裁判的方法》，法律出版社2003年版，第186页。
⑥ 王利明：《法律解释学导论——以民法为视角》，法律出版社2009年版，第639页。

四 利益衡量理论下的利益冲突解决

国内学界从利益衡量理论层面上关于利益冲突的解决原则，主要有以下几种理论：第一，权利位阶论。张平华认为，在权利体系中，每个人所享有的各项权利的重要性是存在上下等级的，即权利位阶，不同权利产生冲突时适用权利位阶规则，上位的权利相对于下位权利优先适用。[1] 第二，平等保护论。刘作翔认为，虽然权利体系来源于法律体系，但权利体系和法律体系是两个性质截然不同的概念。两者的区别在于法律体系存在位阶关系，但权利体系中的各权利类型之间是平等的。[2] 第三，权利边界论。郝铁川认为权利冲突实际上是一个伪问题，任何权利都有特定边界，守望权利边界，就不会发生权利冲突。"法学界下一步该是结束权利冲突的无谓讨论，致力于权利边界的探讨。"[3]

本书不同意各权利类型属于平等关系的平等保护论观点，实际上权利类型之间确实存在一定的位阶关系，基于权利之间相互冲突而平等保护各项权利是不现实的也无操作性可言。而权利位阶论的观点也值得商榷，因为它将权利位阶过于绝对化，如生命权和自我决定权两项权利，在一般情况下确实生命权要优先于自我决定权，但在特殊情况下，如终末期患者在遭受病痛折磨，生命只能靠维生设施苟延残喘时，如果患者预先指示希望撤除维生设施，有尊严地离开这个世界，我们就要尊重患者的自我决定权，此时患者的自我决定权优先于其生命权。笔者更赞同权利边界论的观点，我国《宪法》第51条也确立了权利边界原则，即权利的边界以不得损害国家、社会、集体利益和其他公民的合法的自由和权利为限。由于法律的概括性及抽象性以及立法技术等方面的原因，法律不可能穷尽其相互冲突权利之间的边界，法定权利难免会出现边界模糊化的客观情况。隐私权这一概念本来就具有抽象、模糊而难以确定的特点，而医疗行为的特殊性，加上患者这一特殊主体使得对其边界界定

---

[1] 张平华：《权利位阶论——关于权利冲突化解机制的初步探讨》，《法律科学》2007年第6期。
[2] 刘作翔：《权利冲突的几个理论问题》，《中国法学》2002年第2期。
[3] 郝铁川：《权利冲突：一个不成为问题的问题》，《法学》2004年第9期。

难以一一对应；由于医患之间关于隐私权的边界认知不同，加上相关法律规定的模糊不清，权利冲突也就不可避免。

合法权利神圣不可侵犯，同时任何权利都不得被滥用。权利都是有边界的，患者隐私权亦是如此。在边界之内，是一个如何保护患者隐私权的问题；在边界之外，患者则不享有隐私权。① 诚如美国制度经济学家R. H. 科斯教授所言，"只要保护一种权利时，实际上必然侵犯另一种权利"；"拥有了权利的同时，也就意味着拥有了限度。"具体来说就是隐私权保护必然存在例外情况。以我国《艾滋病防治条例》为例，在保护患者隐私权的同时做了例外性规定。如第38条规定了艾滋病病毒感染者及病人应当接受相关机关对其流行病学调查和指导的义务以及对相关利害关系人的告知义务，这也进一步证实了隐私权的边界性和相对性及非至上性。

特定时代背景和法律框架下的理想状况是，权利边界可以确定也应当予以确定，但很多时候这只是人们的一厢情愿，由于法律语言的模糊性导致法律的不确定性，而法律的不确定性导致权利边界的模糊性。此时趋利的本性加上权利边界不明，相互之间的权利纵横交错，权利之间的相互冲突也就不可避免了。如美国法哲学家博登海默所言：法律的主要作用是通过颁布一般性规则对相互冲突的个人和社会利益进行调和和调整。② 权利冲突的现实存在和我们设定的法律目的均要求我们面对权利冲突只能是通过一定的规则原则进行利益衡量和价值选择。任何一种权利冲突的解决，都需要在法律制定与法律实施领域贯彻利益衡平原则。

首先是立法上的利益衡平。立法的目的在于权衡和分配各方利益避免相互之间利益冲突，以协调正常的社会秩序，促使各方利益主体各得其所，各安其位。③ 立法就其实质来说就是一个利益衡量的结果，这个结果最终通过具体法律规范展现在具体的法律制度之中。

立法中的利益衡量，首先必须遵循法律的整体性和一致性原则，尽

---

① 刘作翔：《权利冲突的几个理论问题》，《中国法学》2002年第2期。

② ［美］埃德加·博登海默：《法理学——法律哲学与法律方法》，邓正来译，中国政法大学出版社2017年版，第414页。

③ 梁上上：《民商法的转向——以利益衡量为中心展开》，法律出版社2015年版，第12页。

可能避免和减少法律体系内部的不一致。目前,我国医疗法律规范在数量上已初具规模,但内部法规政策系统性、协调性、针对性、可操作性有待增强。且碎片化倾向严重,很多属于没有法律约束力的"软法",远没有形成上下梯度有序衔接、内容全面的医疗法律法规体系,相互之间经常出现交叉重复,不适应、不协调、不衔接、不一致等问题,且各种利益由于法律的漏洞出现了相互矛盾与冲突。必须尽快通过利益衡量合理地配置各方权利,以解决利益冲突。其次必须遵守国家、社会和个人利益相协调原则。保障个人利益的同时,基于维护公共利益和公共秩序的需要,也应当对个人利益作出一定的限制以维护各方利益的平衡。再次,患者隐私权的特殊考量原则。患者隐私权不同于一般隐私权,需要医学技术与医学伦理相互配合才能得到保障。因此立法时必须充分考量医学的技术特点、传统的医学伦理道德以及实践的可操作性。[①] 值得注意的是,《民法典》第1226条考虑了患者隐私权的特殊性,将泄露患者隐私或者未经患者同意公开其病历资料作为应当承担侵权责任的情形,且不以造成患者损害为要件,强化了对患者隐私权的法律保护。

其次是司法上的利益衡平。权利是具体的,没有抽象的权利,一个权利优先于另一个权利并不是绝对的,权利最终都会落实到具体的案件和事实中。面对日常生活中的权利纠纷和冲突,都需要在具体案件中进行价值判断和利益衡量做出最佳选择。我国学者多从司法角度研究利益衡量理论,甚至部分学者认为利益衡量就是法律适用或者法律解释的方法之一。在司法过程中进行价值判断和利益取舍后去平衡相互冲突的各方利益。[②] 与立法上的利益衡平相比,司法上的利益衡平针对具体案例的判断,考量了大量证据后依据法律适用原则作出的个案判定,使原则的使用更加灵活。

面对患者隐私权保护领域中的各类利益冲突,如何平衡患者隐私利益与公共利益、医疗合同相对人如医疗机构以及与患者有利害关系的第

---

① 姜柏生:《患者隐私权保护中的权利冲突》,《安徽大学学报》(哲学社会科学版)2008年第5期。

② 李璐:《论利益衡量理论在民事立法中的应用》,中国政法大学出版社2015年版,第83—85页。

三人利益冲突问题，便成为解决患者隐私权冲突的核心和关键。根据权利位阶论的基本原则，一切应以身体健康和生命安全为核心，这是解决患者隐私权冲突的核心和关键，由此也就合理存在"隐私权绝对保护"的例外规定。[1] 如《民法典侵权责任编》对医疗损害责任规定了医疗机构的告知义务（第1219条），又规定了患者生命权与医疗机构告知权冲突时的处理原则（第1220条），即利益衡量原则在医患权利冲突之间所作出的权衡与取舍，也是利益衡平原则在立法上的体现。同时司法中也要针对具体冲突个案进行价值判断和利益衡量做出最佳选择。

第二节 患者隐私权与社会公共利益的冲突与平衡

一 社会公共利益概念界定

社会公共利益是与个人利益相对立的一个概念，常常被用来作为立法与行政决策合法性的依据。然而对于社会公共利益的概念内涵，却在理论与实践中模糊不清而备受争议，甚至对公共利益和社会公共利益是相区别还是通用的概念，到目前为止理论界尚无定论。本书认为公共利益是与社会公共利益相通用的简化概念。之所以难以界定是因为公共利益属于典型的不确定性概念，表现为利益内容中权利义务的不确定性和受益客体的不确定性两个方面。[2] 李璐将公共利益定义为"是与基本法律价值相关的不特定第三人的利益，它的内容表现为与基本法律价值相关的个人利益的还原"[3]。

公共利益与个人利益二者是辩证统一的关系，公共利益和个人利益的关系实质上是个人与社会关系的缩影，任何一方都不能脱离另一方而独立存在。公共利益离不开个人权利，它是个人权利行使的出发点和落脚点。公共利益的目的不是为了限制个人利益，而是为防止个人权利的

---

[1] 张剑源：《法律对伦理的偏好与疏离——以中国艾滋病防治立法中的隐私保护条款为中心》，《法学家》2013年第6期。
[2] 陈新民：《德国公法学基础理论》（上），山东人民出版社2001年版，第182页。
[3] 李璐：《利益衡量理论在民事立法中的运用》，中国政法大学出版社2015年版，第165页。

滥用而设定的个人权利行使的界限和范围，公共利益最终的归宿是不特定多数人的个人利益保护，是社会群体福祉增加与个人利益增进双赢效果的实现。同样，个人利益也无法离开公共利益而独立存在。个人的存在依赖国家和社会，个人利益的实现需要建立在尊重其他个人利益和公共利益的基础之上，法律绝不允许个人利益的实现建立在对公共利益的侵害之上。

在公法和私法领域的社会公共利益表现为不同的内容。在公法领域，更多强调的是"法无授权不可为"，必须警惕"多数人暴政"的危险，谨防以公共利益之名行侵害个人权利之实。行政主体不能以社会公共利益为名滥用权力，造成对私权利的任意践踏。而在私法领域，公共利益则是因民事主体的权利与其发生冲突时做出的对其权利的限制性规定。换言之，社会公共利益是权利行使主体行使权利或权力的外部界限。

二 患者隐私权与社会公共利益的冲突

解决利益冲突，其实质就是通过价值判断与价值选择对各类型利益进行衡量取舍并重新划定权利边界的过程。[①] 根据权利位阶理论，当社会公共利益和个人利益发生矛盾冲突而不能同时兼顾时，基本的原则是要遵循公共利益优先于个人利益。[②] 我国《宪法》第51条明确规定了公共利益优先原则；《民法典》第8条也规定了民事主体从事民事活动时不得违法与遵守公序良俗的基本原则，这些都是公共利益优先的集中体现。虽然从局部、短期来看，保护公共利益似乎损害了个人利益，两者水火不容；但是从全局、长远来看，公共利益和个人利益在根本上是一致的。公共利益本身是一个抽象的概念，公共利益最终的受益者要落实到一个个具体的人身上。当然公共利益优先并不意味着不保护个人利益，在保护公共利益时应当遵循比例原则，即国家在保护社会公共利益时，应当最大限度地减少个人利益的损失。

就患者隐私权而言，随着信息技术的发展以及人们活动空间范围的

---

① 王克金：《权利冲突论——一个法律实证主义的分析》，《法制与社会发展》2004年第2期。

② 王进、林波：《权利的缺陷》，经济日报出版社2001年版，第219—222页。

扩展，隐私保护的范围越来越宽广，内容也越来越丰富，如电子病历中的患者隐私权保护问题。这些新出现的隐私权问题不免要与公共利益产生冲突。这就需要界定患者隐私权与公共利益之间的关系。法律基于维护个人尊严和个人自由需要保护患者隐私权，同时为了医疗卫生事业的进步、不特定多数人的健康需要、社会的安全乃至人类共同的生存与发展需要，患者的隐私在某些特殊情况下不得不突破其权利的范围和界限，让渡于社会公共利益，这又被称之为"隐私权的可克减性"。[①]

患者个人隐私权与公众的知情权天生就是相互对立的矛盾统一体。患者隐私权作为公民的一项基本人格权，本质上是对个人的私人信息、私人空间和私人领域所享有的权利。一方面患者总是希望自己的患病信息不为外人所知，以免对自己的正常生活产生不利影响；另一方面，公众又强烈要求知悉他人疾病方面的相关信息，尤其是身边熟人的患病信息以求防患于未然，本着对自己生命健康负责的态度提前做好预防。不同利益需求的条件下的隐私权与公众知情权就产生了难以调和的矛盾。

以2003年的SARS为例，这场席卷全球的没有硝烟的战争在毫无任何征兆的情势下突然而至，使人们措手不及。面对这个传染范围广、速度快而又不明病因的疾病，疫情蔓延的初期，由于人们对于疾病知之甚少，人们往往谈"典"色变，板蓝根、白醋脱销，谣言四起，甚至谣传是外星人毁灭地球人的一次洗劫行动。此时人们需要了解"非典"的症状表现、本地区及全国的发病状况，发病患者的年龄、地址、发病原因、症状表现等相关信息以此更好地掌握SARS相关信息，从而为预防疾病做好充分的准备。于是乎相关媒体为获取点击率，对相关患者的"标题党"报道信息纷沓而至：如某省某市"非典"发病第一人、某市"非典"最年幼患者、最年长患者等报道铺天盖地而难辨真假。而当时由于我国还没有应对突发公共卫生事件的相应的应急法律法规，很多地方谎报、瞒报"非典"病情，而又没有权威部门出面公布、解释相应的疫情状况，且没有采取正确的预防控制措施，致使很多地方成为"非典"的重灾区，威胁到公共安全和社会的稳定。基于控制疫情的需要，尤其是患者患有传染性非典型肺炎等严重的传染病可能导致突发公共安全事件的暴发时，

---

① 张新宝：《隐私权的法律保护》，群众出版社2005年版，第16页。

公众需要有知情权,卫生部门需要收集患者的信息向社会发布,公众可以借此了解相关卫生知识、消除疑虑和恐慌及增加防护意识。但与此同时,患者某些个人疾病隐私信息被公开后,公众要实现的知情权与患者的隐私权就产生了权利冲突。即当公众知情权与患者隐私权产生矛盾时,应当如何协调使二者达到平衡成为解决问题的核心。

三　患者隐私权与社会公共利益的平衡

《公民权利和政治权利国际公约》第17条规定,除生命健康权外的其他人格权和政治权利都是可以克减的权利。患者隐私权作为一项基本人格权同样是可以克减的。[1] 隐私保护对患者所带来的利益与实现公众知情权的公共利益之间利益衡量的结果是,隐私权的保护范围应当受到社会公共利益的限制,公共知情权应当以牺牲患者隐私权为代价而实现(当然这里的患者专指特定疾病患者,如甲类传染病病人)。因此如果一味强调保护患者隐私,疫情传播的风险将会大大增加,将会传染给不特定的社会大多数成员,一方面造成社会恐慌,另一方面疾病的防控可能会导致无法控制的结果,这样的代价未免过于巨大。因此当患者隐私权与公众知情权发生严重冲突时,克减患者隐私权,实现公众知情权,从而维护公共利益,已成为一种国际共识。[2]

同时,由于具有公共危害性的疾病,其危害公共利益的方式、程度、范围又具有差异性。如某些甲类、乙类严重传染病通过空气、唾沫媒介传播难以防控,对周围不特定人群危害相当大,务必使与患者有过近距离接触或者可能受到感染区域的公众家喻户晓,以便采取一切必要的防范措施。[3] 而有些丙类传染病对公众危害是可防可控的,不需要在广泛的地域范围内公开。基于这种差异性,即便是基于公共利益考量公开涉及个人隐私的患者诊疗信息,亦应根据疾病危害公共利益的范围和程度来决定公开的范围和方式。不能以保护公共利益为名却不考虑侵犯的限度、

---

[1] 唐正彬:《完善患者隐私权保护的法律思考》,《卫生职业教育》2008年第17期。
[2] 张萍:《论患者隐私权的民法保护》,硕士学位论文,西南政法大学,2010年,第37页。
[3] 杨登峰:《病患个人医疗信息的保护与公开——以〈政府信息公开条例〉"参照"条款和个人隐私条款为路径》,《北方法学》2017年第4期。

范围而肆意侵犯患者隐私权，否则容易形成对少数人的暴政，不利于患者隐私权保护。就患者隐私权可能影响的社会公共利益而言，其让渡权利的具体情形需由相关法律规定。

第一种情形是基于控制特定疾病的需要。对于某些特定重大疾病，为维护公共利益所必需，并以法律明文规定为限，向主管机关报告。比如，按照我国《传染病防治法》及其实施办法的相关规定，在发生传染病疫情时，具有法定报告职责的单位及履行职务的工作人员要按照规定的内容、程序、方式和时限报告给疾病预防控制机构，以便国家根据疫情采取相应的疫情控制措施。同时国家需要及时、准确公布与疫情直接相关的信息，包括爆发的地点、传染源、传染媒介、感染人数、死亡人数以及传染的趋势，以便公众了解后做好充分防范工作。同时还规定了瞒报、漏报、迟报应当承担的法律责任。如果发现甲类传染病病人、病原携带者、疑似传染病病人及其密切接触者，还应采取隔离治疗或者其他必要的预防措施。上述规定即是对公共利益与个人利益进行利益衡量后的立法决策。考虑到社会公共利益此时面临未知的现实风险，必须遵循公共利益优先原则，患者与疫情方面的有关隐私信息必须让渡于社会公共利益，以保障公共健康。同理，我国《职业病防治法》第43条、第49条也体现了此项原则，规定用人单位和医疗卫生机构发现职业病病人或者疑似职业病病人时应当及时向相关部门报告。①

第二种情形是为了预防或者防止违法犯罪的需要。英美法系国家从公共政策的角度出发，寻求特殊关系存在的义务与公共利益之间的平衡，明确了以特殊关系的存在为前提，赋予医疗机构对患者隐私权保护的义务。但这一义务不是绝对的，因此有医师保密义务的例外规定。如果公共利益和保密义务产生冲突，公共利益将被优先考虑，如存在对别人的严重伤害危险或发现严重的刑事犯罪等。美国著名的"塔里索胡警告"表明的就是保护性特权的结束意味着公共危险的结束。② 我国法律也有类

---

① 《职业病防治法》第43条规定："用人单位和医疗卫生机构发现职业病病人或者疑似职业病病人时，应当及时向所在地卫生行政部门报告。确诊为职业病的，用人单位还应当向所在地劳动保障行政部门报告。"第49条规定："医疗卫生机构发现疑似职业病病人时，应当告知劳动者本人并及时通知用人单位。"

② 王岳、邓虹：《外国医事法研究》，法律出版社2011年版，第25页。

似的规定。2018年新修订的《刑事诉讼法》第110条明确规定了任何单位和个人发现有犯罪事实或者犯罪嫌疑人，有向公安司法机关报案或者举报的权利和义务。基于上述规定，医务人员在为患者提供诊疗服务时，在全面了解该患者的身心健康状况并结合自身的专业判断，发现患者有犯罪事实或者犯罪嫌疑，基于公共利益的考量，应当及时地向公安、司法部门举报或报案。《医疗机构病历管理规定》第20条也规定公安、司法等部门出具相关证明材料后医疗机构可以提供患者的部分或全部病历。《民事诉讼法》第72条也规定凡是知道案件情况的单位和个人，都有出庭作证的义务。因此，人民法院在审理案件过程中，如果为查明案件事实需要了解患者病情详细情况，医护人员就有义务出庭作证，以上情况不属于侵害患者隐私的行为。

另外需要考虑的是，患者隐私权与公共利益产生冲突，而相关立法未做明确规定的情形如何处理。最典型的情形是艾滋病患者隐私权与实名检测的冲突。一方面是国家防控的需要与公众的健康保护，另一方面是患者的隐私权保护。我国《艾滋病防治条例》基于保护患者隐私需要明确规定对艾滋病实行自愿咨询和自愿检测制度，但并未明确艾滋病检测实名制，大多数地方普遍实行匿名检测。匿名检测即相关部门对检测者进行艾滋病检测时不进行身份核实，即使检测者隐瞒身份冒名做检测，检测出阳性结果后也不去追查其真实身份。匿名检测有效消除了检测者害怕暴露其隐私的恐惧心理，提高了检测的主动性。但是，随着匿名检测的普遍实施，其无法克服的弊端在艾滋病防控实践中逐渐显现出来。由于检测者经常以假身份、假信息检测，当初筛结果为阳性需要确诊复查时，匿名受检者由于害怕暴露个人隐私，往往选择"蒸发、消失、隐形"。面对检测者提供的虚假信息，相关部门检测出HIV阳性既无法告知当事人，又无法提供进一步的跟踪检测、治疗，更无法落实国家的"四免一关怀"政策。[①] 越来越多的HIV阳性者"隐形"于人群中，尤其是近年来大学生群体感染艾滋病的人数逐年攀升，和大学生匿名检测后选择消失不无关系。公共安全处于不安定危险状态，艾滋病防控更加任重而道远。

[①] 丁萍：《浅谈实施艾滋病检测实名制的困难与对策》，《江苏卫生保健》2012年第3期。

对于艾滋病的监测需要实名检测还是匿名检测,理论界存在不同的观点。反对实名检测的人士最担心的就是在目前相关人员的法治意识淡薄的现实环境下,在实名检测时不注意保护患者隐私,很容易导致 HIV 阳性患者隐私扩散;在社会歧视和污名化还难以消除的情况下,给艾滋病患者造成身体和精神的双重伤害。同时,如果实行实名检测,高危人群因害怕实名检测会暴露其隐私,抱着能不检测就不检测的侥幸心理逃避艾滋病检测,无形中会将高危人群排除在监测人群之外,增加了防控风险。这样对公众健康犹如一枚无形炸弹,使防艾形势难以控制。

倡导实名检测的人士认为实名制检测对艾滋病防控显而易见的好处有以下方面:首先是对艾滋病患者利大于弊。一旦确认阳性之后,后续跟踪治疗持续跟进,享受到国家"四免一关怀"政策。二是对防控有利,检测实名后可及时把感染的状况告知患者,艾滋病患者可采取必要的防护措施及减少相关高危行为,防止传播给无辜的第三者。三是有利于相关部门掌握我国目前艾滋病疫情真实状况,为下一步的防控形势提供可靠的决策依据。①国家疾控中心负责人通过援引实名检测会使传播活跃度下降70%的国际研究成果,也对艾滋病实名检测予以充分肯定。②

对于涉及患者隐私权与社会公众利益冲突的实名匿名的问题,本书认为应遵循价值位阶原则,隐私权应让渡于社会公众利益。至于实名制反对者担心个人隐私"泄密"的问题,其实关键不在于是否实行检测实名制,而在于实名制执行过程中如何切实保护个人隐私。只要制定并落实严格的保密措施和实施办法,隐私权是可以得到保护的。2017 年《关于印发中国遏制与防治艾滋病"十三五"行动计划的通知》(国务院办公厅发布)明确提出了"三个90%目标",即诊断90%,治疗90%,有效90%。而实行艾滋病检测实名制更是所有工作开展的前提和保障。

实践中各地的执行标准不尽相同。2004 年以后,一些省份如云南、广西等地采取了折中的办法,开始类似实名制的实践尝试值得借鉴,即

---

① 李祥福:《艾滋病防控中政府干预与公民自主权利的冲突》,《昆明理工大学学报》(社会科学版)2013 年第 2 期。
② 欧阳开宇:《中国官员谈艾滋病检测实名制:匿名影响防控》,http://news.sohu.com/20120208/n334131164.shtml,2020 年 6 月 8 日。

对艾滋病初筛时实施匿名检测，但是确证实验检测时要求实名。2013年5月通过的《广西壮族自治区艾滋病防治条例》第32条明确规定了艾滋病检测实行确证实名制。① 这种地方立法的合理性尝试有效解决了患者隐私权、生命健康权与公共利益的平衡，值得肯定和借鉴，希望未来《艾滋病防治条例》修订时能够给予立法明确。

必须明确的是，公共卫生政策应遵循比例原则，寻求最有利于实现公共卫生目的而又对患者隐私权侵害最弱的公共卫生行为。因此，对于患者隐私权和社会公共利益的协调，隐私权的让渡是有限度的，在保护公众知情权的前提下，应当尽可能减少患者隐私权的损害。第一，遵循"最小程度披露"原则。"最小程度披露"原则来源于美国，其核心是对病人隐私的利用进行目的性限制，只局限于治疗行为（或其他法定研究行为）以达到患者隐私权保护和公众知情权的利益均衡。② "最小程度披露"原则实质是比例原则在疾病防治领域的具体应用。第二，遵循穷尽措施原则。牺牲患者隐私利益的基本前提应当是穷尽一切措施仍不能维护社会公共利益不得已而为之。第三，法律中应规定根据突发公共卫生事件的不同级别，采用不同的公众知情权行使方式。对于特别重大、重大突发公共卫生事件，应由相关部门依法履行告知义务，主动向公众公布患者信息。对于较大、一般级别的突发公共卫生事件，需由公众主动申请才告知必要的患者信息。

第三节　患者隐私权与医疗机构利益的冲突与平衡

如前所述，法律就是以权利、义务为主要内容来确认、界定、分配各种利益，尽可能地减少和消除利益冲突，从而让社会保持一种和谐稳定的状态。权利冲突实质上是法律对利益进行界定和分配时，因界定和

---

① 《广西壮族自治区艾滋病防治条例》第32条明确规定："艾滋病检测实行确证实名制。受检测者应当主动向检测机构提供本人真实信息，检测机构应当为受检测者保守信息秘密。"
② 张晨晨：《论患者隐私权的法律保护》，硕士学位论文，安徽财经大学，2015年，第31页。

分配的模糊性而导致的利益冲突。保护患者的隐私权是患者向医疗机构自愿提供真实信息的前提，也是医疗机构正确处理医患关系的一项基本义务，更是医疗机构预防与治疗疾病的基本要求。隐私权的保护并不应该只体现在诊疗过程中，在诊疗结束后依然要对患者的信息资料进行保密。人们在以行使权利的形式追求自己的利益时，会受到他人同样以行使权利形式保护自己利益的阻碍，而法律的不完美性使其对此类利益冲突会出现界定模糊甚至空白的地方，患者隐私权与医疗机构的利益冲突即是如此。

我国患者隐私权与医疗机构利益的冲突大致呈现如下特征：（1）冲突时间上的延续性：既可能是在患者接受医疗服务时产生的利益冲突，也可能是发生在诊疗活动结束后患者与医疗机构产生的冲突。（2）空间上的复杂性：随着互联网医疗的普及与发展，患者隐私权与医疗机构的利益冲突既可能发生在医疗机构场所内，又可能在互联网医疗背景下患者隐私权出现的新情况、新问题。（3）表现形式的多样性：包括患者隐私权与医疗机构知情权的冲突、医疗机构临床实践教学权与患者隐私权的利益冲突及与医疗机构对患者病历资料原始目的外使用的利益冲突等多种类型。

一　患者隐私权与医疗机构诊疗知情权的冲突与平衡

一般认为，医疗合同属于不典型无名合同。患者到医疗机构的挂号就诊行为意味着患者希望与医疗机构订立医疗合同的意思表示，属于合同法上的要约。而医疗机构收取患者的挂号费并向患者交付挂号单，表明其同意向患者提供医疗服务，属于合同法上的承诺，由此医疗服务合同成立。依法成立的医疗合同对双方都有法律约束力，双方基于医疗服务合同也产生了相应的权利和义务。医疗行为是一把双刃剑，在诊断、治愈疾病的同时会带来一定的人身伤害性，尤其是实施手术、特殊检查或者特殊治疗。对医疗机构来说，全面、审慎地了解患者病情基本信息是做出准确诊断和治疗的基本前提。对医患双方来说，一方的权利即是另一方的义务。医疗机构享有对患者病情信息依法知情的权利，同时负有对患者隐私权保护的义务；患者负有如实告知医师相应的病情信息以便医师做出准确诊断的义务，同时享有其隐私权受保护的权利。此处的医疗机构的知情权与患者的知情同意权是两个不同的概念。知情同意权是专属于患者的概念，是与医疗机构的告知义务相对的一项权利，源于第二次世界大战后的纽伦堡审判。而医疗机构的诊疗知情权是和患者的告知义务相对应的一项权利。

从理论上说，医疗机构为了给患者提供准确、及时的诊疗服务，需要在对患者的相关信息，如既往病史、病情症状、家族史、有无过敏史等充分了解的基础上有针对性地对症下药，以免出现因为对患者病情信息了解不充分而延误治疗的情形。当然医疗机构的诊疗知情权建立在患者对自己病情如实、客观告知的基础上。换言之，医疗机构的诊疗知情权，毋宁说是患者得到医疗服务的基本保障权。随着我国医患关系从以"医方"为中心到以"患者"为中心的转变，我国医疗法律法规更倾向于强调注重为保护患者知情同意权而相对应的医方的告知义务，而往往忽略医疗机构的诊疗知情权。在诊疗过程中如果患者隐瞒相关事实，如患者本身存在对某种药物的过敏史，在医生向患者询问时，故意隐瞒或者过失忘记对某药物的过敏史，致使医师做出了错误的诊疗判断，患者服用该药物后产生了严重的不良后果，实际上遭受损害的还是患者本身。

医师的职务行为等同于医疗机构的行为，医师的诊疗知情权亦是医疗机构的诊疗知情权，即以对患者做出正确的诊断和治疗为目的而对其隐私在一定程度内知晓的权利。医师基于诊疗的需要，需要了解患者的既往病史、家族病史，必要时需要接触患者身体的某些隐私部位及了解其生理病理状态，甚至性生活习惯等个人隐私，可以说每次医疗行为几乎都是基于"侵犯"患者的隐私之上的。对患者来说，有些事情羞于表达，为保护自身的隐私权，不愿将一些他认为的隐私告知医生，总是希望能够告知最少的隐私来获取最大效益的诊疗权。而医师对患者病情的了解如果有关键性的偏差，可能导致治疗结果的完全改变。这样患者的隐私权就与医疗机构的诊疗知情权产生了利益冲突。

这样的利益冲突如何解决，必须溯本求源探究隐私权可克减性的目的。医疗机构获知患者隐私的根本目的是基本诊疗的需要，是基于治疗疾病与身体康复的需要。最终目的是保护患者的生命健康权。毋宁说，此时表面的医疗机构的诊疗知情权与患者隐私权的冲突却是深层次的患者自身的生命健康权与其隐私权的冲突。利益衡量下在诊疗过程中患者的隐私权必须受到限制而让渡给医疗人员。因此，在对患者隐私权与医疗机构的诊疗知情权综合平衡的基础上，应当在法律上明确医方的诊疗知情权以保障患者的诊疗权。患者不能以保护自己隐私为由而拒绝医方对其与疾病有关的个人信息的知晓。

在实际生活中，患者与医疗机构建立医疗服务关系，接受医师的询问、检查，这种行为实际上已经以默示的方式同意与诊疗有直接关系的医护人员对其个人隐私可以进行合理的探知，除非患者做出明确的相反意思表示，因此这种行为应认定为医疗领域认可的一种医疗惯例。因此，患者在就医时，应当向医师如实陈述自己的病情和病史，尽可能传递准确的健康信息，既不隐瞒自己的病史，也不夸大或缩小自己的病情，以便于医师根据其陈述信息做出正确的诊断和治疗。当然这也并不意味着患者完全放弃了这部分隐私，如果医方询问的信息明显超过合理范围或检查的身体部位明显与其诊疗行为无关的，或者对所掌握的患者隐私故意披露、传播以及治疗目的以外的不当使用，则显然已不属于医方诊疗知情权的范围而侵犯了患者隐私权，这就需要对医方行使诊疗知情权的范围及行使的方式等作出必要而明确的规定与限制。

因此，医疗机构在行使其诊疗知情权时必须遵循严格的条件和程序。第一，医疗机构掌握的患者隐私应仅限于与疾病的治疗有必要联系的范围，即基于诊疗的目的需要。与疾病无关的个人隐私，即使医护人员进行询问，患者也有权拒绝回答。第二，除特殊情况外，接触患者隐私的必须是直接对患者进行诊疗的医务人员，其他与诊疗疾病无关的人员均不得在场观摩、窃听。受传统父权医学模式的影响，实践中许多医务工作者缺乏人文关怀，在诊疗过程中仅仅关注疾病而不关注患者，无意中绑架患者的自由意志：问诊时不顾及周围是否有无关人士存在而询问既往病史、婚姻性史等私生活秘密；书写电子病历时不注意遮掩显示屏而无意泄露。这些都侵害了患者的隐私权，无形中对患者造成了伤害。第三，在了解患者与疾病相关的信息及身体隐私时，除非患者做出明确的相反意思表示，应当认定患者已默示同意主动放弃与医疗诊断行为相关的隐私权。由于医患关系的特殊性，在现实生活中患者可能会在丧失自主判断或表达能力的情势下接受医疗服务，如因交通事故重伤昏迷不醒时，医疗机构及其工作人员有权通过患者的近亲属获取与诊疗活动相关的患者隐私信息。第四，医师获取患者的个人隐私的目的仅仅是为实现诊疗目的之需要，并负有保密义务。医师的保密义务来源于2500年前的"希波克拉底"誓言。誓言要求从医人员必须承诺："凡我所见所闻，无论有无业务关系，我认为应守秘密者，我愿保守秘密。"医师对其所掌握的患者个人隐私不得进行披露、宣传以及在诊疗、科研目的范围外不当使用。

尤其值得警惕的是，实践中有些医护人员法律意识淡薄，被利益驱使，将患者的信息作为商品进行买卖，如果造成严重后果，医方需要承担相应的侵权或违约责任，如上文所述的"存某与某肛肠医院隐私权纠纷案"。值得注意的是，《刑法修正案（七）》已经将侵犯公民隐私信息的行为纳入刑法的调整范围，对医疗机构等单位的工作人员，违反国家规定，将本单位在履行职责或者提供服务过程中获得的公民个人信息，出售或者非法提供给他人，情节严重的，处三年以下有期徒刑或者拘役，并处或者单处罚金。

二 患者隐私权与医疗机构临床实践教学权的利益冲突与平衡

目前相当多的医疗机构除诊治疾病之外，还承担着一定数量的医学生临床见习、实习、住院医生规范化培训等实践教学任务，担负着培养未来合格医护人员的重任。为保障临床实践教学在法制轨道上依法实施，卫生部、教育部2009年1月1日联合颁发实施《医学教育临床实践管理暂行规定》，此外还有《普通高等医学教育临床教学基地管理暂行规定》《卫生部关于加强部属高等学校临床教学的暂行规定》《全国医院工作条例》等相关配套法规和规章为临床实践教学保驾护航。上述法规对保证临床教学质量和效果、保障临床教学的合法有序进行具有重要的意义，但对医疗机构临床实践教学权与患者隐私权产生利益冲突时如何处理未做出明确规定，使得在实践教学中面对此类问题不能依法处理。

在临床实践教学过程中，相当多的医疗机构理所当然地擅自将患者作为临床教学实习的"活教具"，未经患者同意直接让众多见习生、实习生等对患者进行观摩和临床实践操作，直接侵害了患者因信赖而让渡的隐私权，上文所述的我国首例侵犯患者隐私权案即属于此种情况。有些医学生在医院实习期间，私自查阅患者相关病历资料，对所掌握的患者个人隐私信息无意中泄露,有的学生甚至在多媒体教室内公开放映病人的影像资料及检验结果等,造成患者的心理健康与人格尊严的损害事件时有发生。随着当前患者维权意识的提高,对医生有了更多的自主选择权,很多患者或家属对实习生有着强烈的抵触情绪,不愿意实习生对其进行任何医疗操作,甚至连询问病史都极不配合。

医疗机构临床实践教学权与患者隐私权的利益冲突,也是各国临床实践教学中存在的普遍问题。对于其解决对策,目前医学教育发达的国家和地区都已经走上正规化、法制化轨道,各国都想方设法为实习生打造更为安全的"学步过程",很少出现因实践教学而侵犯患者权益的事件。如大多数国家对医学教育实行精英教育,取得学士学位的时限为6—7年不等;实行实习准入制度,在医学生实习之前必须要通过实习前的考试取得实习资格,而且临床实践的过程都比较长。美国、加拿大等国家,为防止医学生临床实践导致医患纠纷,医学生实习很少有实际动手操作的机会,实习主要是观摩和熟悉临床实际运行过程,医学生的临床实践能力的培训主要通过发明与运用标准化病人、模拟病人、"医用机器人"训练学生处理各种急危重症的临床实践能力。[1] 这些都为完善我国临床实习制度提供了很多值得借鉴的经验。但毕竟国外和我国国情不同,国外的医学教育是精英教育,目前我国医学教育整体发展趋势是精英教育向大众化教育发展,医生培养模式、临床实践、经济发展水平存在较大差异,因此必须根据我国临床实践的现状,寻找解决路径。

众所周知,医学作为实践性很强的一门科学,只有通过大量、反复的临床实践才能提高其临床技能,如果医学生得不到相应的临床实践训练,则会面临医疗纠纷增多、医患矛盾加剧的巨大法律风险,危害医院健康运行。[2] 根据利益衡量论,按照保存较大利益舍弃较小利益的原则,对相互冲突的利益各方进行比较、权衡和协调做出相应的价值判断后进行利益选择,最终实现公平、正义的利益均衡。因此,当患者隐私权与医学生实习权发生利益冲突时,临床实习权宏观上所代表的是未来的医

---

[1] 刘滨、王家耀:《浅析美国医学教育概况》,《中国社会医学杂志》2007年第1期。
[2] 马伟、黄瑞宝:《临床实践教学中的权责失衡及出路》,《医学与哲学》(人文社会医学版)2015年第11A期。

学事业的健康发展利益，从长远看是不特定患者的公共利益，应当大于患者的个人隐私，此时应当舍弃患者个人隐私这一较小的合理的权益来保障临床实习教学的正常进行，使得临床实践教学权与患者的隐私权在某种程度上达到最大限度的平衡与协调。[1]

实际上医疗机构临床实践教学权与患者隐私权的利益冲突的平衡问题，完全可以借助合同法律制度解决。在这方面，美国教学医院的通行做法值得借鉴：当患者入院时向其告知教学医院承担临床实践教学的基本情况，经患者同意后签署知情同意书并给予同意临床实践教学的患者减免医疗费用。如果患者或其家属签署同意书后合同依法成立，则可以合法地进行临床实践教学，如果不同意则不得进行或者建议转院。[2] 因此借鉴美国的先进做法，在进行临床实习教学前，可以由医疗机构相关部门与患者通过平等协商后签订知情同意合同，明确规定双方的权利义务关系。一方面，应充分尊重患者意愿，充分告知临床实践教学的主体、内容、程序及可能对患者造成不利的法律后果以保障患者知情同意权。同时为鼓励患者积极配合还应规定患者同意后享有减免医疗费用等优惠措施的权利。另一方面，通过合同强制性地约束医疗实践教学的进行，依法保护患者隐私权，为以后可能发生的纠纷预先设计防范预案。

三 患者隐私权与医疗机构对患者病历资料原始目的外使用的利益冲突与平衡

医学作为一门实践科学，需要不断总结经验。从医学实践中总结出来的反映客观规律的医学技术成果不断被医学实践吸收，是医学事业保持生命力的源泉。尤其是疑难病症的治疗，需通过查阅先例、病历分析、集思广益、总结推进才能把医学不断推向前进。

患者的病历资料是记录患者个人健康信息的集中载体，包含有患者大量的隐私信息。一份完整的病历资料通常主要包括三部分内容：一是患者

---

[1] 吕兆丰等：《医学教育临床教学实践面临的法律困境与对策思考》，《中华医学教育杂志》2006年第1期。
[2] 赵银仁、刘超：《医院的教学任务与患者隐私权的保护》，《医学与哲学》（人文社会医学版）2007年第4期。

的年龄、性别、婚姻状况、职业、籍贯等个人基本信息；二是门诊病历、住院志、医嘱单、化验单、医学影像检查资料、手术同意书、护理记录等客观性病历资料；三是死亡病例讨论记录、疑难病例讨论记录、会诊意见等主观性病历资料。[1] 病历资料对疾病诊断与治疗、衡量医疗服务质量、处理医疗保险及作为医患纠纷时的主要证据等具有举足轻重的重要意义。

病历资料使用的原始目的毫无疑问是用于与诊疗服务相关的活动，一般都记录了医务人员在诊疗过程中依照专业素养与执业经验所作的相关病理分析，这些分析数据对疾病防治具有重要价值，尤其是在一些复杂病症的治疗中，这种价值的意义则更为明显。如卫生统计学者从20世纪80年代开始依据临朐县胃癌患者的病历资料历经多年统计分析并实地调研，最终发现当地胃癌高发病率的主要原因与当地长期吃酸煎饼、腌制食品等饮食习惯有关。由此进行了有针对性的预防干预，并取得了良好的效果。[2]

随着医疗分工的复杂化和医疗机构角色的变迁，病历资料已由过去仅作为诊断病情的依据功能，扩大到法院证据调查、医疗保险、社会福利政策等审查用途，原始目的外使用自然不可避免。医疗机构出于医学交流，研究的目的经常使用患者的病历资料、身体资料等相关的隐私性内容进行教学、会议交流或展示，或者医师在其发表的科研论著中以患者的病历资料作为典型性案例进行分析总结、概括抽象、推广医学经验以推进医学事业的发展，容易造成患者隐私资料外泄的风险，患者的隐私权与医疗机构的原始目的外使用的科学研究权就产生了利益冲突。如果强调患者隐私权保护而过分限制对患者信息的合法利用，显然不利于医疗卫生事业的发展。因此，在这个过程中，需要对双方利益进行协调，既要保障医疗机构在病历资料的原始目的之外合法利用上述数据进行研究，又要使患者的隐私免受侵害。[3]

---

[1] 值得注意的是，2018年新出台的《医疗纠纷预防和处理条例》赋予患者更多权利：对主观性病历资料与客观性病历资料患者都有权查阅、复制。此前患者只能查阅复制客观性病历资料，对主观性病历资料只能封存和启封，无查阅和复制权。

[2] 游伟程主编：《胃癌》，中国医药科技出版社2006年版，第12—13页。

[3] 成依然：《患者隐私权的民法保护研究》，硕士学位论文，华东政法大学，2016年，第28页。

因此，医疗机构在对患者病历资料原始目的外使用时，必须遵循一定的原则和程序。首先，要遵循意思自治原则，患者有权自己决定能否使用其相关隐私性病例资料的自由，不受医疗机构的非法干涉。即医疗机构对患者病历资料原始目的外使用事先必须征得患者的同意。其次，要遵循不伤害原则。在利用患者隐私资料时应当做必要的处理，对患者的信息披露降到最低，尽最大可能采取合理措施保护患者隐私。比如在会诊或学术研讨场合需要交流、展示病例资料时，应当隐去患者的真实姓名、肖像及身体特征，仅显示患者病程及症状。如果确有必要使用患者的体征照片、录像等，应当对患者的脸部、声音等做特殊技术处理后展示。同时应当与出席人员事先说明并签署口头或书面保密协议，防止可能扩大患者隐私的传播范围。

四 患者隐私权与医疗机构电子病历使用权之间的利益冲突与平衡

随着国家医疗卫生信息化建设的加快，电子病历已经进入我国医疗机构并广泛使用，使得患者的隐私保护问题成为学者目前普遍关心的重点问题。按照2017年4月1日实施的《电子病历应用管理规范（试行）》，电子病历（Electronic Health Record，EHR）是指医务人员在医疗活动过程中，使用信息系统生成的文字、符号、图表、图形、数字、影像等数字化信息，并能实现存储、管理、传输和重现的医疗记录，是病历的一种记录形式，包括门（急）诊病历和住院病历。

与传统纸质病历相比，电子病历是利用信息技术和网络技术所形成的医疗记录，具有操作便捷、书写高效、信息完整、存储量大、传输迅速、便于查阅、利于管理等特点。电子病历的推行可有效避免不必要的重复检验及检查，降低医疗服务成本，在规范医务人员的诊疗行为、确保医疗服务的连贯性及提高医疗服务水平质量，实现医疗系统的信息共享等方面具有传统病历所不可比拟的诸多优势。

但是，电子病历在给人们带来福祉的同时，也无形中增加了个人病历资料的安全风险，给患者的隐私权带来了新威胁。传统纸质病历包含了患者的个人基本信息、健康状态、既往病史以及医院诊疗基本情况等内容，这些都属于需要保护的患者个人隐私。这些包含隐私资料的病历信息一般以纸质形式存在于有限的时空和人群中。电子病历和纸质病历一样包含了患者大量高度敏感的个人信息。电子病历需要存放在电子病历数据库中，而电子病历数据库是一个开放性的系统，其数据的保密性、可用性、完整性、可控性有时难以掌控。一旦遭到不当披露和利用，个人隐私和人性尊严将荡然无存，患者也将无法继续信任医生，破坏治疗效果，伤及医患关系的和谐，近年来频频发生的大规模的病历资料泄露事件即是有力的例证。

电子病历使用中患者隐私权保护面临着一系列安全方面的困境：首先，规模化处理中隐私信息面临着被泄露的威胁。电子病历的普及、应用，使得大量的病历资料被规模化收集、储存，方便快捷，省时省力。但这也给不法分子非法利用、传播患者病历资料提供了可乘之机。电子病历记载的患者的大量隐私信息，一旦被非法利用、传播，将会使得不特定患者隐私遭受大规模的侵害，最典型的例证是2008年6月发生在深圳的10万孕产妇隐私信息遭泄密事件。当时的不法分子非法侵入全市医疗系统网络信息库，盗取10万余名孕产妇相关隐私信息，并将其制成"泄密光盘"进行非法牟利销售。而信息泄露的直接后果是，深圳许多孕产妇时常收到广告推销电话或短信骚扰，给她们正常的工作和生活带来了相当负面的影响。①

其次，数据共享过程造成患者隐私泄露的威胁。电子信息化时代，病历信息的功能已经超出了其原始功能，病历信息的"功能漂移"使得电子病历在医疗保险、远程会诊、科研教学等领域得到了更加深入的应用。② 电子病历系统互联、共享运作后，各个医疗机构共享患者详细的个人隐私信息，甚至从出生到死亡的相关记录都长期保存在数据库可被反复下载。相当多的不法分子在数据共享的某个环节非法窃取账号密码后获取患者隐私信息从事违法活动，对患者造成的损害往往是不可逆的。

最后，管理上的漏洞造成患者隐私泄露的威胁。随着目前双向转诊的普及运行及医养结合产业的不断深入，需要实现电子病历在医院和社区卫生服务机构之间、医疗机构间与非医疗机构间（如养老机构）之间

---

① 刘延春：《深圳10万孕产妇个人信息遭泄露》，《南方都市报》2008年6月10日。
② 赵菊敏：《患者权利保护视角下电子病历合理应用之规范思考》，《中国社会科学研究生院学报》2018年第2期。

数据的共享，医院的电子病历系统就成为一个相对开放的"广域网"系统。由于医院在人员技术等监管方面的漏洞与缺失，导致电子病历数据库存在安全隐患。一些攻击者可以利用数据库平台软件的管理漏洞，将普通的用户转化为管理员用户，或者一些医务人员通过使用其他的客户端链接到数据库，窃取患者相关病历隐私信息，造成患者隐私泄露的事件层出不穷。[①]

值得一提的是，电子病历的制作、保管均由医疗机构单方完成，电子病历的真实性、客观性会大打折扣。患者出现医疗纠纷需要医疗机构提供打印出来的电子病历时，医疗机构为推卸责任涂改、伪造甚至销毁病历资料的情况时有发生。2017年7月10日患者王某因"胸闷"至上海某知名三甲医院就诊，医生告知需要手术治疗，7月13日王某再次至该院的特需门诊就诊，医生认为是二尖瓣中重度反流，给予收治入院。7月17日12点患者被送入手术室手术后，患者被送入重症监护室观察，7月18日凌晨2点患者死亡。医患矛盾由此产生。经过多次协商无果后，患者家属最终将医院告上法院，法院组织双方开庭审理，在证据质证环节，患方发现病历中有两页内容完全相反的资料。后经法院对电子病历数据鉴定，结果显示患者王某死亡后医院对王某的主观性病历和客观性病历资料多处修改总计76次。[②] 这是一起典型的修改电子病历的医患纠纷案件。

医疗机构电子病历资料书写，应当遵循客观、真实、准确、及时、完整、规范的原则，严禁随意修改。2017年《电子病历应用管理规范（试行）》第14条明确规定：电子病历系统应当对操作人员进行身份识别，并保存历次操作印痕，标记操作时间和操作人员信息，并保证历次操作印痕、标记操作时间和操作人员信息可查询、可追溯。电子病历的最大的特点就是"全程留痕"，不管什么时候做了什么修改，目前的技术手段都是可以从后台数据被监察到，后台的每一次修改记录，包括时间、内容和操作员都毫不留情地详细记录着。就像本案能查到在患者死亡以

[①] 马伟、许学国：《电子病历共享中患者隐私权保护》，《卫生软科学》2009年第3期。
[②] 邵颖芳：《注意！电子病历超期修改违法》，http：//www.sohu.com/a/245250998_456062，2018年8月4日。

后出现了多处修改记录。根据我国《民法典》第1222条的规定，"遗失、伪造、篡改或者违法销毁病历资料"的，适用过错推定原则，推定医疗机构因存在过错而承担医疗损害赔偿责任。

为避免和减少电子病历推广使用中出现的一系列安全隐患导致患者隐私权保护不力的问题，医疗机构、医师和患者必须共同努力，对电子病历系统采取必需的安全保障措施。对医疗机构来说，首先应在加强医护人员道德自律的同时，通过标准课程培训医师规范使用医疗机构特定的电子病历系统。通过课程培训推广尊重患者隐私的"良好做法"，了解因侵犯患者隐私而面临的经济和法律制裁，逐步提高医务人员的法律意识，并转化为自觉依法行使权利和履行义务的良好行为和习惯。其次，医疗机构应增加信息维护投入，减少程序本身的漏洞和安全隐患，增加新的技术功能，以便能够更好地保护互联网用户的隐私和匿名性。技术保护包括电子密码、数字签名、防火墙、时间戳和其他隐私保护软件，从硬件上保障病人信息的安全，防止病人隐私的被动泄露。[①] 有了这些保障和保护机制，甚至潜在的黑客都很难获取隐私信息，更不用说滥用患者隐私信息。对医师来说，除了要加强职业培训学习外，更要养成良好的职业习惯。如用电脑书写、查阅电子病历时，将显示器适当遮掩，不能将显示器上的患者相关隐私内容直接暴露在患者及其近亲属之外的人面前；妥善保管好登录账户和密码并不得随意透露给他人；任务完成后及时安全退出以防止他人有窃取患者隐私可乘之机等。对患者来说，维护患者隐私和安全的最佳方法之一是让患者控制自己的健康记录。应当赋予患者浏览本人相关健康信息的权利，并有权将某些健康信息（如特定医生的就诊）标记为机密。这一标记系统将确保患者能够将特别敏感的信息远离能够访问电子健康记录的网络提供者。[②] 美国曾经在2010年推行了"公开病历"项目，患者可通过加密的方式进入医院电子病历系统，浏览自己的病历记录。但因为涉及电子病历管理权的复杂和难以确

---

① 马伟、许学国：《电子病历共享中患者隐私权保护》，《卫生软科学》2009年第3期。
② Jacques L B., Electronic Health Records and Respect for Patient Privacy: A Prescription for Compatibility. *Vanderbilt Journal of Entertainment & Technology Law*, Vol. 13, No. 2, 2011, pp. 441 – 462.

定性,并没有达到最初的目的。①

第四节 患者与第三人之间的利益冲突与平衡

患者隐私权和第三人的利益冲突多集中在患者的病情有可能威胁到与其共同生活或者有密切接触的利害关系人的健康安全利益之时。司法实践中主要集中在患者隐私权与因职务行为而与其密切接触的利害关系人的知情权与生命健康权之间的利益冲突、患者隐私权与共同生活的第三人的知情权及生命健康权之间的利益冲突,以及患者相互之间隐私权的利益冲突。

一 患者隐私权与因职务行为与其密切接触的第三人知情权的利益冲突

此种情况主要集中在一些严重的传染病患者。出于人格尊严保护的需要,患者隐私权受法律保护,他人无权得知其病情。但其病情如果不告知与其密切接触的第三人,第三人很可能将面临感染的极大风险,这就产生了患者隐私权与第三人的知情权以及更深层次的生命健康权的利益冲突。

最为典型的是艾滋病患者隐私权与执行职务行为的第三人的利益冲突。随着我国艾滋病预防控制工作的开展,艾滋病的职业病暴露事故时有发生。艾滋病病毒职业暴露危险,可能会涉及医务人员、婚检部门、公安执法、检验检疫机构、劳教机构和监狱等一切因职务接触患者隐私的工作人员。以医疗领域艾滋病防治为例,从事艾滋病医护是一种高危职业,患者如隐瞒病情将加大医护人员的感染风险,特别是经常进行创伤性治疗的医务人员。由此立法必须进行利益衡量,需要艾滋病患者的隐私权做出让步。对此,《艾滋病防治条例》第 38 条明确规定了艾滋病患者对医生的告知义务:就医时,将感染或者发病的事实如实告知接诊医生。即艾滋病医护人员应该享有知情权,其实更深层次的理由是为了

---

① 赵菊敏:《患者权利保护视角下电子病历合理应用之规范思考》,《中国社会科学院研究生院学报》2018 年第 2 期。

保护医务人员的生命健康权。同时为了保障艾滋病患者的就医权,防止医护人员对其歧视,《艾滋病防治条例》第 41 条也明确规定医疗机构不得因就诊的病人是艾滋病病人,推诿或者拒绝对病人其他疾病进行治疗,并且第 55 条对医疗机构推诿或者拒绝艾滋病患者的行为给出了具体的惩罚措施。

从法条规定看,患者与医务人员的权利义务得到了平衡,似乎完美无缺,但理想和现实之间总会有法律难以解决的难题,现实困境是,一旦艾滋病患者告知医护人员,医疗机构往往会以各种理由推诿或拒绝对艾滋病患者其他疾病进行治疗,而由于推诿或者拒绝的证据实践中难以获取,医疗机构受到制裁的甚少。于是艾滋病患者不得已隐瞒自己的病情,致使医护人员接诊艾滋病患者由于不知情而感染艾滋病的危险概率大幅上升。艾滋病患者的告知义务也就变成了宣示性条款,艾滋病患者隐瞒病情得到了有效的治疗,但同时给医务工作者带来了极大的风险。其他职务工作人员在履行职务时不幸接触了艾滋病患者的体液,也同样面临着感染的风险。

艾滋病防治的首要任务是预防、控制艾滋病的发生与流行,保障人体健康和公共卫生。尽管 2013 年修订的《职业病分类和目录》把医疗卫生人员及人民警察感染艾滋病纳入职业病,使医护人员的生命健康权益得到一定保障。艾滋病患者未履行告知义务致使医护人员感染的,当然可以按照一般侵权要求其承担民事责任,但充其量只能算是一种事后的补救措施。2017 年《最高人民法院最高人民检察院关于办理组织、强迫、引诱、容留、介绍卖淫刑事案件适用法律若干问题的解释》对明知自己患有艾滋病或者感染艾滋病病毒而卖淫、嫖娼的以传播性病罪定罪处罚;明知自己感染艾滋病病毒而卖淫、嫖娼致使他人感染艾滋病病毒的行为和明知自己感染艾滋病病毒,故意不采取防范措施而与他人发生性关系,致使他人感染艾滋病病毒的行为以故意伤害罪定罪处罚。但对未告知医务人员的法律责任未作出明确的规定。

关于如何进行利益衡量与平衡,美国各州颁布了一系列针对医护人员、执法与劳教工作人员预防艾滋病病毒职业暴露的立法。如依照密苏里州法律规定,对于已确知曾因职业明显暴露于传染源血液或体液的医护人员或执法人员,卫生当局有提供给医护、执法人员相关 HIV 感染状态信息的义务。① 缅因州规定,如果健康护理人员或执法人员曾接触某患者的血液和体液且有被感染危险时,可对该患者强制检验。②

为了保护艾滋病患者权利的利益最大化,我国《艾滋病防治条例》确立了自愿检测的基本原则。但从实践执行情况看,目前有很多综合性医院为防止职业暴露事件,对只要是住院开刀的患者均实行艾滋病病毒强制检测,很多普通患者在不知情的情况下被强制检测艾滋病,而直接实施强制检测违反了立法的基本原则和精神,不利于艾滋病患者的隐私权保护。

面对患者隐私权与职务工作人员知情同意权(深层次是生命健康权)的冲突,可以借鉴国外立法实行艾滋病自愿检测为原则与强制检测为例外的制度,同时需对强制检测的条件和程序作出严格的规定。强制检测的条件即医务工作人员在医疗工作中不幸接触了病人的体液或公安、司法等依法履行职务的工作人员在履行职务时不幸接触了他人的体液,比如医护人员不慎被手术刀划伤,此时为排除艾滋病感染的风险、保护职务人员的生命健康权就应当对患者强制检测,同时明确检测者的相关权利。首先要保障其知情权,对其检测前予以告知;其次要保护其隐私权,对于检测出阳性结果的患者必须对相关信息保密;最后是要保护其医疗权,对于检测出阳性结果的患者,医疗机构工作人员要保障艾滋病感染者的医疗权利,不得因就诊的病人是艾滋病感染者或艾滋病人,推诿或拒绝对病人其他疾病的治疗。

二 患者隐私权与其他有利害关系第三人知情权的利益冲突及平衡

(一)传染病防治领域内患者隐私权与其他有利害关系第三人知情权的利益冲突与平衡

由于有些传染病传播途径的特殊性(如艾滋病、梅毒等传染性疾病的一个重要传染途径就是性传播),只要与他人共同生活,发生性方面的亲密接触,就无法确保他人不感染此类传染病。对于婚姻之外的性行为,如"一夜情""卖淫嫖娼",法律较难提供充分的保护。但对于一起生活且必然会有亲密性接触的夫妻双方来说,如果传染病患者未告知其配偶,且不

---

① 张敏等:《美国对艾滋病职业暴露的立法进展》,《工业卫生与职业病》2006年第1期。
② 王宝来、贾炜:《可资借鉴的美国防治艾滋病立法提案》,《中外法学》1992年第5期。

采取任何预防措施,则其配偶的知情权乃至生命健康权将会面临致命风险,这与宪法所要求的保护公民人身权等基本权利之精神无疑背道而驰。如2016年河南永城的"女友疑似艾滋"的案例中,一对未婚情侣去妇幼保健院做婚检,在查出女方患有艾滋病后,保健院仅仅将检查结果告诉了被感染的女方,而未告诉其未婚夫,导致男方在不知情的情况下也被感染,造成了不该发生的悲剧。①

面对此类利益冲突的困境,可通过权利边界的理论武器获得有效的解决。患者隐私权要让渡给配偶的知情权、生命健康权,夫妻一方有权知晓对方所患疾病以便采取相应的预防措施,这是权利冲突时的一项利益衡量,也是夫妻之间相互忠诚的道德、法律义务。此时与其说保护的是对方的知情权,毋宁说是保护着对方的生命健康权。

利益衡量的结果体现为相关立法对患者隐私权作出例外规定,但我国立法还没有规定医疗机构及其工作人员承担对于患者以外的公民履行告知隐私的义务。如《艾滋病防治条例》第42条明确规定,对确诊的艾滋病病毒感染者或艾滋病病人,相关工作人员应当将其感染或者发病的事实告知本人,本人为无行为能力或者限制行为能力人的,告知其监护人。对于患者的感染或发病隐私只能由自己对利害关系人进行披露,如第38条明确规定患者应将感染或者发病的事实及时告知与其有性关系者。这并不意味着他人的知情权就理所当然地得到了保障,《条例》对如何落实以及未履行告知义务的"制裁"法律责任并未规定,使得规范形同虚设。"无救济无权利",实践中患者未告知其配偶、准配偶致使感染艾滋病的案例层出不穷。

患者造成其配偶感染的不幸后果很多情况下是出于无奈,如害怕采取预防措施会引起对方疑心很难说患者对于危害结果是故意的,无法让其承担刑事责任。同时以婚内夫妻共同财产承担民事责任现实意义不大。尽管《民法典》第1053条明确规定了婚姻一方明知在结婚登记前患重大疾病而不告知,对方可申请撤销婚姻。但这种事后救济的行为于事无补,这样就使得不履行主动告知义务的艾滋病患者游离于法律之外,在侵犯

---

① 《女友婚检查出疑似艾滋被隐瞒 永城小伙婚后遭感染》,http://henan.sina.com.cn/news/2016-01-11/detail-ifxnkkux1107912.shtml?from=wap,2020年6月8日。

配偶知情权与生命健康权的同时不利于家庭的和谐、社会的稳定，权利的冲突没有得到彻底的解决。

为了回应这一急需解决的现实难题，目前多个省份先后出台了向配偶主动告知与强制告知相结合的地方立法，赋予艾滋病患者主动告知配偶的义务，如果艾滋病患者拒绝告知其配偶，相关单位有权对配偶进行强制告知。[①] 同时规定了未依法履行告知义务应承担相应的法律责任。然而，由于其属于地方性立法，很难从国家立法层面获得全面实施。美国很多州都实行"强制伴侣告知"（Involuntary Partner Notification）制度，即向性传播疾病感染者的现有和过去性伴侣和注射器共用人员告知有关情况并提供咨询等服务的公共卫生行为。[②] 在印第安纳州，传染病患者有向伴侣告知的法定义务，不履行告知义务的传染病患者要承担罚款甚至监禁的法律责任。在得克萨斯州推行跟踪接触者制度，不论感染者是否已经履行告知义务，医疗机构都要对其配偶及全部性伴侣进行告知，由此开展对性病病源及其传播路径的追查和阻断。我国台湾地区也有类似的规定。台湾"行政院卫生署疾病管制局"制定的"人类免疫缺乏病毒传染防治及感染者权益保障条例"规定，感染者就医时应向医务人员如实告知其感染状况及提供其感染源或接触者之义务，不履行此项义务的，将处以相当数量的罚款。[③]

现代医学的发展离不开生命道德伦理为主导的软法的指引，更需要具有强制约束力的硬法的规制。两者"软、硬"兼施，互相补充，才能

[①] 如《浙江省艾滋病防治条例》第36条规定，对确诊的艾滋病病毒感染者和艾滋病病人，由省人民政府卫生主管部门培训合格的医务人员将诊断结果告知其本人、配偶或者监护人，并给予医学指导。《广西壮族自治区艾滋病防治条例》规定，艾滋病病毒感染者和艾滋病病人在得知阳性结果后一个月内应当将感染状况告知配偶或者与其有性关系者，或者委托疾病预防控制机构代为告知其配偶或者与其有性关系者；艾滋病病毒感染者和艾滋病病人不告知或者不委托告知的，疾病预防控制机构有权告知其配偶或者与其有性关系者，并提供医学指导。《云南省卫生厅关于告知艾滋病检测结果有关事宜的通知》规定，若感染者拒绝告知配偶，则由负责告知的人员在阳性结果确认后，尽快（不超过1个月）采取适宜的方式告知其配偶，并为感染者配偶免费提供检测和咨询服务。《甘肃省艾滋病检测阳性结果告知规范（试行）》规定，所有在甘肃检测为HIV阳性的人必须在一个月内将自己感染状况告知其配偶或性伴侣。

[②] 赵西巨、冯秀云：《人权视野下的艾滋病问题研究》，《医学与哲学》2003年第19期。

[③] 《婚检查出艾滋，不能让医院向配偶隐瞒病情》，https：//view.news.qq.com/original/intouchtoday/n3402.html，2018年1月12日。

为医疗卫生事业的健康发展保驾护航。因此面对此类冲突，可以结合国外及我国地方立法的先进经验，立法明确相关告知制度，并对告知范围、主体、程序等做出具体的规定。一是明确告知的形式。告知的形式分为主动告知和强制告知。鼓励艾滋病患者主动告知，如果艾滋病患者不履行主动告知义务的，启动强制告知程序。二是明确告知的主体。应区分主动告知和强制告知两类主体，主动告知的主体是艾滋病患者本人；强制告知的主体是承担艾滋病防治任务的疾控部门。[①] 按照《传染病防治法》的相关规定，地方各级疾控部门作为承担传染病防控的专门机构，掌控着传染病疫情的基本情况，相关部门发现传染病疫情后必须向其按照规定的时限报告，艾滋病患者不履行主动告知义务时，由他们强制告知相关利害关系人合理合法。三是确定告知的范围。告知的范围要区分告知的形式，如果是主动告知，应当是与其发生性关系而可能会感染艾滋病的利害关系人，包括配偶、准配偶以及已经与其发生了性关系后能够确切告知的其他利害关系人。如果是强制告知，告知的客体范围应当是能够确定且受法律保护的关系主体即配偶。因为法律上不可能要求艾滋病患者把所有与其发生关系的人一一告知，这主要依赖于艾滋病患者的道德良知。四是应遵循一定的告知程序。具体来说，医疗机构、采供血机构、国境卫生检验检疫机构、婚检机构、公安、监狱司法行政部门一旦发现传染病患者或疑似传染病患者，依法按照规定的时限向疾控部门报告后，疾控部门首先应动员、鼓励患者主动告知与其有利害关系的第三人，并给予患者一定的告知期限，保证其做好充分的思想心理准备以避免对患者造成可能的不必要的身心伤害，这是生命伦理的基本要求，也是主动告知阶段的要求。如果超过规定时限未告知的，就需启动强制告知程序，疾控部门将有权告知其配偶，同时应规定疾控部门不履行告知义务的，将承担不作为的法律责任。

（二）人类遗传资源领域内患者隐私权与有利害关系近亲属知情权的利益冲突与平衡

现代生命科学技术的发展已经使得人类遗传（基因）资源在疾病防

[①] 地方立法对告知主体做出了不同的规定，有的规定为医疗机构，有的规定为监测机构或疾控机构。笔者认为，按照《中华人民共和国传染病防治法》相关规定，专门承担疾病防治任务的疾控部门作为告知主体更为合适。

治方面起着越来越重要的作用。透过基因筛检或检测更能有效诊断出罹病个案及高危险族群；而许多遗传疾病，亦能藉由确诊个案分析出该疾病高危险家族之家族图谱（family pedigree），评估家族中其他亲属之遗传风险，提供专业遗传资讯，以便早期发现与预防，进而减低其伤害程度。[①] 近年来关于人类遗传资源违规违法开展国际合作的事件屡禁不绝，越来越多的国外公司或者机构利用我国对基因信息隐私法律漏洞来窃取我国的基因隐私信息，严重危害我国生物安全。同时由于人类遗传资源采集、利用中不仅涉及患病个人的基因信息，还需要患者家族系的患病群体的基因信息，无法做到将公民的信息百分之百的"匿名化"，在任何环节都可能泄露公民隐私，直接关涉人们的知情权、健康权等人格性权利，尤其是其基因隐私权直接关系到就业、保险等切身利益，因此在遗传病防治中隐私权保护显得格外重要。

为了有效保护和合理利用我国人类遗传资源，维护公众健康、国家安全和社会公共利益，国务院总理李克强签署发布《中华人民共和国人类遗传资源管理条例》并于2019年7月1日起施行。《条例》在1998年制定的《暂行办法》施行经验基础上，从加大保护力度、促进合理利用、加强规范、优化服务监管等方面对我国人类遗传资源管理作了明确规定，为我国人类遗传资源管理规范化、制度化、法律化提供了有力的保障。

《条例》规定开展人类遗传资源的收集、保藏、研究开发、国际合作等活动，应当遵守公认的伦理原则，保护资源提供者的安全和个人隐私。众所周知，一些遗传性基因疾病具有的族群关联性特征对家族成员之间的健康预防具有深远的影响。若能于诊断出罹病个案时，藉由该个案分析其家族遗传图谱，并对高遗传风险之家族成员进行遗传咨询及检测，以便及早发现与预防，将可大幅提高防治成效。例如对常染色体显性遗传疾病而言，大多数家庭成员都携带有此种致病的共同基因，如果某一家庭成员自愿披露自己这方面基因的隐私信息，其他家庭成员可通过基因检测提前预知和干预阻断以降低发病的可能性。尤其在一些极特殊的病例中，遗传疾病再加上特定的环境因素可能有致命风险，例如带有恶

---

① 陈俞沛、林建智、林秀娟：《遗传疾病病患隐私与亲属利益冲突之伦理法制探讨》，《东吴法律学报》2012年第10期。

性体温过高的基因突变者，在手术时可能会因为特定麻醉药而致命。如果患者尽早告知具有相同风险的近亲属，他们将可获得及时的预防、诊断或治疗措施而避免悲剧的发生。① 遗传病患者被确诊后，由于遗传疾病的家族关联性，其亲属可能也面临同样的患病风险，一方面需要保护患者隐私，另一方面亲属需要预知风险提前防范，由此产生患者隐私权保护与利害关系的亲属权益之冲突，此时要做出利益衡量与解决。

一般认为，病患亲属遗传风险的知情权，由患者告知亲属一方面可能会由于缺乏遗传病相关专业知识无法传递准确信息，亲属可能由此遭受更大精神压力甚至贻误最佳治疗时机。因此最理想的状况是经患者同意医师告知其近亲属，并提供必要的遗传咨询，将亲属的可能伤害降到最低。问题是就医患法律关系而言，医方基于医疗服务合同产生保护患者隐私的义务。而医疗机构和患者亲属间，就合同关系而言不是合同当事人，不具有任何权利义务关系，医疗机构对亲属只负道义责任而无任何法律义务。如果要求医师为维护患者家属利益履行告知义务，就会违反医疗合同的相对性原则，破坏医患之间的信赖关系。目前医患关系紧张且近亲属在特定情况下的知情权又无法律明文规定的背景下，只能依照伦理道德准则要求医师冒违法之风险告知亲属，其效果不言自明。相当多的医师会抱着"多一事不如少一事"的心态选择沉默。因此患者隐私权保护与近亲属权益之冲突无法在现有法律框架下得到妥善解决。

本书认为，应跳出患者或医师作为告知义务人的思维模式，结合我国国情，参照我国的传染病防治制度建立重大遗传病报告制度来解决这一冲突。由国家卫生行政主管部门告知可能患有遗传风险的近亲属，将患者或医师与患者亲属之间的道德关系，转化为国家与公民之间的公法关系，运用国家公权力以对患者最小伤害的方式保护患者利益相关人，以达到保障人民健康及遗传疾病防治之政策双赢效果。

具体来说，参照我国的《传染病防治法》，医师一旦诊断出重大遗传疾病，基于医疗服务合同对患者所负之告知说明义务，应向患者说明该病之遗传特性与对亲属的影响，建议患者向有遗传风险之亲属提出警告，

---

① 邵奕嘉：《电子病历的应用与患者隐私保护法律问题研究》，硕士学位论文，浙江大学，2013年，第30页。

并按照属地管理的原则依法在规定的时限内向主管机关报告。主管部门能够有效掌握遗传疾病个案资料，依各疾病之遗传特性经过家族遗传比对，分析出可能具遗传风险而不自知的家族成员，再由主管机关通知其他有利害关系近亲属。主管机关告知病患亲属时，应遵循对患者最小伤害的比例原则，只需告知其可能所患遗传疾病之概率，不能透露或者以推断性的语言让亲属猜出患者真实身份以达到兼顾患者隐私之保护，以达到既保障第三人健康权益又有效掌握遗传病发病趋势、落实重大遗传疾病防治之公共利益双重目的。

三 患者之间隐私权的利益冲突与平衡

患者之间隐私权的利益冲突主要发生在诊疗服务过程中。第一，在门诊问诊过程中发生的患者之间的隐私权冲突。目前随着法治观念的提高，绝大多数医护工作人员能够关注患者隐私权，但仍有相当部分医疗机构的医务工作者缺乏对患者隐私权保护意识，经常在周围有其他候诊的患者或家属的情况下询问患者不愿被他人知悉的病情或病史，使得被问诊的患者的隐私无意识地暴露给在场的其他人，导致了患者的隐私遭到泄露。同时有的患者只要现场有其他人员就会尴尬不安，医师问诊时会有所保留地告知与病情诊断直接相关的隐私信息，增大了误诊的风险。如果这样的情形是同一门诊就诊的每个患者都遭遇的相同境遇时，每名患者的隐私权都有可能泄露给不特定的其他患者，造成了相互的利益冲突。

第二，在患者住院诊疗时发生的患者之间的隐私权冲突。受诊疗条件的限制，我国目前大部分医疗机构住院病房的设计采取双人或多人病房，这种设计最大限度地利用了医疗机构有限的硬件条件，节约了资源，节省了医护人员的时间，提高了工作的效率。然而根据《医疗机构管理条例》规定的上级医师查房制度，医院各科室医师到各个病房轮流查房时，需要问诊、体察，跟踪治疗效果。有些医疗机构由于硬件条件的限制，医师体察患者时没有相应设施遮掩或者有设施但缺乏对患者隐私保护意识，患者的相关隐私经常被病房里其他患者及照看家属听到、看到，势必会侵害到患者相互之间的隐私权。尤其在患者较多的外科病房，很多医院外科科室床位往往供不应求，人满为患，部分患者不得不被安置在人来人往的过道加置病床上，患者隐私根本无法保障。

第三，体格检查时医院未采取合理的保密措施暴露患者身体的隐私部位。随着人们生活水平及生活质量的提高，人们越来越注重疾病的预防与治疗，所以很多的单位都有每年的例行体检项目对职工进行全面检查。有些医疗机构由于硬件条件的限制，没有专门的体检中心又没法提供足够保密的环境，且缺乏对患者隐私保护的意识，经常会出现体检时裸露被检查者的身体的隐私部位被其他人窥视，比如，在妇科检查时有其他体检者在场，直接侵害了患者的隐私权。实践中很多医疗机构体检中心对检查出指标不正常状况的单位职工归类告知时未采取相应的保密措施，使得很多职工的病历资料被随意翻阅而在不经意间被泄露。

第四，医疗机构管理不善导致的患者隐私泄露。这主要表现在床头卡和化验单的问题。床头卡设置主要是方便医护人员对患者诊疗护理时准确核对患者，防止出现医疗差错。卡上通常会记载患者的姓名、疾病名称、饮食注意事项和其他详细的个人信息。床头卡一般挂在患者的床头，来往病房的人员都可以随意窥视，使得病人的隐私完全暴露在众人可以接触的范围。化验单的问题更为严重。化验单是记载患者检测结果的书面记录。一般来说，当患者去医疗机构做化验检查时，检查人员就会给患者出示化验单，大多数医疗机构出于节省开支、节约成本、提高效率的目的，设置自助化验单打印机，或者有固定的化验单结果存放处。通常经过一定时间后将化验结果放在化验单存放处，并告知患者通过自行寻找自己的姓名而找到对应的检查报告单。在这个过程中，众多的患者化验结果集合叠放在一起，供患者自行寻取。这无疑可以随意窥查到别人的化验单信息，无意中会了解到其他患者的隐私，甚至还会被一些不怀好意的人员偷走或调换。

作为民法上的医患关系无时无刻都应体现医患双方相互信赖的医学人文精神。对患者来说，基于信任将生命健康托付给医方，期望能治愈其疾病、恢复其健康。对医疗机构来说，患者不仅仅是在诊断和治疗中的对象，更是一个有思想、有情感的精神个体，尊重患者的心理感受以及合法隐私是医疗机构最起码的职业道德要求。

针对以上冲突，首先，医疗机构应当加强自身管理，逐步加强保护患者隐私权的意识，想想者所想，急患者所急。对于住院患者的床头卡、一览表等文件标记的患者真实姓名和所患疾病名称进行有效处理，尽量采取英文或其他标识代替。对于化验单出现的隐私泄露和化验单丢失的乱象，目前部分设施较好的综合性医院已开始实行电子化办公，患者可凭入院的病历卡刷卡取单，应在具备条件的其他医院积极推广。其次，从细节着手，完善相关硬件设施。医疗机构应认识到，舒适的环境和人性化的诊疗，也是医疗的一部分。① 针对门诊就诊时出现的问题，有条件的医疗机构应当实施"一患一医一诊室"的配备，以最大程度保护患者的隐私。对于住院诊疗时患者遭遇的尴尬局面，其实有时并不需要做太大投入，比如挂一块挂帘或放一个屏风，完全能够解决。最后，提高医务人员保护患者隐私权的职业道德和法律意识。"医乃仁术"，要加强对医务工作者"三基三严"的职业道德培训，培养对患者的医学人文关怀意识，对每一位患者都能平等、诚心相待。在加强道德自律的同时，自觉主动地培养法律意识，将医患双方的权利和义务内化于心，外化于行，自觉地转化为依法行使权利和履行义务的法律行为以保护患者的隐私。

第五节 重大疫情危机应对中患者隐私权与其他权益保护之间的平衡

2020年的新冠肺炎疫情使全球面临着百年一遇的重大且漫长的危机，中国以举国之力在这场重大疫情防控中取得了阶段性的胜利。突如其来的重大疫情对每个身处其中的人都产生了或多或少的影响。因为新冠肺炎病毒具有极强的"人传人"的传播性和较高的致死率，随着国家卫健委将"新冠肺炎"纳入《传染病防治法》规定的乙类传染病，并采取甲类传染病的预防、控制措施，多地启动突发公共卫生事件一级响应，重大疫情危机应对中患者隐私权与其他权益保护之间的平衡也呈现出新的特征。

---

① 于京珍、栾成允：《患者的隐私权及其保护问题探讨》，《中国农村卫生事业管理》2005年第2期。

一　重大疫情危机及其防控特点

重大疫情危机是指不可预知的、突发性的，不可立刻控制的，已造成或者可能造成社会公共健康及社会秩序严重危害的重大传染性疫情状态，需要及时采取有效的应急措施予以防范和应对。重大疫情具有突发性、传染性强，传播速度快，持续时间长，病毒的未知因素多，危害性大等特点，对一个国家的社会全系统都有广泛而又深远的影响，广大民众、政府和各类社会组织、社会各方都会主动或被动地参与其中，因为利益需求不同，对于重大疫情危机防控措施的需求也大相径庭，但多元主体的多层面的需求亦有共同的目的，就是尽可能快尽可能最少损害地控制疫情危机。因此重大疫情危机防控具有以下几个特点：

（一）需要全方位的信息予以强有力支撑

重大疫情危机发生之后，社会公众及防控机构都迫切需要了解疫情发生的原因、源头、其重要影响、相关的疫情患者如何尽快地诊疗、其他社会公众该如何科学有效地预防和应对，以及疫情会不会蔓延及如何蔓延，这些问题的解决都需要大量准确翔实的关于疫情、关于患者、关于医疗等方面的信息来支撑，而不能凭空猜测，这样不仅于事无补还会贻误疫情防控进程。

首先，掌握重大疫情发生的源头和原因及影响等方面的信息，是科学应对疫情危机的基础和关键。这需要在对既有疫情患者进行检测、隔离、收治的同时对患者的个人健康信息进行全面收集，在此基础上进行临床研究，以确诊各种疫情病原体，分析病毒来源和中间宿主，破译病毒基因，分析病毒的感染与致病机理，以有效探析病毒的传染途径和规律。

其次，重大疫情的传染速度快，传播途径多元，尤其是"人传人"，致病致死率较大，未知的问题极多，防控的形势十分紧迫。广大民众、政府和各类社会组织、社会各方迫切需要了解如何预防以降低被传染的风险，降低传染率和感染率。从相关医疗科学研究结果可知，只有远离传染源，切断传染途径，才可有效阻断病毒传播。在没有有效疫苗和特效药物的情况下，从我国抗疫成功的经验里也可以得知，通过及早发现、有效隔离传染源，同时配合戴口罩、勤洗手这些阻断传播途径的措施，是最有效的控制新冠病毒传播的方法，而且可以快速控制疫情。从现代传染病医学防治层面看，有效隔离是阻断病毒感染，进而控制疫情蔓延最有实效的路径。因为从病毒扩散的特点来看，在一定条件下，健康的人只要没有采取适当防护措施而与确诊患者有过接触，其被病毒感染的概率极大，而通过"人传人"的渠道，必然产生公共健康风险。故，有效屏蔽确诊患者及其密切接触者与健康人群接触的通道就成了决定疫情防控成效的关键一步。而要有效和准确对相关主体进行隔离，就必须获得传染病感染者及与其密切接触者的具体位置和活动信息，这是实现有效屏蔽的根本方法。所以，在一定范围内公开传染病确诊患者的活动区域及行动信息具有医学上的必要性。

最后，重大突发性疫情与广大民众生命安全紧密相连，受到全社会的普遍关注，让社会公众及时和准确了解疫情发生、发展的相关信息，是稳定社会情绪、保障全社会各方面有序运转的必然要求。广大公众对风险信息的需求会比平时更大，可以说信息就是生命。这就要求疾病预防控制中心依据收集的个人信息，及时发布新确诊病例活动过的小区或场所信息，疫情发布公开、透明，有利于社会大众提高警惕，也有利于社会公众加强自身的隔离、防范。相关政府部门及时回应社会公众享有的知情权，也有利于避免不必要的紧张或恐慌，这也是公共危机应急管理中至为重要的一项措施。

（二）重大疫情危机防控措施具有及时性与迫切性

重大疫情危机防控，是指在重大的公共卫生安全事件突然发生的情况下，为了防止疫情的进一步蔓延，以更好地保护社会公众的根本利益和社会秩序而应急开展的各类措施，与日常的公共卫生事件治理措施相比，重大疫情危机防控措施有其独特的及时性与迫切性特征。新冠肺炎疫情是近百年来传播速度最快、感染范围最广、防控难度最大的突发公共卫生事件。基于重大疫情危机的突发性和严重危害性，以及疫情病毒极强的传染性，疫情防控措施必须及时，且对于疫情信息的公布范围和层面都需要扩展，而不能局限于几个部门或几个区域，以促使社会公众采取相应的防范措施，同时有效阻断传染渠道和保障公共健康安全。

二 重大疫情危机中的患者隐私权的特征

在此次新型冠状病毒肺炎疫情危机中，社会公众出于个人和社会公共安全的利益考量，迫切希望知晓疫情患者以及疑似患者和密切接触者的相关信息以避免被传染；另外，新冠肺炎患者本身已经受到病毒的侵害和威胁，但出于疫情防控不得不披露公开信息，如果其公开的信息没有得到合理保护和利用，个人隐私被滥用或侵害，将对其造成更严重的伤害①，这也是现代法治文明所不允许的。这样，新冠肺炎的隐私权与社会公众的知情权之间就难免存在冲突：存在冲突的原因在于新冠肺炎患者不希望披露个人的健康信息，但社会公众为了个人健康要求知情，二者冲突的根本肇因在于新冠肺炎患者的隐私权具有以下三个方面的特殊性：

第一，患者的隐私权的主体特殊。重大疫情危机中的患者隐私权主体不仅包括患者本人，也包括患者的密切接触者。患者和密切接触者之间除正常交往外，也可能存在不正当的关系。这也是导致患者在传染病防控过程中出于侥幸心理或者为了保护他人隐私的需要，会选择隐瞒病情、隐瞒症状、隐瞒交往对象和行程。

第二，患者的隐私权的客体特殊。其特殊性在于其隐私信息包括了特殊传染性疾病的信息，而且此种疾病具有极强的蔓延性及危害性，如果这类疾病的信息不能够让社会公众知情，会导致公众健康受到侵害的必然性极强。此时，疫情患者隐私权的客体不仅包括患者个人的信息，还包括密切接触者等他人的信息。

第三，疫情患者的隐私权的权利内容具有特殊性，体现在重大疫情患者不能享有完整的隐私权益。根据《传染病防治法》等相关规定，此类患者不得隐瞒个人病情，具有强制告知义务。比如，根据《国家基本公共卫生服务规范》（第三版）的规定，要"开展传染病密切接触者或其

---

① 2020年2月9日，一组记录陕西宝鸡首例出院新冠肺炎患者21天与病毒抗争的日记在网络上被大量转发。网友点赞她的勇敢，却也看到作为这场疫情的受害者，患者无端被作为了暴力的对象："我们一家三口和我大弟的个人信息全部泄露……一些不明真相的人恶毒指责，谩骂一片……我不知道我活着怎样面对别人，我这样一个祸害别人的罪魁祸首有何脸面教书育人？"

他健康危害暴露人员的追踪、查找","对本辖区病人、疑似病人和突发公共卫生事件开展流行病学调查,收集和提供病人、密切接触者、其他健康危害暴露人员的相关信息"。同时针对新冠疫情防控,为了更好地阻断病毒传播途径,该规范明确规定:"除涉及政府依法应当公开的政策信息和疫情信息之外,还需提供新冠肺炎患者的隐私信息"。此外,《突发公共卫生事件应急条例》第 42 条①和《传染病防治法》第 31 条②、第 32 条③、第 34 条④、第 38 条⑤和第 39 条⑥的规定都为早诊断、早隔离等防控传染病的需要,传染病患者或者疑似传染病患者应当向医疗机构、疾控机构如实提供自己的外出史、行程和交往人员信息;所有患者均应当向医疗机构和疾控机构如实提供自己的疫区旅游史和疑似传染病症状;所有外出返回的群众,都应当按照要求向社区等有关单位如实陈述自己的行程。尤其是确诊的传染病患者,必须向医疗机构和疾控机构提供接触交往人员,以便对密切接触者进行早期隔离和医学观察。传染病防控期间,医疗机构、疾控机构乃至社区,掌握了大量的隐私信息。为实现强制隔离、强制治疗,公安部门也会获取疫情患者个人隐私。

---

① 《突发公共卫生事件应急条例》第四十二条规定,有关部门、医疗卫生机构应当对传染病做到早发现、早报告、早隔离、早治疗,切断传播途径,防止扩散。
② 《传染病防治法》第三十一条规定,任何单位和个人发现传染病病人或者疑似传染病病人时,应当及时向附近的疾病预防控制机构或者医疗机构报告。
③ 《传染病防治法》第三十二条规定,港口、机场、铁路疾病预防控制机构以及国境卫生检疫机关发现甲类传染病病人、病原携带者、疑似传染病病人时,应当按照国家有关规定立即向国境口岸所在地的疾病预防控制机构或者所在地县级以上地方人民政府卫生行政部门报告并互相通报。
④ 《传染病防治法》第三十四条规定,县级以上地方人民政府卫生行政部门应当及时向本行政区域内的疾病预防控制机构和医疗机构通报传染病疫情以及监测、预警的相关信息。接到通报的疾病预防控制机构和医疗机构应当及时告知本单位的有关人员。
⑤ 《传染病防治法》第三十八条规定,国家建立传染病疫情信息公布制度。国务院卫生行政部门定期公布全国传染病疫情信息。省、自治区、直辖市人民政府卫生行政部门定期公布本行政区域的传染病疫情信息。传染病暴发、流行时,国务院卫生行政部门负责向社会公布传染病疫情信息,并可以授权省、自治区、直辖市人民政府卫生行政部门向社会公布本行政区域的传染病疫情信息。公布传染病疫情信息应当及时、准确。
⑥ 《传染病防治法》第三十九条规定,医疗机构发现甲类传染病时,应当及时采取下列措施:(一)对病人、病原携带者,予以隔离治疗,隔离期限根据医学检查结果确定;(二)对疑似病人,确诊前在指定场所单独隔离治疗;(三)对医疗机构内的病人、病原携带者、疑似病人的密切接触者,在指定场所进行医学观察和采取其他必要的预防措施。

三 重大疫情危机防控中患者隐私权与其他权益保护之平衡应遵循的原则

（一）法治原则

所谓法治原则是指各种预防、控制疫情的措施必须依据相关法律、行政法规规定的权限、程序设定，任何机关和个人不能突破和违反相关法律、行政法规的规定擅自设定权利的内容和界限。无论是患者的隐私权还是社会公众的知情权、生命健康权作为公民的基本权利都需要现行法律平等保护。《宪法》第5条的规定从宪法层面确立了所有权利依法平等受保护的基本原则；根据《民法典》第1033条①的规定，凡遇到涉及个人隐私的问题，任何组织和个人都应当取得权利人的明确同意，法律另有规定的情形除外。因此，在新冠疫情防控中如果涉及权利的保护，必须遵循相关法律、行政法规的原则与规则要求，无论是对具体权利的克减还是对相关权利的保障都应当在能预防、控制传染病传播的目的下，尽可能减少对权利主体及其社会经济生活的不利影响。

（二）正当性原则

所谓正当性原则主要是针对重大疫情危机防控中信息收集而设定的。为疫情防控、疾病防治收集的个人信息，应用于本次疫情的治疗、控制工作。未经被收集者同意，不应当公开其个人身份等和疫情防控无关、但可能影响其正常工作和生活的私密信息。而且确定哪些个人信息应当被收集或公布必须由专门的机构依法予以明确，不允许收集机构随意定性。如因防控疫情需要，以上公开信息也应当采取脱敏处理。收集个人信息的机构必须采取严格的管理和技术防护措施，以保护被收集人个人信息不被泄露。比如，应该在公布的个人信息中删除或掩盖其身份、职业、外表、财产、通讯等信息，否则依据今天的技术很容易从这些信息中完整准确地识别到具体的个人，从而给当事人带来不必要的烦恼，形

---

① 《民法典》第1033条规定，除法律另有规定或者权利人明确同意外，任何组织或者个人不得实施下列行为：（一）以电话、短信、即时通讯工具、电子邮件、传单等方式侵扰他人的私人生活安宁；（二）进入、拍摄、窥视他人的住宅、宾馆房间等私密空间；（三）拍摄、窥视、窃听、公开他人的私密活动；（四）拍摄、窥视他人身体的私密部位；（五）处理他人的私密信息；（六）以其他方式侵害他人的隐私权。

成"信息暴力"。

为此，患者信息收集必须遵循以下原则：第一，收集限制原则，即无论基于何种目的，收集患者个人信息的路径与目的都必须合法正当，具体表现为：信息收集主体的职责与权限应当合法；对患者个人信息收集的手段和方法应当合理；对患者个人信息的收集应当符合法定的目的和要求，不能肆意干预到个人合法的数据信息权利，做到对当事人的最小干预。总之，收集限制原则就是要求患者个人信息的收集不仅目的合法合理，手段也必须正当适合。

第二，收集目的明确原则，即收集患者个人信息的主体必须在妥当的时间内向被收集者充分说明信息收集的目的、信息存在的样态和属性，并且明确告知被收集者其个人信息的处分情况。任何享有个人信息收集权力和职责的主体在收集及利用个人信息时也必须合目的，任何超越目的和权限的信息收集行为都是不正当的，甚至要依法承担责任。

第三，信息利用限制原则，此原则包含三层意义：其一，对于被收集到的个人信息不得永久性持有或者超出正当的信息利用期限持有；其二，未经个人信息主体同意或无法定授权情形时，不可在信息收集目的之外使用或披露个人的信息；其三，不得随意对被收集的信息进行再转移或再使用到收集主体之外的第三方。

第四，信息的安全保障原则，即要求收集信息的主体必须采取合理有效的安全措施以防止收集的信息被窥视或者被做其他处理。国家机关为了公益的目的，可以收集个人信息，但是同样要确保对这些信息的收集、使用、传递、储存整个链条环节的安全性。

第五，信息收集中的个人参与原则，即个人信息的收集通常应通过信息主体直接获取，除非存在不可实现的障碍；非经信息主体同意或具有法定情形，不得将收集到的个人健康信息置入互联网系统。

《中华人民共和国网络安全法》《关于促进和规范健康医疗大数据应用发展的指导意见》中对此也有类似表述，个人信息的收集必须合法合规，涉及个人隐私信息收集部分必须达到"通知"和"同意"的程度。基于《宪法》《民法典》《个人信息保护法》等的相关规定，在重大疫情防控中面对个人隐私的问题时，任何组织和个人都应以取得信息权利人的明确同意为原则，以法律另有规定的情形为例外。在践行这一特殊的具体要求时,信息收集者在处分和使用被收集者的信息时难免会面临一个关键问题,即能否适用《个人信息保护法》第 13 条①第(1)、(3)、(4)和(5)项的规定而无需取得被收集者的同意。根据现有法律规定,目前难以对此问题做出确定结论。而根据《民法典》第 1034 条第 4 款的规定,个人信息中的私密信息,适用有关隐私权的规定;没有规定的,适用有关个人信息保护的规定。这一规定确立了个人信息中的私密信息应优先适用隐私权规则的制度。有鉴于此,在相关立法和司法机关对此问题做出明确清晰的解释之前,大数据收集所必需的个人信息时应当限制收集范围和收集对象,应当基于疫情防控需要确定不同主体及其信息收集的不同内容,比如对于确诊患者应该收集哪些信息,而对于疑似者和密切接触者等特定人群应该收集哪些信息,而不应该"一刀切";也不应该把信息收集范围扩展到不特定的人群中,因为疫情防控重在收集信息而不是针对人群,以免对人产生歧视。

(三) 公共利益优先原则

适用公共利益优先原则,首先要界定公共利益。公共利益的内涵与外延在不同情境之中具有不确定性和相对性,因此对其界定必须置于具体的语境中。具体到重大疫情防控中的信息披露领域,公共利益集中体现为具有社会治理公共职能的、能促进社会秩序良性运转的内容,主要包括公众的知情权益和社会公共卫生安全利益。结合《政府信息公开条例》第 10—12 条的规定可知,公众知情权背后所代表的公共利益的第一类就是公共健康和公共安全,其中就包括突发公共安全危机的处理、公共卫生安全的保障。

重大疫情危机应对中的患者隐私权保护的价值目标,在于患者个人健康信息保护所产生的双重法益冲突的平衡:其一是患者个人相关信息

---

① 《个人信息保护法》第十三条规定,符合下列情形之一的,个人信息处理者方可处理个人信息:(一)取得个人的同意;(二)为订立、履行个人作为一方当事人的合同所必需,或者按照依法制定的劳动规章制度和依法签订的集体合同实施人力资源管理所必需;(三)为履行法定职责或者法定义务所必需;(四)为应对突发公共卫生事件,或者紧急情况下为保护自然人的生命健康和财产安全所必需;(五)为公共利益实施新闻报道、舆论监督等行为,在合理的范围内处理个人信息;(六)依照本法规定在合理的范围内处理个人自行公开或者其他已经合法公开的个人信息;(七)法律、行政法规规定的其他情形。依照本法其他有关规定,处理个人信息应当取得个人同意,但是有前款第二项至第七项规定情形的,不需取得个人同意。

的收集披露与社会公共卫生健康利益保障之间的平衡；其二是患者个人隐私信息的保护与生命健康权之间的平衡。现代社会背景下的隐私权是一种具有支配性和全面自主控制个人信息的权利。隐私权因个人的社会参与而产生，以个人自主决定为内核，以增进个人自我实现为目的，从而服务于个人对社会生活的自主参与。正如亚里士多德所言，"人类是天生社会性的动物"，从人与社会的关系角度看，人是社会关系中的人，个人的私益在一定程度上是社会公共利益的组成部分，个体都需要承担一定的社会义务。作为人格权基础的个体隐私利益在一般情形之下应当受到合理保护，但当个体隐私利益的保护与社会存在基础的社会公共利益和政治秩序发生冲突时，个体的隐私利益作为私益的独立性就具有相对性，它首先要服从于维护社会公共利益和政治秩序的需要，它的保护不能超越于社会公共利益之上。

从法与权利的关系角度来看，任何权利的行使都是有界限的，法律不仅保护权利的行使也为权利的行使设定了边界。比如宪法在规定对公民基本权利保护的同时也有"权利保护不得损害公共利益"的表述。在其他部门法中也都通过法律原则的方式规定了"禁止权利滥用"的内容。法治时代的权利本位观并不意味着唯一保护个人权利。从世界范围内看，各国在应对突发公共卫生健康疫情危机时面对个人权利与社会公共利益保护相互对立时一般也都会遵循公共利益优于个人利益的原则，要求个人权益保护让渡于社会公共利益。因此，在突发重大疫情危机的特殊时期，当患者的隐私权保护和社会公共健康权益发生冲突时，应先满足社会公共利益保护的需要，这也是对整个社会公共利益的保障。

在社会常态时患者个人隐私作为人格权和自由权的体现应当受到优先保护，但是当个人的私益包括隐私利益与社会公共利益，即与社会政治生活秩序发生关联时，个人的私益已不再是一般意义上的个体的事情，而应当是属于整个社会政治生活秩序和社会公共利益的一个组成部分，此时，它应服从于社会利益保护。所以，在重大疫情防控中，患者的隐私权就关涉整个社会公共卫生健康，因此就必须让渡于社会公共利益，因为，新冠疫情患者的隐私信息中的疾病信息不同于一般患者的隐私信息，由于新冠病毒极强的传染性使得新冠肺炎患者的个人健康信息具有了社会公共属性，如果不予以及时充分披露会导致不特定的社会公众或社会公共秩序受到严重危害，此时就不能用隐私权的自由属性来对抗社会及公众的知情权。

适用公共利益优先原则必须兼顾正当豁免原则。所谓正当豁免原则是指某种有益于社会或国家整体利益的行为在性质上确实会隐含某种侵害个人法律权益的危险时，只要该行为的危险性与其有益的目的相比是正当的，这种行为的违法性可以得以阻却而不构成违法或犯罪。正当豁免原则旨在平衡信息公开过程中的公众知情权和个人隐私权，其中个人隐私豁免是对信息公开范围的限制，而公共利益是对个人隐私豁免的限制。个人健康信息属于个人隐私，应当予以全面保护，但为了维护公共利益，个人隐私权必须适度克减。[①] 根据《公民权利和政治权利国际公约》的规定[②]，为了保障一国的国家安全、社会公共秩序、公共卫生安全、公共道德或者是其他主体基本权利自由所必不可少的权利时，可以对与这些保障内容相抵触的权利进行一定的限制，当然这种限制也必须是依法而设的。因此，通常认为个人隐私权益保护的限制应当基于以下两个方面的理由：其一，为了保护国家安全、公共安全秩序或打击防范刑事犯罪等；其二，为了保护本人或他人的基本权利和自由。所以，是否应当把公共利益看作是优于个体患者利益的价值标准，必须考虑具体语境，尽可能实现两者之间的利益平衡点。由于在重大疫情危机背景下，确诊患者的健康信息及活动信息、人际流动信息等都关涉疫情监测、社会危机防控和公共服务决策等社会公共利益，因此患者隐私权属于《公民权利和政治权利国际公约》所规定的应当作出例外限制的权利。

所以，在重大疫情危机中，对于传染性疾病患者的隐私权进行适度克减并有限地让位于公众知情权与社会秩序维护也是权利保护的本质所在。当然也不能滥用公共利益原则，即主张克减患者个人隐私权时，必须遵循最低损害原则，尽可能把权利克减的程度降到最低。由于权利主体利益诉求的多元化，权利保护存在着无可避免的冲突，而最低损害原

---

① 汤啸天：《个人健康医疗信息和隐私权保护》，《同济大学学报》（社会科学版）2006年第3期。

② 《公民权利和政治权利国际公约》第十二条规定："除法律所规定并为保护国家安全、公共秩序、公共卫生或道德或他人的权利和自由所必需且与本公约所承认的其他权利不抵触的限制外，应不受任何其他限制。"

则是解决权利冲突应遵循的根本原则之一，其要求在选择法律对权利保护的方式时，应以对主体权利最小侵害为标准。所以，在疫情危机中当社会公众知情权与患者隐私权保护相冲突时，应尽可能选择对患者隐私权侵害最小的方式，包括侵害的范围、手段和标准。

需要指出的是，根据现行法律法规规定，"公共利益"的判断标准非常抽象且不确定，因此在适用公共利益原则优先的时候必须把它置于具体的语境中来解释。为了保护社会公共利益而限制个人的隐私权利并不意味着隐私权的克减是无限度地退让，也不是让患者隐私权无条件让渡于社会公共利益，更不是让渡于所有的个人私益之外的所谓公共事务的利益。

本章小结

总之，随着现代医学的发展模式从传统的生物—医学模式到生物—心理—社会医学模式的转变，医学在缓解患者病痛、治愈疾病的同时，更倾注了对患者的医学人文关怀，尤其是对患者隐私权的尊重。由于医学所面对的对象是活生生的人，是患者的健康和生命，具有极强的专业性和复杂性，这决定了患者在医师面前往往处于被动接受的地位，患者隐私权极易受到侵犯，因此如何对患者隐私权进行保护就成了一个迫切需要解答的问题。

我国目前的患者隐私权保护法律制度对于患者隐私权规定过于原则和模糊，可操作性不强，因此导致患者隐私权与其他利益产生冲突时无法可依的情况时有发生，相关法律政策落实不到位。法律的目的在于"以赋予特定利益优先地位，而他种利益相对必须作一定程度退让的方式，来规整个人或社会团体之间可能发生，并且已经被类型化的利益冲突"[1]。解决权利冲突实质就是进行利益衡量与价值选择的过程。按照价值位阶原则进行利益衡量来解决权利边界模糊的难题。从某种意义上说，权利位阶是一种对权利边界的重新划定过程，价值衡量和权利边界理论不是完全矛盾的。在权利边界的理论武器下，权利冲突所带来的利益和

---

[1] 拉伦兹：《法学方法论》，商务印书馆2003年版，第1页。

规则的平衡的困境都能获得有效的解决。

在制定患者隐私权保护的政策法律时，应体现对于患者的关怀和切实需求，但同时要兼顾公共利益和他人利益。笔者更同意美国纽约大学法学院法学教授杰里米·沃尔德伦（Jeremy Waldron）提出的"权利冲突实质上是义务的冲突"理论。对患者而言在享有隐私权的同时，也必须履行诸如接受流行病学调查和指导、采取必要的防护措施防止感染他人以及告知等义务。总之，随着我国患者隐私权保护法律体系的完善以及患者道德素质、法律意识的提高，以及社会各界的群策群力，不久的将来我们将构建更加完善、高效的患者隐私权保护体系。

第四章 国外患者隐私权法律保护的规定

现代信息技术的发展及其在医疗服务领域的广泛应用，大大提高了医疗服务的质量和效率，然而在快捷、准确地获取患者诊疗信息的同时，患者隐私权面临着更大的风险，于是对患者隐私权保护的立法也随之备受关注，从20世纪六七十年代世界上许多国家都开始重视对患者隐私权的研究，有关患者隐私权保护的立法也有了极大的发展，了解其立法精神及相关制度对于我国患者隐私权的保护有着重要的借鉴意义。

第一节 英美法系患者隐私权的法律保护

一 美国患者隐私权的法律保护

美国法律体系脱胎于英国，其法律文化也根植于英国的法律传统，但其法律发展也有自己鲜明的特色，形成了不同于英国的法律体系和法律文化。和英国一样，美国也是一个判例法国家，普通法是其主要法律渊源，但制定了世界上第一部资产阶级性质的成文宪法，随后又以修正案的方式通过了《权利法案》，一直实施至今。和其他英美法系国家一样，美国没有统一的民法典，甚至也没有人格权的概念体系，对隐私权的保护呈现出鲜明的时代特色和独特的文化传统。

美国的隐私权即是美国独特法律文化的代表，这项权利的诞生有些"传奇"——诞生于一篇《论隐私权》的论文。无论其他权利如何，隐私权在美国的发展始终是深刻而又丰富多彩的，虽然争议从未停止，但关于隐私权保护的研究不仅对侵权法产生了影响，同时通过宪法修正案的扩大适用影响了宪法领域中的人权保护，并影响到世界上两大法系关于隐私权保护的趋势。随着科技和互联网的发展及其对生活的深远影响，隐私权的含义更加丰富，也有了更多的争议，特别是信息隐私概念的提出，隐私权的保护显现出其"一直在路上"的独特现象。无论是普通法还是制定法，无论是国内贸易还是国际贸易，甚至在财产法领域、合同领域、知识产权保护领域，隐私权都是一个"存在感"极强的法律概念。美国对隐私权保护范围极大，在成文法和判例法中都有关于信息隐私的保护的规定，同样适用于对患者隐私权保护。

(一)《1974年隐私权法》等联邦制定法与信息隐私权保护

美国在1974年通过了《隐私法案》（Privacy Act），即《1974年隐私权法》，该法是世界上第一部关于隐私权保护的专门立法。该法在定义部分界定了"档案"的内容①，包括了在有关机关保管的涉及个人基本情况的各种信息，可以看出《1974年隐私权法》所保护的隐私主要为信息隐私，包含了患者隐私信息。

(二)《健康保险携带和责任法案》与健康医疗患者隐私权保护

1996年美国通过《健康保险携带和责任法案》（HIPAA），但国会在法律预留的三年时间内没有制定出具体明确的隐私权保护规则，美国卫生部于2003年投票决定《健康保险携带和责任法案》最终成为为个人可确认的健康信息隐私权提供保护的规则和标准。2009年又制定了《经济和临床医疗行业健康信息技术法案》（HITECH），共同组成了美国关于个人健康隐私安全的保护体系。

1. 履行隐私保护义务的主体

HIPAA保护的是由医疗保健方案、医疗保健服务提供者和医疗信息交换中心掌握的并通过电子技术与他人进行交易的医疗健康信息，因此HIPAA适用的主体只限于医疗保健方案、医疗保健服务提供者

---

① "档案"指由某机关保管的有关个人情况的单项、集合或组合，包括但不限于其教育背景、金融交易、医疗病史、犯罪前科、工作履历及其姓名、身份证号码、代号或其他特属于该个人的身份标记，如指纹、声纹或照片。"档案系统"指由任何机关控制的档案组合，根据某人的姓名、身份证号码、代号或其他特属于该个人的身份标记，便可从该组合中查到有关的信息。周汉华主编：《域外个人数据保护法汇编》，法律出版社2006年版，第308页。

和医疗信息交换中心这三者,而那些参与了电子健康信息交换的主体则不适用。HITECH 将履行隐私保护义务的主体扩大到商业合作者。①

2. 纳入隐私保护的信息

HIPAA 规定,受限实体以任何形式(电子、纸质、口头等)持有或传输的"个人可辨识健康信息",都属于条例保护的范畴,并将其统称为受保护健康信息(Protected Health Information,简称 PHI),其中通过网络传输的、储存于硬盘中的、光盘上的等相关存储、传输形式的受保护健康信息定义为 EPHI(Electronic Protected Health Information)。HIPAA 明确规定以下 18 种 PHI 受到保护:姓名、地址、社会保障密码、生日、医疗记录编码、电话号码、电子邮件地址、驾照号码、全部脸部相片、传真号码、健康保险编码、个人账户密码、银行账户号码、证书/执照编码、设备标示、网络统一资源定位(URLs)、IP 地址、生物标示,任何其他唯一可辨别数字、特征或编码。②

3. 公开披露和共享他人的健康信息

根据 HIPAA 的规定,公开他人健康信息的方式有两种:一是根据法律的明确规定而公开的即法定的公开,二是依法经过许可公开的。③

---

① 参见珍妮·希勒、马修·S. 麦克米伦、韦德·M. 查姆尼、塞西尔·B. 戴、戴维·L. 鲍默《电子健康档案中的信息隐私权的保护——基于美国和欧盟的比较》,蔡雅智译,载张民安主编《公开他人私人事务的隐私侵权——公开他人的医疗信息、基因信息、雇员信息、航空乘客信息及网络的隐私侵权》,中山大学出版社 2012 年版,第 327—328 页。
② 梁宸:《国外健康医疗信息安全立法的经验与启示》,https://www.sohu.com/a/209806919_378413,访问时间:2019 年 1 月 9 日。
③ "法定的公开披露他人健康隐私信息的类型又分为两种:(1)掌握患者健康信息的主体将健康信息提供给患者本人或患者的代理人;(2)卫生部秘书长基于审计或其他强制性目的使用他人健康隐私信息。除此之外,其他公开披露他人健康隐私信息的情形都属于需经许可的类型。需经许可的公开披露他人健康隐私信息的类型也包括两种:(1)需要经过患者事先授权同意的(根据 HIPAA 的规定,在未经患者事先授权许可的情况下,使用他人医疗健康隐私信息的主体和他们的商业合作者都不得以直接或间接有偿交换的方式公开披露他人医疗健康信息);(2)无需经过患者事先授权同意的(如在进行手术、治疗以及支付医疗费用时,医疗机构共享患者健康信息的行为无需经过患者的事先许可)。"参见珍妮·希勒、马修·S. 麦克米伦、韦德·M. 查姆尼、塞西尔·B. 戴、戴维·L. 鲍默《电子健康档案中的信息隐私权的保护——基于美国和欧盟的比较》,蔡雅智译,载张民安主编《公开他人私人事务的隐私侵权——公开他人的医疗信息、基因信息、雇员信息、航空乘客信息及网络的隐私侵权》,中山大学出版社 2012 年版,第 329—331 页。

4. 保护措施和违反信息安全保护通告

HIPAA 要求使用他人医疗健康信息的主体要从行政、物质和技术方面为他人的健康隐私信息提供相应的保护措施。除了强化现存的保护措施，HITECH 还制定了新的信息隐私安全保护措施：适用于使用他人医疗健康隐私信息的主体及其商业合作者的违反信息安全保护通告。根据这一最终临时规则的规定，当健康隐私信息遭受侵犯的可确定的受害人数超过 500 人时，使用他人医疗健康信息的主体就有义务将这一情况告知卫生部秘书长、媒体和受影响的个人。[1]

5. 强制执行措施

根据 HIPAA，美国卫生部有权向法院提起民事诉讼要求法院强制执行 HIPAA 的规定以及给予侵权行为人相应的处罚，但个人不能就侵犯其医疗健康信息的行为进行诉讼。HITECH 在四个方面加强了执行措施：对于侵犯个人健康信息隐私的违法行为加重了处罚力度，特别是针对主观上又"故意疏忽"的行为的处罚；对侵犯健康信息隐私权的案件首先由卫生部进行调查，然后作出是否起诉的决定；还有一些州的福利赋予了律师可以代表健康信息隐私权受到损害的病人提起诉讼；司法部则负责对侵犯他人健康信息隐私权的可能构成犯罪的行为提起刑事诉讼，对侵权人刑事处罚的刑期可能达到 10 年。[2]

二 英国患者隐私权的法律保护

虽然 Warren 和 Brandeis 在 1890 年以英国普通法的判例为基础撰写了对当时及后世都影响深远的《论隐私权》，但长期以来，英国的普通法却一直不承认所谓的一般意义上的隐私权。英国著名的侵权行为法学家 Winfield 在 1932 年提出英国法院应该创设一个保护个人隐私不受冒犯侵

---

[1] 珍妮·希勒、马修·S. 麦克米伦、韦德·M. 查姆尼、塞西尔·B. 戴、戴维·L. 鲍默：《电子健康档案中的信息隐私权的保护——基于美国和欧盟的比较》，蔡雅智译，载张民安主编《公开他人私人事务的隐私侵权——公开他人的医疗信息、基因信息、雇员信息、航空乘客信息及网络的隐私侵权》，中山大学出版社 2012 年版，第 331 页。

[2] 珍妮·希勒、马修·S. 麦克米伦、韦德·M. 查姆尼、塞西尔·B. 戴、戴维·L. 鲍默：《电子健康档案中的信息隐私权的保护——基于美国和欧盟的比较》，蔡雅智译，载张民安主编《公开他人私人事务的隐私侵权——公开他人的医疗信息、基因信息、雇员信息、航空乘客信息及网络的隐私侵权》，中山大学出版社 2012 年版，第 331—332 页。

害的侵权行为未果，多年以来若干政府有关隐私权保护研究报告及立法草案，均未获接受。主要原因是对表达自由给予优先保护。长期以来，在英国言论自由的价值占有压倒性优势地位，仅仅依靠媒体的自律避免伤害他人隐私。拒绝承认隐私权的另一理由是隐私的内涵与范围界定困难，现有的侵权行为制度尚可以提供合理的保护。英国法院固守数百年的传统，确信应以所谓诉之原因的渐增发展方法，扩张解释既有的侵权行为，以达保护隐私之目的。例如将在他人土地或房屋装设窃听器的行为视为 Trespass（直接侵害）；从空中拍摄他人房屋或观察土地上或屋内人的行动，认定为 Nuisance（生活妨害）；伪称接受访问而为报道等构成 Malicious falsehood（恶意虚伪）。[①]

（一）英国1998年《数据保护法》与患者隐私权的保护

基于对现实社会保护隐私权的迫切需要，1998年英国国会通过了《人权法案（1998）》，同年根据欧盟1995年《个人数据保护指南》等文件通过了《数据保护法案》（Data Protection Act），加强了对隐私权的保护，该法案为包括患者的隐私在内的公共或者私人机构所掌握的信息，提供了一个系统全面的法律保护体系，建立了一个体系化的法律保护机制。根据该法案，不论是公共机构还是私人机构都必须将其掌握的各种形式的信息进行注册，注册工作和收集工作以及执行相关法律的工作主要由信息管理办公室负责，该信息管理办公室是一个公共机构。同时，该法案还授予每个公民要求行为人收集和使用信息之前对其通知，并且禁止行为人在法定目的之外搜集和使用该信息的权利。[②]《数据保护法》在附录1中确定了数据保护的八项原则：[③] ①正当合法处理数据。个人数据应当正当而合法地加以处理，除非满足一定的条件，不得进行

[①] 王泽鉴：《人格权的具体化及其保护范围·隐私权篇》（上），《比较法研究》2008年第6期。

[②] 伊曼纽尔·格鲁斯：《隐私权与国家利益的平衡——民主国家对抗恐怖主义中的人权保障》，南方译，载张民安主编《隐私权的比较研究——法国、德国、美国及其他国家的隐私权》，中山大学出版社2013年版，第513页。

[③] 《个人数据保护——欧盟指令及成员国法律、经合组织指导方针》，陈飞等译，法律出版社2006年版，第445—453页。本部分下文所引法条、附录内容均载该文献第339—447页，不再一一引注。

数据处理。一般数据的处理需要符合附录2的条件之一；① 对于敏感数据②的处理，需要符合附录3的条件之一。以健康数据为例，则要求处理是出于医疗目的，而且是由保健人员或者在一定情况下，与保健人员负有同样的保密义务的人进行。"医疗目的"包括预防医学、医疗诊断、医疗研究、提供护理和疗法，以及保健服务的管理等目的。②围绕特定目的并不得背离。获取个人数据的行为应当至少根据其中一项医疗目的或是一项以上的合法目的，并且应当以不违背该目的的方式来处理相关数据。③目的充分、相关性。处理个人数据的目的应当是必需的、充分的，不能超出必要的范围。④准确性与及时性。个人数据应当是准确的，为保证其准确性，需及时更新。⑤时效性。为了某种目的而处理个人数据的应在实现该目的的合理期间内使用该数据，一旦目的实现，不应再持有该数据。⑥个人数据的处理应当以本法规定的数据主体的权利为依据。⑦保障措施。在基于正当目的处理个人数据时应采取适当的技术性和组织性措施保障个人数据的安全以及不被非法使用。⑧跨境交流受到限制。不得将个人数据输入到不能对个人数据处理进行有效保护的国家或地区。

（二）1990年《健康档案获得法》与患者隐私权的保护

1990年英国制定了《健康档案获得法》，该法在北爱尔兰以外的英国区域实施，是一部规范健康档案获取的法律。该法明确规定健康档案

---

① 附录2与第一项原则的宗旨相关的条件：1.数据主体同意进行处理。2.基于下列目的，需要进行处理：（a）履行数据主体作为一方主体的合同，或者（b）应数据主体的请求，为订立合同而采取的措施。3.为了履行数据控制人作为主体的法定义务（合同义务除外）而需进行的处理。4.为了保障数据主体的重大利益而需进行的处理。5.基于下列目的，需要进行处理：（a）为了实现公平正义，（b）为了执行制定法赋予个人和团体的职能，（c）为了执行皇家、阁员或政府部门的职能，或者定期联系的或者（d）基于公共利益而执行的其他公共性职能。6.（1）数据控制人或第三方或数据的获披露方为了谋求其合法利益而需要进行的处理，但在特定的情况下，处理因对数据主体的权利和自由或合法利益造成损害而缺乏正当性的除外。（2）国务大臣可以通过指令规定视为是否满足该条件的特定情形。

② 《数据保护法》第2条规定，在本法中，"敏感个人数据"是指包括涉及下述事项的个人数据——（a）数据主体所属的种族或民族；（b）其政治观点；（c）其宗教信仰或具有相同性质的其他信仰；（d）其是否为工会的成员（按照《1992年工会和劳资关系法》所规定的含义）；（e）其身体或精神健康状况；（f）其性生活；（g）其所犯的或被指控的罪行；（h）关于其所犯的或被指控的罪行的诉讼，上述诉讼的结果或上述诉讼中法院的判决。

是由与个人的身体或精神健康相关的信息组成，这些信息可以从该信息或记录持有人拥有的该信息和其他信息中识别出来；以及已由健康专业人士或代表该专业人士就该人的护理作出；但不包括根据《1984年数据保护法》第21条（查阅个人资料的权利）该个人有权或如无豁免，该个人有权获得提供的资料所组成的任何纪录。根据1990年《健康档案获得法》，病人可以提出查阅健康纪录或健康纪录任何部分的申请，以书面形式授权代表患者提出申请的人员、病历保存在英格兰和威尔士，儿童患者的父母；病历保存在苏格兰，学生患者的父母或监护人；无能力管理自己事务的病人，由法院委任管理该等事务的人；死亡患者的私人代表和任何可能因病人死亡而提出索赔的人也有权向健康档案持有人提出申请。除此以外，其他人员无权获得他人的健康档案。

（三）英国的患者权利和责任约章

英国根据《数据保护法》制定的患者权利和责任约章，如《苏格兰患者权利和责任约章》，通过告知患者各项权利的方式明确了患者的健康信息应处于保密状态。

1. 患者健康信息的利用

为了提供患者所需要的医疗服务工作人员可以利用患者的信息。若有必要，工作人员将与其他参与治疗的工作人员共享患者的健康信息。患者的某些健康信息，或得提供给其他需要这些信息之人，为患者提供更好的服务，例如照护人、家庭护工或者社工。除特定例外（例如紧急情况或者法律的要求），只有经患者同意，患者的个人健康信息方得提供给此等人或者其他全民医疗体系工作人员。

为帮助提升全民医疗服务水平和苏格兰公众健康水平，例如查明多少人罹患特定疾病，全民医疗体系间或亦会利用患者的相关健康信息，但必须确认患者身份的信息是否隐去。如果全民医疗体系确实利用了可以确定患者身份的信息（例如写入疾病登记簿），应向患者解释为何需要这些信息，又如何利用这些信息。患者得以不同方式同意使用或共享其信息，例如，视具体情境，口头同意或者在表格上签字，或者在信息显然将予共享的情形未加反对。

2. 健康信息披露

未经患者允许，全民医疗体系工作人员不得将患者的信息披露给雇主这样的组织或者新闻媒介。如果披露患者信息合乎公共利益，得保护个体和社区免遭严重伤害（例如，防止传染病扩散，调查严重犯罪行为），法律或会允许全民医疗体系披露患者信息，不必经患者允许。如果患者不希望个人健康信息以特定形式披露，可以表达自己的意愿，未经患者允许，全民医疗体系一般不会披露患者的个人健康信息。如果患者不希望他人利用自己的健康信息，可以告知提供医疗服务的工作人员。全民医疗体系遂应对患者信息的使用加以限制。在紧急情况下，或者法律要求的情形，得不经患者同意而利用患者的信息。如果患者希望家属或照护人知晓自己的健康信息，可以告知工作人员。①

第二节 大陆法系患者隐私权的法律保护

一 法国患者隐私权的法律保护

（一）《行政文书公开法》《数据处理、数据文件及个人自由法》② 关于患者隐私权的保护

1978 年法国颁行《行政文书公开法》《数据处理、数据文件及个人自由法》，前者于 2013 年进行了修改，后者于 2004 年进行了修改。《行政文书公开法》是一部有关信息公开的立法，第 6 条规定了完全不予公开的内容，其中包括公共卫生法典第 1414 条规定的国家医疗保险机构的文件、有关个人隐私、健康方面的信息等。③《数据处理、数据文件及个人自由法》确立了"信息技术应当为每一位公民服务。它应当在国际合作背景下发展。它不应当违反人性、人权、隐私、个人或公众自由"④。

1. 数据保护的原则

《数据处理、数据文件及个人自由法》第 6 条确立了数据处理应当遵

---

① 《世界各国患者权利立法汇编》，唐超编译，中国政法大学出版社 2016 年版，第 352—355 页。

② 欧盟已于 2016 年通过《一般数据保护条例》，并于 2018 年正式实施，取代之前的欧盟 1995 年《个人数据保护指南》，法国政府正在修改《数据处理、数据文件及个人自由法》。

③ 法国《行政文书公开法》第 6 条。参见王敬波主编《世界信息公开法汇编》，法律出版社 2017 年版，第 666—667 页。

④ 《个人数据保护：欧盟指令及成员国法律、经合组织指导方针》，陈飞等译，法律出版社 2006 年版，第 185 页。本部分下文所引法条均载该文献的第 185—255 页，不再一一引注。

守的基本原则：①数据应公平合法地获得与处理；②数据的取得应当基于合法的目的收集，并且在之后的处理中不得与该目的相违背；③个人数据的收集、处理应当是适当的、与处理的目的相关而不会超出必要的范围；④个人数据应准确、完整，如有必要，保持更新。为了与数据获得和处理的目的要求相符，对于不一致的数据应当及时删除或更正；⑤被以某种特定形式存储的个人数据，数据主体身份识别时间应当为实现数据收集处理目的所必需的时间，不得随意延长。《数据处理、数据文件及个人自由法》第7条还规定，个人数据处理必须得到数据主体的同意或者符合以下条件之一：①遵守数据控制人所应负的法律义务；②保护数据主体声明；③履行赋予数据控制人或数据接收者的公众服务任务；④履行与数据主体订立的合同或在缔结合同前应数据主体要求所采取的行为；⑤在不违背数据主体的利益或基本权利与自由的前提下，追求数据控制人或数据接收者的合法利益。

2. 敏感数据的处理

《数据处理、数据文件及个人自由法》第8条第1款规定了特殊敏感数据[①]的收集和处理，除非：①数据主体已明确表示同意的（不能被数据主体同意加以排除的除外）；②保护人类生命所必需的数据处理，但是数据主体因为法律上的无能力或身体上不可能而不能表示同意的除外；③行业协会或任何其他非营利性的宗教、哲学、政治团体或工会组织所进行的处理，但数据主体明确表示同意传播的除外；④该数据处理所涉及的数据已经被数据主体公开；⑤该数据处理为确立、行使或抗辩法律上的请求所必需；⑥为了预防医学、医疗诊断、提供健康护理或治疗目的，或者为了医疗保健服务管理的目的；⑦国家统计；⑧医学研究所需的数据处理。

3. 数据主体之权利

数据主体有以下权利：①自主权，数据主体依法享有反对任何对其相关的数据进行处理的权利。他有权反对数据控制人在没有支付费用的情况下，出于商业目的使用与其相关的数据；②获取权，任何提供了身

---

① 《数据处理、数据文件及个人自由法》第8条第1款，禁止对直接或间接地泄露种族血统、政治观点、宗教或哲学信仰、工会成员资格、或与健康或性生活相关的个人数据进行收集和处理。

份证明的自然人均有权询问个人数据控制人以获得与其相关的个人数据，数据控制人可以要求其为数据发送支付费用，但数额不得高于该数据副本的成本；③更正、完善、更新、贴标隔离或删除权，任何提供了身份证明的个人可以要求数据控制人对其持有的自己的信息中不准确、不完整的部分进行更正、完善、更新、贴标隔离，或者删除禁止进行收集、使用、披露或储存的个人数据；④间接获取权，如个人医疗数据的获取通过法国《公共卫生法》的规定进行。①

4. 为医学研究目的的个人数据处理

《数据处理、数据文件及个人自由法》第53条至第61条规定了为医学研究目的的个人数据处理，这些数据的处理需要CNIL通过特定的程序审查批准。根据《数据处理、数据文件及个人自由法》第53条、第25条规定，遗传数据的自动化处理须经CNIL的批准，医生或生物学家进行以及为预防医疗、医学诊断或护理治疗管理所必需的处理除外。

5. 因对护理、预防的实践与活动进行评价、分析之目的进行的个人医学数据处理

《数据处理、数据文件及个人自由法》第63条规定，由《公共健康法典》第L.710-6条中所指的信息系统产生的数据，由私人医疗职业拥有的医疗档案得来的数据，和健康保险基金建立的信息系统产生的数据，可以因护理、预防的实践与活动进行评价、分析等目的披露，但只能以集体统计资料的形式或者不能识别数据主体的个体数据之形式（例如病人数据）予以披露。

（二）《法国患者权利与保健系统质量法》关于患者隐私权的保护

法国2002年制定了《法国患者权利与保健系统质量法》，编入《公共卫生法典》，该法对患者隐私权作了更为详尽的保护。第L1110-2条规定，患者的人格尊严权应被尊重。第L1110-4条规定，接受医务人员、机构及卫生系统或其他任何参与预防与治疗的机构治疗护理的任何人，应享有私人生活及相关信息秘密受到尊重的权利。除法律明文规定的例外情况，此秘密包括医疗医务人员、组织机构中的任何职员以及因其职业活动与这些组织机构有联系的其他任何人了解的患者全部信息。适用于所有医疗卫生

---

① 《数据处理、数据文件及个人自由法》第41—43条。

人员及参与卫生系统的所有医务人员。但是，为了保障治疗的持续性或确保尽可能最好的治疗，两名或多名医务人员可交换同一位接受治疗的患者的信息，除非接到通知的人明确表示反对。如患者由一家医疗机构的团队进行治疗，即视作患者将相关信息委托给整个团队。为了确保以上提及的医疗信息的保密性，在信息系统中储存信息，或者通过电子途径在医务人员之间传递信息，均由最高行政法院依据公众意见及国家信息与自由委员会说明的理由，提出资政意见后颁布的法令具体规定。法令确定了必须使用《社会保障法典》第L161-33条最后一款规定的公共卫生专业地图的情况。违反上述规定获取或试图获取交流上述信息的，还应该承担刑事责任，可以处一年监禁刑及1.5万欧元罚款。

该法同时修改了《社会安全法》等法律，增加了一些规定保护患者的隐私权：（1）监督机构的顾问医生及其管理的人员，只有在履行职责极为有必要的情况下，才能获得私人的健康数据，并须遵守医疗秘密；（2）机构中的专家医生只有在前往现场履行其委托职责极为有必要的情况下，才能获得私人的健康数据，并须遵守医疗秘密。（3）监察总局成员，只有在前往现场履行其职责极为有必要的情况下才能获得私人的健康数据，并须遵守医疗秘密。[①]

二 德国患者隐私权的法律保护

1896年颁布的《德国民法典》是继《法国民法典》之后大陆法系国家第二部重要的民法典，对许多国家的民事立法都产生了深远影响。作为一个典型的成文法系国家，隐私权的保护在《德国民法典》中并找不到依据。德国隐私权法经历了与法国相似的发展历程，从判例法发展而来。德国法院创制了一般人格权概念，隐私权是人格权的具体化。德国没有对患者隐私权保护进行专门立法，主要以判例法与个人信息保护立法的形式体现。

德国虽然没有对隐私权进行明确的立法，但对个人信息隐私的保护是世界上最早的，1970年德国《黑森州数据保护法》是世界上第一部专门性个人数据的保护立法。德国国会于1977年通过了《联邦数据保护

[①] 杨杰等主编：《部分国家卫生基本法研究》，法律出版社2017年版，第214—222页。

法》，该法于 1980 年进行了第一次修订。然后 1983 年的"人口普查案"判决中提出了"信息自决权"，以判例的形式将个人对信息的控制权确立为宪法意义上的基本权利，德国国会于 1990 年进行了第二次修订。为落实欧盟 1995 年《欧盟个人数据保护指令》，2001 年第三次修订了《联邦数据保护法》。随后为落实欧盟 2002 年通过的《关于隐私与电子通信的指令》，德国于 2003 年、2005 年、2006 年和 2009 年又对《联邦数据保护法》进行了四次修订。欧盟于 2016 年通过了《一般数据保护条例》，并在 2018 年开始实施。德国联邦议会 2017 年 3 月 10 日修改了《联邦档案法》，2017 年 4 月 28 日通过了《视频监控增强法》，对《联邦数据保护法》作了相应的最新的修订。①

1. 收集、处理和使用数据的同意

根据德国《联邦数据保护法》的规定，收集、处理和使用个人数据应当遵守法律的规定，或是经过数据权利主体的同意，从数据主体处收集。收集数据的途径一种是直接从数据主体处收集，这时应告知权利人收集到的数据由谁来控制，收集、处理、使用数据的目的是什么，在权利主体知悉之后自主决定是否同意提供数据。如果同意数据收集、处理和使用应以书面方式表示同意。不从数据主体处收集数据只有在不侵害数据主体的重大利益时才可以进行，同时应该符合以下情形：一是依法律规定，履行行政职责的需要，或依据商业目的的需要从其他个人或机构处收集个人数据；二是从数据主体处收集数据会付出不合理的成本。②

2. 数据处理的保密

德国《联邦数据保护法》第 5 条规定了数据处理人员在经过数据主体同意后对个人数据进行收集、处理或使用时应当保守秘密，并且保密义务应延续到其工作终止后。

3. 数据主体的权利

为了保护数据主体的合法权益，德国《联邦数据保护法》第 6 条规

---

① 《德国联邦数据保护法 2017 年版译本及历次修改简介》，刘金瑞译，载《中德法学论坛》第 14 辑（下卷），法律出版社 2018 年版，第 340—343 页。

② 本节所引用《德国联邦数据保护法 2017 年版译本及历次修改简介》，刘金瑞译，载《中德法学论坛》第 14 辑（下卷），法律出版社 2018 年版，第 339—388 页。以下不再引注。

定了数据主体不可剥夺的权利：数据主体知情（第19、34条）、更正、删除或封存数据（第20、35条）的权利不能通过法律行为被排除或限制①；数据主体获得赔偿的权利。②

4. 特殊种类的个人数据的保护

德国《联邦数据保护法》第3条还规定了特殊种类的个人数据③应受到特殊的保护，例如德国《联邦数据保护法》第13条列举了收集特殊种类的个人数据的条件④，第14条规定了存储、修改或者使用特殊种类的个人数据的条件，第28条规定了为商业目的收集、处理和使用特殊种类的个人数据的条件。

三 日本患者隐私权的法律保护

日本在明治维新后，大量继受西方国家尤其是法国、德国的法律制度，⑤二战之后又大量吸收了美国的法律制度，是世界上法治化程度较高

---

① "封存"在其他文献中被翻译为"贴标隔离"，《个人数据保护：欧盟指令及成员国法律、经合组织指导方针》，陈飞等译，法律出版社2006年版，第299页。

② 德国《联邦数据保护法》第7条、第8条规定，数据控制者违法收集、处理、使用个人数据而对数据主体造成损害，该数据控制者或者其责任机构有义务赔偿数据主体的损失，但如果数据控制者尽到了具体情形下应尽的注意义务，其可以不再承担损害赔偿义务。如果公共机关自动收集、处理、使用了本法或其他数据保护规定不允许或不正确的个人数据而对数据主体造成损害，该公共机关的责任机构有义务赔偿数据主体的损失，无论其是否存在过错。

③ 特殊种类的个人数据，指有关个人种族血统、政治观点、宗教或哲学信仰工会成员资格、健康状况或者性生活的信息。

④ （1）此类收集是法律明文规定的，或者为保护重大公共利益所必需；（2）数据主体依照本法第4a条第3款的规定表示同意；（3）此类收集为保护数据主体或者第三方的至关重要的利益所必需，而数据主体出于身体或者法律上的原因无法表示同意；（4）此类收集所涉及的数据是数据主体已经显然公开的；（5）此类收集为避免公共安全的重大威胁所必需；（6）此类收集为避免公共福利的重大损害或者保护公共福利的重大利益所必需；（7）此类收集为医疗预防、医疗诊断、健康保健或者公共卫生服务的管理所必需，并且该数据收集是由医疗人员或者其他负有保密义务的人员进行的；（8）此类收集为科学研究目的所必需，实施研究计划的科研利益远超过拒绝数据收集给数据主体的利益，并且该研究的目的不能通过其他方式实现，或者要实现只能付出不成比例的代价；（9）此类收集对于联邦公共机关因逞强有力的理由履行国防职责，或者履行国家间或国际间危机处理或冲突预防领域的义务，或者为了人道主义措施是必要的。

⑤ 在这次对西方法制的继受中，日本在短短的十年内，制定公布了8部法律或法典：刑法（1880年）、刑事诉讼法（1880年）、（明治）宪法（1889年）、法院组织法（1889年）、行政诉讼法（1890年）、商法（1890年）、民事诉讼法（1890年）和民法（旧民法、1890年）。

的国家之一。日本于1890年以《法国民法典》为蓝本制定了旧民法典，但很快又以《德国民法典》为蓝本于1898年制定新民法典，该法历经修改，生效至今。在隐私权保护方面，日本与法国、德国一样，在成文法找不到依据，其隐私保护是通过引入美国的学说通过判例逐步建立并发展起来的。[1] 日本没有对患者隐私权保护进行专门立法，对患者隐私权的保护见于判例法与个人信息保护立法。

（一）日本判例法对患者隐私权的保护

日本各级法院通过一系列判例确认了日本的隐私权保护体系。[2] 根据日本的一些判例，擅自将个人健康和医疗的信息透漏给第三者，就会构成侵害隐私，如在东京地判平7.3.30《判时》1529号记载的案例中，法院明确认定："有关病人病情的信息，属于隐私，尤其……是感染HIV病毒的信息……属于绝对保密的信息"。另外，根据日本刑法，因为医生等对患者的医疗信息具有保守秘密的义务，如果泄漏了信息，就会被判处泄露秘密罪。在医疗与隐私的关系中，日本法院围绕患者的自我决定权也作出了一些判例，例如，在大阪地决昭53.3.31《判时》907号第81页中的公害案中，企业请求提供大阪政府制作的居民健康调查报告，但是法院责令仅限提供对居民隐私无侵害危险的问卷调查资料的文书。[3]

（二）《日本个人信息保护法》等对患者隐私权的保护

日本关于个人信息保护的立法始于20世纪70年代，其中最早的地方立法是1973年德岛市制定的《关于保护电子计算机处理的个人信息的条例》。日本中央政府的立法较慢且坚守两个限制：一是仅适用于行政机关处理个人信息；二是仅适用于计算机处理个人信息的行为。[4] 1995年欧盟通过《数据保护指令95/46》，为了适应与欧盟的经济交往，2003年日本通过了《关于个人信息保护基本法制的大纲》，并通过了个人信息保护的

---

[1] ［日］五十岚清：《人格权法》，［日］铃木贤、葛敏译，北京大学出版社2009年版，第155页。

[2] ［日］五十岚清：《人格权法》，［日］铃木贤、葛敏译，北京大学出版社2009年版，第155—172页。

[3] ［日］五十岚清：《人格权法》，［日］铃木贤、葛敏译，北京大学出版社2009年版，第168—169页。

[4] 姚岳绒：《日本混合型个人信息立法保护》，《法制日报》2012年6月19日。

五个法案，这些法案被称为"个人信息保护五联法"①。这是一部关于个人信息保护的综合性法律。2015 年 5 月 27 日，日本颁布实施《个人信息保护法》修正案。2017 年 5 月 24 日作出新的修改，并于 2017 年 5 月 30 日起实施，② 相关内容包含了对于患者隐私信息保护的规定。

1. 个人信息处理的合目的性

根据日本《个人信息保护法》第 15 条规定，个人信息处理业者在处理个人信息时，应当尽可能地将利用该个人信息的目的（以下称为"利用目的"）特定。个人信息处理业者若要变更利用目的，则不得超出足以合理地认为与变更前的利用目的具有关联性之范围。第 16 条规定，个人信息处理业者不得未事先取得本人的同意，而超出达到依照前一条的规定所特定的利用目的所必要的范围处理个人信息。个人信息处理业者在因合并或其他事由而从其他个人信息处理业者处承受业务并取得个人信息后，不得未事先取得本人的同意，而超出达到业务承受前该个人信息的利用目的所必要的范围处理个人信息。例外情形如下：①以法令为依据的情形；②难以取得本人同意，但是为保护人的生命、身体或财产而又确有必要的情形；③为提高公众卫生、或者推进儿童的健康成长而有特殊必要，却又难以取得本人同意的情形；④有为国家机关或地方公共团体、或者受其委托的主体执行法令规定的事务而提供协助的必要，却又有可能因取得本人的同意而对该事务的执行造成障碍的情形。

2. 个人信息获取的正当性

日本《个人信息保护法》第 17 条规定，处理个人信息的从业者获取其所需要的跟人信息的手段应当正当。

3. 个人信息的准确性

日本《个人信息保护法》第 19 条规定，处理个人信息的从业者在实

---

① 《个人信息保护法》五法案包括《个人信息保护法》《行政机关持有个人信息保护法》《独立行政法人等持有个人信息保护法》《信息公开、个人信息保护审查委员会设置法》以及《伴随〈行政机关持有个人信息保护法〉等实施的有关法律的准备法》，参见李欣欣《论个人信息保护与合理利用——以日本个人信息保护法为中心》，硕士学位论文，中国人民大学，2005 年，第 12—14 页。

② 本节所引《日本个人信息保护法》条文来自刘颖译本，https：//mp.weixin.qq.com/s/NqOsSG4jqcYF6S40qx2fEg，访问日期：2019 年 4 月 29 日。

现其利用目的的范围内应保证数据的准确，在利用目的实现后应立即彻底清除该个人数据。

4. 个人信息的保密与安全管理

日本《个人信息保护法》第 20 条规定，个人信息处理业者应当为防止其所处理的个人数据出现泄漏、灭失或毁损以及其他对个人数据的安全管理而采取必要且适当的措施。第 21 条规定，个人信息处理业者在让其员工处理个人数据时，应当对该员工进行必要且适当的监督，以实现对该个人数据的安全管理。第 23 条规定，个人信息处理业者在将个人数据的处理全部或部分委托给他人的情形，应当对该被委托人进行必要且适当的监督，以实现对该被委托处理的个人数据的安全管理。

5. 数据主体的权利

（1）知情权。根据日本《个人信息保护法》第 27 条的规定，对于持有的个人数据，个人信息处理业者应当将下列事项置于本人容易知悉的状态（包括根据本人的要求立即予以答复）。

（2）订正权。日本《个人信息保护法》第 29 条规定，若能够识别本人的、持有的个人数据的内容并非事实的，则该本人可以请求个人信息处理业者对该持有的个人数据的内容进行订正、追加或删除。

（3）责令停止利用权等。日本《个人信息保护法》第 30 条规定，若能够识别本人的持有的个人数据被个人信息处理业者违反第 16 条的规定进行了处理，或者是违反第 17 条的规定而获取的，则该本人可以请求个人信息处理业者停止利用或彻底清除该持有的个人数据。

6. "需注意的个人信息"的保护

日本《个人信息保护法》第 2 条规定，"需注意的个人信息"是指，含有政令规定的、为避免发生针对本人的人种、信条、社会身份、病历、犯罪经历、因犯罪而被害的事实及其他方面的不当歧视、偏见以及其他不利益而需要在处理上予以特别注意的记述等个人信息。"需注意的个人信息"受到特殊保护。日本《个人信息保护法》第 17 条规定，个人信息处理业者获取"需注意的个人信息"必须事先取得本人的同意。例外情形如下：①以法令为依据的情形；②为保护人的生命、身体或财产而有必要，却又难以取得本人同意的情形；③为提高公众卫生、或者推进儿童的健康成长而有特殊必要，却又难以取得本人同意的情形；④有为国家机关或地方公共团体、或者受其委托的主体执行法令规定的事务而提供协助的必要，却又有可能因取得本人的同意而对该事务的执行造成障碍的情形；⑤该需注意的个人信息已经被本人、国家机关、地方公共团体、第 76 条第一款各项规定的主体及《个人信息保护委员会规则》规定的其他主体公开的情形；⑥政令规定的、类似前几项情形的其他情形。

第三节　世界各国患者权利立法中关于患者隐私权的内容

一　患者权利国际公约对患者隐私权的规定

1979 年 5 月 6 日至 9 日，欧洲经济共同体医院委员会在卢森堡召开全体会议，基于医院管理小组委员会提交的报告，通过了《欧洲医院患者权利约章》，该约章序言规定，医院患者约章系对医院场合患者个体基本权利的声明。约章认可了诸如自我决定的权利、知情的权利、隐私受尊重的权利、宗教和哲学观念受尊重的权利。在医院患者权利部分规定，医院患者有权利得到体贴周到、尊重患者人格的医疗服务。不仅包括治疗、护理方面的服务，还包括适当的咨询、膳宿、管理和技术方面的帮助。医院患者在其身体条件或住宿环境的限度内，有权利要求隐私受到尊重。个人性质的信息和病历资料，尤其是医疗信息，务必保密。①

1981 年通过的《世界医学会关于患者权利的里斯本宣言》第 8 条规定了患者要求保守秘密的权利：①关乎患者健康状况、病情、诊断、预后、治疗的信息，以及其他个人性质的信息，凡可以探查信息来源的，即应保守秘密，虽患者故去亦然。例外地，患者后裔为了解健康风险，有权利获取相关信息。②只有患者明确同意，或者法律明确允许的，秘密信息方得披露。只有在严格意义确实"有必要知晓"，方得将信息披露给其他医疗服务提供人，除非患者明确同意。③凡可以探查来源的数据，应予保护。数据的保护，应合乎数据的存放方式。可探查来源的数据所

---

① 《世界各国患者权利立法汇编》，唐超编译，中国政法大学出版社 2016 年版，第 5—6 页。

从出的人体物质，亦应受到同样保护。①

　　1994年通过的《促进欧洲患者权利宣言》第4条规定：①有关患者健康状况、病情、诊断、预后、治疗的信息，以及其他个人性质的信息，皆应予以保密，虽患者故去亦然。②只有患者明确同意，或者法律明确允许的，秘密信息方得披露。倘是披露给参与治疗的其他医疗服务提供人，得假定患者已同意。③所有可以探知身份的患者数据，应予保护。对患者数据的保护，应和数据的存放方式。自人体成分能够得到的可探知身份的患者数据的，该人体成分亦应受到同样保护。④患者有权利查阅其医疗档案、技术资料，查阅关涉诊断、治疗、护理的人和其他档案、资料，并得到这些档案、资料全部或部分的副本。涉及第三人的除外。⑤对不准确的、不完善的、模糊不清的、陈旧的或者与诊断、治疗、护理目的无关的个人数据和医疗数据，患者得要求更正、完善、删除、说明及/或更新。⑥非经患者同意，且于患者诊断、治疗和护理有其必要，不得侵入患者私人生活和家庭生活。⑦只有对患者隐私示以恰当尊重，方得为医疗干预。即只有对医疗干预有必要的人，方可于施行医疗干预之际在场，除非患者同意或者要求他人在场。⑧住院患者有权要求布置相应措施，以保护患者隐私，尤其在提供个人护理服务或者检查、治疗时。②

　　2008年通过的《欧洲人权和生物医学公约关于为健康目的而为之基因检测的附加议定书》第16条规定了尊重私人生活和知情权利：①任何人都有要求私人生活受尊重的权利，尤其是得自基因检测的个人数据应受保护。②任何接受基因检测之人，有权利知晓得自基因检测的个人健康信息。得自检测的结论，应以可理解的形式，使当事人可以得到。③当事人不欲知晓相关信息的，其意愿应予尊重。④在例外情形，为当事人利益，法律得就行使第2款、第3款的权利加以限制。③

　　2002年通过的《欧洲患者权利约章》第6条规定隐私权利和要求信

---

① 《世界各国患者权利立法汇编》，唐超编译，中国政法大学出版社2016年版，第9—10页。

② 《世界各国患者权利立法汇编》，唐超编译，中国政法大学出版社2016年版，第19—20页。

③ 《世界各国患者权利立法汇编》，唐超编译，中国政法大学出版社2016年版，第68页。

息保密的权利：①任何个体都有要求个人信息保密的权利，包括有关健康状况的信息、可能的诊断或治疗措施的信息，亦得要求于诊断检查、专家查看以及一般治疗过程中，隐私受到保护。个体隐私应受尊重，虽在医疗过程中（诊断检查、专家查看、药物治疗等）亦然，医疗活动应于适当环境下开展，只有必要人员方得在场（患者明确同意或要求他人在场的除外）。①

二 医患关系法对患者隐私权的规定

（一）《芬兰患者地位与权利法》

《芬兰患者地位与权利法》第 13 条规定，病历中的信息应予保密：①病历中所载信息应予保密；②经患者书面同意，医务人员或者于医疗单位工作之人或执行医疗单位任务之人，不得将病历中记载的信息披露给外人。患者不能评估同意的意义的，得经患者法定代理人书面同意而披露信息。所谓外人，意指在医疗单位或受医疗单位指令而参与治疗或者相关工作之人以外的人。雇佣关系或工作关系结束后，仍负保密义务。②

病历信息保密之例外情形如下：①法律就信息披露或查阅有明文规定的，病历中的信息得予披露；②为安排检查、治疗所必要的信息，得提供给其他医疗单位或医务人员，经患者或患者法定代理人口头同意，或依具体情势显然会同意的，对患者治疗活动的小结，得提供给患者转介来的医疗单位或医务人员，或提供给可能被任命负责患者治疗的医生；③患者因为精神障碍、心智缺陷或者类似缘故，不能评估同意的意义，且没有法定代理人的，或者因为丧失意识或类似缘故，不能为同意表示的，为安排和提供检查、治疗活动所必要的信息，得提供给其他芬兰或国外医疗单位或医务人员；④患者因为丧失意识或类似缘故，正接受治疗的，有关患者身份和健康状况的信息，得提供给患者家属或者其他亲近之人，除非有理由相信，患者不许披露信息；⑤有关患者死亡前所接受医疗服务的信息，为了维护切身重大利益而有必要的，得以书面形式

---

① 《世界各国患者权利立法汇编》，唐超编译，中国政法大学出版社 2016 年版，第 91 页。
② 《世界各国患者权利立法汇编》，唐超编译，中国政法大学出版社 2016 年版，第 104—105 页。

请求获得这些信息；取得信息之人，不得为其他目的而利用或传递信息。①

为科研、统计目的而提供病历中所载信息的，《政务公开法》《医疗信息登记法》及《个人数据法》的相关规定应予适用。此外，私营医疗单位或者个体医务人员制作的病历，非为《政务公开法》所谓官方文件的，为了科研目的，于个案中，社会事务与卫生部亦得许可获取其中记载的信息。倘提供相关信息不会侵犯保密义务所要保护的利益，卫生部即得许可。卫生部考虑是否许可提供相关信息，应注意保护科学研究的自由。卫生部的许可只限于固定期间，同时应附加必要的保护个人利益的规定。卫生部认为有必要，得取消许可。②

（二）《丹麦患者权利法》

1. 信息保密

《丹麦患者权利法》第 23 条规定，医疗服务提供人于工作中获知的患者隐秘信息，就患者健康状况所为之推测，以及其他纯粹私人性质或保密性质的信息，患者有权要求医疗服务提供人予以尊重，本章另有规定的除外。

2. 信息披露

《丹麦患者权利法》第 24 条规定，经患者同意，医疗提供人得将有关患者健康状况的数据，以及与医疗活动相关的绝对私人性质的或保密性质的信息，披露给其他医疗提供人。下列情形第 1 款所说的信息得不经患者同意而披露：①就提供给患者的医疗服务，为了这种服务的发展而有必要披露相关信息，且对患者的利益和需求也给予了适当考虑；②为了保护明显的共同利益，或者为了保护患者、医疗提供人或者其他人的重要利益，而有必要披露相关信息；③披露给患者的全科医生。

《丹麦患者权利法》第 26 条规定，经患者同意，医疗服务提供人得出于治疗以外的目的，向主管机关、医疗机构和个人等披露有关患者健康状况的数据，以及患者的私人信息或保密信息。在下列情形下可不经

---

① 《世界各国患者权利立法汇编》，唐超编译，中国政法大学出版社 2016 年版，第 105 页。
② 《世界各国患者权利立法汇编》，唐超编译，中国政法大学出版社 2016 年版，第 105—106 页。

患者同意而披露：①依相关法律及实施细则应予披露，并对负责检查病历的主管部门非常重要；②为了保护明显的共同利益，或者为了保护患者、医疗服务提供人或者其他人的重要利益，而应予披露的；③为了主管机关行使监督、管理职能而有必要披露的。①

3. 为特殊目的（科研、统计等）而披露的信息

《丹麦患者权利法》第 29 条规定，有关科学伦理委员会的法律（1992 年 6 月 24 日第 503 号法令颁布）以及有关生物医学研究项目的法律（1997 年 3 月 24 日第 221 号法令颁布）所准许的生物医学研究项目，需要患者病历中所记载的有关患者健康的信息、有关患者私人性质或保密性质的信息的，得披露给项目研究人员供科研之用。有关科学伦理委员会的法律并不涉及的研究项目，倘该项目对社会有重大利益，经国家卫生委员会（National Board of Health）批准后，得将第 1 款所说的信息披露给项目研究人员，供科研之用，披露条件由国家卫生委员会设定。

（三）《挪威患者权利法》

《挪威患者权利法》第 3—6 条规定，（患者的）医疗信息及其他个人信息，应依现行有关保密的法律规范加以处理。信息的处理应谨慎为之，并应尊重信息所涉之人的人格。经权利人同意，即不再负保密义务。医务人员依法定义务而披露信息的，只要具体的情势允许，即应向信息所涉之人说明披露事实以及所涉信息的性质。②

（四）《以色列患者权利法》

《以色列患者权利法》在第 1 条立法目的中明确，本法目的在于保护寻求医疗服务或接受医疗服务之人的权利，并保护其尊严和隐私。该法明确了"医疗信息""医疗记录"的定义。"医疗信息"，谓直接关乎患者身体或心理健康状况，以及治疗情况的信息。"医疗记录"，谓依本法第 17 条，以书面、摄影复制或任何其他方式所记录的医疗信息，包括患者的个人医疗记录、内含关涉患者的医疗档案。③ 第 10 条规定，在整个

----

① 《世界各国患者权利立法汇编》，唐超编译，中国政法大学出版社 2016 年版，第 124 页。
② 《世界各国患者权利立法汇编》，唐超编译，中国政法大学出版社 2016 年版，第 131 页。
③ 《世界各国患者权利立法汇编》，唐超编译，中国政法大学出版社 2016 年版，第 145—146 页。

治疗过程中，临床医生、在临床医生指导下工作之人以及医疗机构的其他工作人员，皆应维护患者之尊严和隐私。就于其医疗机构接受医疗服务之患者，其尊严和隐私的维护事宜，医疗机构管理人应发布指令。①

1. 医疗记录的保存

《以色列患者权利法》第 17 条规定了医疗记录的保存义务。临床医生应保存治疗过程的医疗记录；这些医疗记录应包括辨识患者和临床医生的细节，患者所接受医疗措施的医疗信息，所知晓的患者以前的病历资料，患者目前健康状况的诊断结果，以及医生给患者的治疗方面的指导；临床医生的个人笔记不构成医疗记录的组成部分。临床医生或者（若在医疗机构，则机构）管理人负有责任，依相关法律、法规，对适时更新的医疗记录，妥善维护和保管。若将医疗记录交患者保管的，临床医生或医疗机构应将之记录在案。

2. 医疗事务的保密

《以色列患者权利法》第 19 条规定了医疗事务的保密和披露。临床医生或医疗机构的任何工作人员，就其于履行义务或工作过程中所获知的关乎患者的任何信息，皆不得予以披露。临床医生及（若在医疗机构，则机构）管理人员应制定措施，确保其隶下的工作人员，就于履行义务或工作过程中获知的任何事宜，不致泄露。②

3. 医疗信息的披露

《以色列患者权利法》第 20 条规定在下列情形临床医生或医疗机构得向第三人提供医疗信息：患者同意向第三人披露信息的；临床医生或医疗机构负有提供信息义务的；为了其他医生给患者治疗而提供信息的；依第 18 条 C 款，医疗信息不提供患者，而伦理委员会批准向第三人披露的；伦理委员会给了患者表达意见的机会之后决定，医疗信息的披露于他人或公共健康的保护至关重要，且披露的必要性压倒患者保密利益的；为了信息处理或归档，或成为法律要求的通知事宜，而向治疗患者的医疗机构或其职员提供信息的；为了在医学杂志上发表或者为研究、教学

---

① 《世界各国患者权利立法汇编》，唐超编译，中国政法大学出版社 2016 年版，第 146 页。
② 《世界各国患者权利立法汇编》，唐超编译，中国政法大学出版社 2016 年版，第 149—150 页。

目的而披露信息，符合部长指令的要求且所有用以辨识患者身份的细节皆已隐去。①

（五）《塞浦路斯患者权利保护法》

1. 医疗信息的保密与披露

《塞浦路斯患者权利保护法》第 15 条规定了医疗信息的保密与披露的内容。关于保密的规定如下：①与患者病情、诊断、预后和治疗相关的一切信息以及其他个人数据皆应保密，患者死后亦然，不得向任何人或机构披露；②具备资格的医疗服务人或者医疗机构的任何工作人员，于履行职责或工作过程获悉的任何患者信息，皆不得披露；③医疗机构的管理部门或者具备资格医疗服务提供人，应为必要安排，确使其工作人员不会披露此类信息。② 可以披露的情形如下：①患者已为书面同意，倘是向参与患者治疗的人披露，得假定患者同意；②披露目的系为了其他医疗服提供人为患者治疗；③信息系向正为患者提供医疗服务的医疗机构或其工作人员披露，以便信息处理或编制，或应法律的通报（notification）要求而披露；④系为了于医学杂志上发表，或为了研究、教学目的而披露，但患者身份信息不得披露；⑤负有披露的法律义务；⑥泛塞浦路斯医学会委员会给了治疗执业人和患者表达意见的机会，而后决定，倘不披露相关信息，可能会给他人的健康或身体完好性造成严重损害，或给社会整体带来严重影响；⑦仅在具体案情所需要的限度内披露，尽量使患者身份信息保密；凡依本条获悉相关信息之人，皆应遵守本条第 1 款的要求。③

2. 患者隐私权保护

《塞浦路斯患者权利保护法》第 16 条规定：①患者的隐私和家庭生活不受侵犯，除非经患者同意，且用于患者的诊断、治疗或护理为必要；②提供医疗服务，应适当尊重患者隐私，原则上，只有那些为提供医疗服务所必需的人员方能在场；③住院患者得利用那些用来保护隐私的设

---

① 《世界各国患者权利立法汇编》，唐超编译，中国政法大学出版社 2016 年版，第 150 页。
② 《世界各国患者权利立法汇编》，唐超编译，中国政法大学出版社 2016 年版，第 198—199 页。
③ 《世界各国患者权利立法汇编》，唐超编译，中国政法大学出版社 2016 年版，第 199 页。

施和安排，尤其在医疗或护理人员提供人身护理或者从事医学检查或其他治疗的场合。①

（六）《立陶宛患者权利和医疗损害赔偿法》

1. 患者隐私权保护

《立陶宛患者权利和医疗损害赔偿法》第 8 条规定：①患者的私生活不受侵犯。只有经患者同意，且为诊断、治疗疾病或者护理工作所必需，方得获取有关患者生活事实的信息；②在医疗机构，有关患者住院的数据、患者的健康状况，以及采取的诊断、治疗和护理措施，应记载于规定形式和类型的病历中。这些病历的形式和利用程序，应本着保护患者私生活的目的来制定相关规则；③有关患者住院的信息、治疗情况、健康状况、诊断、治疗预后，以及有关患者的任何个人信息，皆应保密，虽患者故去亦然。患者身故的，其遗嘱及法定继承人、配偶（同居伴侣）、父母及子女有权获得相关信息；④只有经患者书面同意，写明披露此等信息的原因及利用信息目的，方得将保密信息披露给他人，除非患者已经于医疗文件中写明谁有权得到这些信息、可以得到信息的范围以及披露信息的条件并签字。患者有权指明对哪些人不得披露信息。直接参与治疗、护理工作之人，施行医疗检查之人，仅当在为保护患者利益所必要的情形和范围内，方得不经患者同意而向其提供保密信息。倘患者不能理性判断其利益且未为同意表示，在保护患者利益必要范围内，得将保密信息披露给患者代理人、配偶（同居伴侣）、父母（养父母）或者成年子女。②

2. 患者信息披露

《立陶宛患者权利和医疗损害赔偿法》第 9 条规定，依法令所规定的程序，得不经患者同意，将保密信息披露给依立陶宛共和国法律有权获取患者秘密信息的国家机关，以及本法第 23 条第 8 款所列之人。只有提交书面申请，写明申请获取这些信息的理由、信息的利用目的以及所需信息的范围，方得披露信息。无论如何，秘密信息的披露，应遵守合理原则、公平原则以及患者权益优先原则。

---

① 《世界各国患者权利立法汇编》，唐超编译，中国政法大学出版社 2016 年版，第 199 页。
② 《世界各国患者权利立法汇编》，唐超编译，中国政法大学出版社 2016 年版，第 217 页。

3. 非法获取、利用患者秘密信息

《立陶宛患者权利和医疗损害赔偿法》第9条规定，非法获取、利用患者秘密信息的，应依法令所定的程序承担责任。

(七)《格鲁吉亚患者权利法》

1. 患者信息保密

《格鲁吉亚患者权利法》第27条规定，医疗服务提供人对患者信息应予保密，患者生前如此，死后亦然。

2. 患者信息披露

《格鲁吉亚患者权利法》第28条规定，仅在下列情形，医疗服务提供人方得披露患者的保密信息：得到了患者同意；信息的保密会危及第三人的生命及/或健康；信息系用于科研教学目的，且利用方式保证了无从探查患者身份；格鲁吉亚法律特别规定的情形。倘医疗服务提供人是将患者的保密信息披露给参与患者治疗的其他医疗服务提供人，得假定患者已经同意。

3. 患者隐私保护

《格鲁吉亚患者权利法》第29条规定，除下列情形外，医疗服务提供人不得介入患者私生活和家庭生活：介入对于诊断、治疗和护理是必要的，此时患者同意乃为必要；患者家属的健康及/或生命受到威胁。《格鲁吉亚患者权利法》第30条规定，只有直接参与医疗服务之人，方得于提供医疗服务时在场，患者同意或者请求他人在场的除外。①

(八)《拉脱维亚患者权利法》

1. 查阅医疗文书的权利

《拉脱维亚患者权利法》第9条规定：①患者有权利查阅其医疗文书。患者有权利依医疗机构核准的价目表，请求查阅并得到摘录、正式副本和复制件，《个人数据保护法》另有规定的除外。自患者提出请求之日，应在3天内使患者得到摘录、正式副本和复制件；②患者有权利知晓，依本法及《个人数据保护法》的规定，其医疗文书中所载信息的利用情况；③倘患者有理由认为，医疗文书中记载的信息不准确或不完整，

---

① 《世界各国患者权利立法汇编》，唐超编译，中国政法大学出版社2016年版，第238—239页。

得请求主治医生增补或更正。医疗执业人对医疗文书加以更正的，应保留不正确的信息，相应地加以更新或补充，并向主治医生说明；④倘医疗文书中包含了有关他人敏感数据的信息，或者第三人提供的且第三人要求不向患者披露的信息，则患者行使查阅医疗文书的权利，不得有损第三人的权利。①

2. 患者数据的保护

《拉脱维亚患者权利法》第10条规定，相关信息涉及的患者，身份明确或可确定身份的，这些信息应依保护个人数据的法律法规加以保护。有关患者的信息，只有经患者书面同意，或在法律规定的情形，方得披露。本条第1款所述信息，虽患者故去，亦不得披露。有关患者的信息，于患者故去后，仅在下列情形，得披露给第7条第1款所述之人（患者子女、患者父母，兄弟姐妹，祖父母或孙子女）：相关信息会影响所述之人的生命或健康，或有助于为所述之人提供医疗服务；相关信息涉及患者死亡原因，或涉及患者死亡前的治疗活动。

3. 患者数据保护之例外

经书面请求，并由医疗机构负责人书面许可，有关患者的信息应于收到请求之日起5个工作日内提供给下列人等和机构：提供给医疗机构，为了实现治疗目标；提供给国家数据监察局，为了确保个人数据处理合乎法律法规要求；提供给国家劳动监察局，为了调查劳动事故和职业病情况并加登记；提供给国家健康状况和劳动能力评估医学委员会，为了对残疾状况展开专家调查；提供给法院、检察官办公室、保护儿童权利国家督察局、孤儿法庭、国家感化服务处、监察专员以及预审调查机构，为了履行法定职责；提供给国家武装部队的后备役力量登记单位，为了评估后备役军人的健康状况；提供给拉脱维亚机动车保险局，为了路上机动车辆所有权人提供强制责任险的众多保险公司［组成的协会］；提供给司法部，为了确保执行拉脱维亚自由刑裁决的请求能送达外国；提供给内政部，医学专家检查中央委员会，为了内政部或者监狱管理局某些特殊岗位工作人员或候选人的健康状况加以评估；提供给国家武装部队

---

① 《世界各国患者权利立法汇编》，唐超编译，中国政法大学出版社2016年版，第247—248页。

的医疗机构，为了评估军人、国民警卫队兵士以及军队和国家警卫队申请人员的健康状况。

依医疗领域法律法规设定的程序，应向以下人等和机构提供相关信息：提供给疾病防控中心，为了获取、搜集、处理和分析有关公众健康和医疗服务的统计信息，为了传染病的流行病学监控，为了个人数据加以处理以便传递给统计机构；提供给全民医保系统，为了管理由国家预算付费的医疗服务，也为了个人数据的处理，以便将信息传递给统计机构；提供给国家药品局，为了确保药物警戒体制顺利进行；提供给卫生督察局，为了落实对医疗领域的监督。

健康信息系统所搜集的患者信息，应依规制相应数据处理的法律法规所规定之程序及数量要求，交由下列人等处理：医疗执业人机医疗辅助人，为了实现治疗目标；药剂师及辅助人员，确使药物治疗完成；全民医保系统，为了管理由国家预算付费的医疗服务，为了健康信息系统的运转；卫生督查局，为了落实对医疗领域的监督；国家社会保险局，为了管理健康信息系统的病假证明文件；国家劳动监察局，为了调查、记录劳动事故和职业病的情况。①

未成年患者的合法代表人，有权代表患者接受关于患者健康的信息，本法第13条的规定除外。此等信息的披露，倘会伤害未成年患者利益，则不得提供给其合法代理人。医生应于该未成年患者的医疗文书记载所作决定，并将相关情况知会孤儿法庭。

下列情形，记载于医疗文书的患者数据得用于研究：依所用数据，不能直接或间接识别患者身份；患者已书面同意，其医疗数据得用于医学研究。同时满足下列条件的，不必前述限制，记载于医疗文书的患者信息即得用于科研：系为公共利益而开展相应研究；相应的有权行政机关，依内阁制定的程序，已批准将患者数据用于特定研究；患者未曾以书面形式禁止将其数据用于研究；无法以相称的手段得到患者同意；研究的公共利益巨大，遂得对隐私不受侵犯的权利加以限制。

倘有掌握未成年患者健康信息的合理需要，而从未成年人的父母或

---

① 《世界各国患者权利立法汇编》，唐超编译，中国政法大学出版社2016年版，第249—250页。

其他法定代理人，或者从未成年患者自己那里，又无法掌握未成年的健康信息，则为保护未成年的权利、利益，国家警察局、地方政府警署、保护儿童权利国家督察局、国家感化服务处、孤儿法庭、社会服务办公室、社会矫正教育机构的医疗执业人、监狱的医疗执业人，为履行法律法规所课予的职责，有权利得到健康信息系统的帮助，获取未成年患者的家庭医生或儿科医生的联系方式。①

三 基本卫生法中关于患者隐私权的保护

（一）《匈牙利医疗服务法》

1. 患者隐私权保护

《匈牙利医疗服务法》第25条规定了如下对患者隐私权保护的措施：①参与为患者提供医疗服务之人，对在提供医疗服务过程中获知的医疗事宜和个人信息（以下简称医疗秘密）负有保密义务，即使患者允许其披露给相关权利人，亦不能除外。②患者有权决定获取其医疗信息及期待的结果的主体范围。③在法律有明确规定的情况下或者基于保护他人的生命、人身安全或健康，可不经患者同意，披露其医疗信息。④倘不掌握相关信息，会导致患者健康状况恶化的，得不经患者同意，将信息披露给患者继续护理和治疗之人。⑤患者得要求，只有那些于提供医疗服务有必要之人，方得于检查、治疗之际在场，经其同意之人亦得在场，法律另有规定的除外。⑥患者得要求检查、治疗场所能防他人偷听偷看，因病情急迫难为防范的除外。⑦患者得允许将其住院事宜及病情发展情况知会其指定之人，亦得排除特定人，不许其知晓。医院应依患者指示，将其入院事宜、地点的变更以及病情的重大变化，告知患者指定之人。②

2. 保密义务

《匈牙利医疗服务法》第138条规定，所有医务人员以及医疗服务提供人雇佣的所有人员，就患者的健康状况以及提供医疗服务过程中获悉的所有患者信息，皆负无期限的保密义务。至于信息是患者直接提供，抑或经检查、治疗而知悉，抑或由医疗文件而间接知悉，抑或以其他方

---

① 《世界各国患者权利立法汇编》，唐超编译，中国政法大学出版社2016年版，第250页。
② 《世界各国患者权利立法汇编》，唐超编译，中国政法大学出版社2016年版，第311页。

式知悉，在所不问。患者已披露的信息，或法令（statutes）明确要求提供的信息，自无保密要求。①

（二）《南非全民医疗服务法》

1. 保密

《南非全民医疗服务法》第 14 条规定，涉及服务利用人的一切信息，包括涉及其健康状况、治疗事宜或住院情况的信息，皆为保密信息。除第 15 条的规定外，任何人不得披露第 1 款所说的信息，除非：服务利用人以书面形式同意披露；法院命令或者法律规定有此要求；隐瞒信息会给公众健康造成重大威胁。

2. 病历获取

《南非全民医疗服务法》第 15 条规定，倘为合法目的所必需，可以接触病历的医务人员或者医疗服务提供人，在其通常业务职责范围内，本着服务利用人的利益，得将病历中的个人信息披露给其他人、医疗服务提供人或者医疗机构。

《南非全民医疗服务法》第 16 条规定，医疗服务提供人得为下列目的，查阅服务利用人的病历：经利用人同意的治疗活动；经利用人、医疗机构首长以及相关医学研究伦理委员会的同意，为科研教学而使用相关信息。第 1 款 b 项所说科研教学活动，并不需要或者并不体现所涉服务利用人身份信息的，即不必取得第 1 款所要求的同意。

3. 病历保护

《南非全民医疗服务法》第 17 条规定，医疗机构负责人应设立监控措施，防止未经授权而能获取病历或者进入病历保管设施或系统的情况发生。下列情形构成犯罪，得处罚金或者一年以下有期徒刑，或者两者并处：为履行第 1 款可加的义务；以增添、删除或更改病历中所载信息的方式伪造病历的；未获授权而制作、更改或者销毁病历的；经合理要求，应该制作、更改病历而未制作、更改的；故意提供虚假信息的；未获授权而复制病历或者病历任一部分的；未经授权，将病历中的个人身份信息与病历中涉及利用人健康状况、治疗事宜及病史的信息联系起来；非法获取病历或者进入病历保管系统，包括拦截传输中的信息；未获授

---

① 《世界各国患者权利立法汇编》，唐超编译，中国政法大学出版社 2016 年版，第 320 页。

权,将储存病历的电脑或其他电子系统:与其他电脑或电子系统相连接;或者与任何终端或其他电子设备相连接,而这些终端或设备又与其他电脑或电子系统相连接或者构成后者的一部分;未获授权,修改或损害:储存病历的电脑或其他电子系统中,操作系统任一部分;储存病历的电脑或其他电子系统中,用来记录、储存、调取、显示信息的程序的任一部分。[①]

本章小结

通过以上三节的考察可以看出,美国作为最早对隐私权提供保护的国家,对患者隐私权的保护形成了较为完善的体系,除了侵权法(普通法)、宪法、制定法外,还有保护患者隐私的专门立法。美国的法律对隐私权的保护最早是由美国联邦最高法院通过第四条宪法修正案和第十四条宪法修正案的相关判例确立起了隐私权保护的基本标准和原则,以是否具有实际的、主观的隐私期待和社会是否认为这一期待合理作为隐私权的判断标准。后来又有了公共暴露理论和风险承担理论的进一步解释和补充,在这些理论的支撑下,美国国会进行了一系列隐私保护立法特别是个人数据保护立法,在"9·11"事件之后,国家安全也成为隐私权立法保护需要考量的重要因素,随后的立法扩大了政府可收集信息的范围,当隐私权保护遭遇国家安全和反恐时就会有所取舍。美国隐私权保护除了国家立法之外,行业自律也是加强对隐私权保护的重要方式,特别是对于许多网上业务涉及个人隐私的行业,通过建议性的行业指引来强化网络中的隐私保护,要求行业成员在收集的信息种类及用途,是否向第三方披露该信息等各方面要遵守行业网上隐私保护准则,再就是通过网络隐私认证的方式来加强网络隐私保护。而这对于我国目前在互联网渗透到人们生活的每一个空间所需要面临的隐私权保护问题具有较强的借鉴意义。

英国至今没有明确承认隐私权,但其普通法有类似的制度对隐私权

---

① 《世界各国患者权利立法汇编》,唐超编译,中国政法大学出版社2016年版,第330—331页。

进行保护，但英国作为曾经的欧盟国家，根据欧盟1995年《个人数据保护指南》也制定了《数据保护法》，其作为《欧洲人权公约》的缔约国，《人权法案（1998）》也加强了对公民隐私的保护，《英格兰全民医疗体系章程》《苏格兰患者权利和责任约章》对患者的隐私权提供了相应的保护。

法国、德国两个大陆法系的主要国家，也是欧盟成员中的重要国家，因为民法典的实施较早，故此缺乏隐私权保护的内容，都是通过各自的法院系统形成的一系列判例完成对隐私权的保护，德国形成了一般人格权的概念并发展了民法上的隐私权和宪法意义上的隐私权，将领域逐步发展到个人信息自决，制定并完善了数据保护法，实现对患者隐私的保护。法国则是在1970年之后对民法典、刑法典进行了修订，尤其是刑法典增加了大量保护隐私权的内容，另外在数据立法方面也对隐私权进行了重点保护。

日本作为继受法德民法典传统的国家，其民法典也未对隐私权作出规定，也是由法院通过一系列判例形成对隐私权的保护，受欧盟数据立法的影响，通过个人信息保护法对隐私权进行保护。

有关患者权利的公约以及世界上的很多国家都通过患者权利法、民法、医疗基本法对患者的隐私权作出了明确规定并规定了相应的保护措施。

这些国家对患者隐私权保护的立法经验都值得我国借鉴：①隐私权不同于其他具体人格权，是一项宪法性权利，其对宪法的实施、其他权利的实现有着极其重要的意义，因此在宪法层面应该以人的尊严为核心规定隐私权，以明确公共领域与私人领域理所当然的分界线；②隐私权的立法表达不仅仅是民法的问题，也要在刑法、行政法、诉讼法等领域全面展开；③患者隐私权的保护还要通过医患关系法进行特别的规定，对医患权利义务作出明确界定，加强患者隐私的保护执法措施，完善患者隐私保护的救济措施；④强调个人信息保护中的政府责任。

第五章　我国患者隐私权法律保护体系的构建

患者作为人类社会中的特殊群体，患者隐私权保护也逐渐引起社会的关注，患者首先是公民，那么关于一般公民的隐私权保护制度当然也包含了对患者隐私权的保护，而患者地位、身份的特殊性也决定了患者隐私权保护有特别之处，我国对患者隐私权的保护在立法中也做了专门的规定。本章内容既介绍了一般公民隐私权的保护，也介绍了患者隐私权的特别立法，是概括、综合的分析。

第一节　我国患者隐私权法律保护的现状及反思

一　我国患者隐私权法律保护立法现状

（一）宪法保护

《宪法》作为我国的根本大法，是治国安邦的总章程，也是"依法治国"方略的根本依据，它不仅对国家权力的设置和行使进行了规范，也对我国公民的各项基本权利进行了确认和保障。我国《宪法》并没有规定隐私权，但第37条至第40条分别规定了公民的人身自由、公民人格尊严、住宅、通信自由和通信秘密受法律保护，这四条规定都是有关公民基本权利的，属于基本人权的一部分，因为与公民的私生活密切相关，被视为隐私权的宪法依据。

（二）民法保护

1986年4月12日通过的《中华人民共和国民法通则》没有规定隐私

权，但最高人民法院随后在 1988 年通过的关于执行《民法通则》的司法解释中对隐私权保护从侧面做了规定——以保护名誉权的方式来保护隐私，[1] 1993 年、1998 年最高人民法院又根据审判实践中审理名誉权纠纷中出现的问题再次重申了对公民隐私的保护方式，[2] 2001 年最高人民法院针对民事侵权的精神损害赔偿问题通过了《关于确定民事侵权精神损害赔偿责任若干问题的解释》，该解释再次明确了"人格尊严权""人身自由权"系民事权利，虽然对隐私权仍未作出规定，但承认了隐私的人格利益。2009 年通过的《中华人民共和国侵权责任法》正式规定了"隐私权"，并在第七章"医疗损害责任"中规定了患者的隐私权保护。2014 年 6 月 23 日最高人民法院《关于审理利用信息网络侵害人身权益民事纠纷案件适用法律若干问题的规定》第 12 条明确规定了利用网络侵犯隐私权和个人信息权利的侵权责任，其中个人隐私和个人信息包括自然人基因信息、病历资料、健康检查资料等。2017 年 3 月 15 日通过的《中华人民共和国民法总则》第 109 条规定了自然人的人身自由、人格尊严受法律保护。第 110 条规定了隐私权等权利。与以往的民事立法不同，该法首次在民事法律中规定了自然人的个人信息应受法律保护的内容。[3] 2020 年 5 月 28 日第十三届全国人大三次会议通过的《中华人民共和国民法典》第 990 条规定隐私权是人格权的组成部分[4]，之后在人格权编中以专章对隐私权与个人信息保护做了明确规定，界定了隐私权、个人信息的概念，并列举了隐私权及个人信息的表现形式，还规定了对个人信息的保护。[5]

1993 年通过了《中华人民共和国消费者权益保护法》（以下简称

---

[1] 1988 年《最高人民法院关于贯彻执行〈中华人民共和国民法通则〉若干问题的意见（试行）》第 140 条规定，以书面、口头等形式宣扬他人的隐私，或者捏造事实公然丑化他人人格，以及用侮辱、诽谤等方式损害他人名誉，造成一定影响的，应当认定为侵害公民名誉权的行为。

[2] 1993 年最高人民法院对名誉权纠纷审理中出现的种种争议作了《关于审理名誉权案件若干问题的解答》，该解答的第九个问答再次确认了以名誉权方式保护公民的隐私。1998 年最高人民法院关于发布《审理名誉权案件若干问题的解释》，依然是用问答的方式回应司法实践中的争议问题，关于隐私权问题，该解释的第八个问答规定了医疗卫生单位的工作人员擅自公开患者患有性病等致使患者名誉受到损害的，应当认定为侵害患者名誉权。

[3] 《中华人民共和国民法总则》第 111 条。

[4] 《中华人民共和国民法典》第 990 条。

[5] 《中华人民共和国民法典》第 1032 条至 1039 条。

《消费者权益保护法》），这是新中国第一部有关消费者权益保护的法律。1993年的《消费者权益保护法》及2009年的修改都规定了消费者在购买、使用商品、接受服务的时候人身权利、财产权利不受损害的权利，如人身权利、财产权利受到损害有权获得赔偿，在购买、使用商品、接受服务时，人格尊严和民族风俗习惯应受到尊重。① 2013年10月25日通过的关于修改《消费者权益保护法》的决定，增加了关于公民个人信息保护的内容。如将第14条增加消费者享有个人信息依法得到保护的权利。② 第29条明确规定了经营者收集、使用消费者个人信息的基本原则：合法、正当、必要；经营者收集、使用消费者的个人信息须经消费者的同意，并且明示搜集、使用信息的目的、方式和范围，经营者应该遵守法律、法规的规定以及双方的约定收集、使用信息。该条同时规定经营者及其工作人员保障信息安全的各项义务等。③ 地方立法方面，《湖南省消费者权益保护条例》第37条明确规定了患者的三大权利：知情权、治疗选择权以及隐私权。④ 《浙江省实施〈中华人民共和国消费者权益保护

---

① 1993年、2009年的《中华人民共和国消费者权益保护法》第7条规定，消费者在购买、使用商品和接受服务时享有人身、财产安全不受损害的权利。消费者有权要求经营者提供的商品和服务，符合保障人身、财产安全的要求。第11条规定，消费者因购买、使用商品或者接受服务受到人身、财产损害的，享有依法获得赔偿的权利。第14条规定，消费者在购买、使用商品和接受服务时，享有其人格尊严、民族风俗习惯得到尊重的权利。

② 《中华人民共和国消费者权益保护法》第14条规定，消费者在购买、使用商品和接受服务时，享有人格尊严、民族风俗习惯得到尊重的权利，享有个人信息依法得到保护的权利。

③ 《中华人民共和国消费者权益保护法》第29条规定，经营者收集、使用消费者个人信息，应当遵循合法、正当、必要的原则，明示收集、使用信息的目的、方式和范围，并经消费者同意。经营者收集、使用消费者个人信息，应当公开其收集、使用规则，不得违反法律、法规的规定和双方的约定收集、使用信息。经营者及其工作人员对收集的消费者个人信息必须严格保密，不得泄露、出售或者非法向他人提供。经营者应当采取技术措施和其他必要措施，确保信息安全，防止消费者个人信息泄露、丢失。在发生或者可能发生信息泄露、丢失的情况时，应当立即采取补救措施。经营者未经消费者同意或者请求，或者消费者明确表示拒绝的，不得向其发送商业性信息。

④ 2017年5月27日修订的《湖南省消费者权益保护条例》第37条规定，医疗机构进行医疗服务，应当尊重患者的知情权、治疗选择权以及隐私权。医疗机构除实施紧急抢救的外，应当事先向患者或者其家属告知需要进行的检验检查项目及收费标准、需要使用药品的作用及价格；应当允许患者或者其家属依法查阅、复印检验检查报告、手术及麻醉记录、护理记录、医嘱单、处方等有关医疗资料；应当按照规定收费，列出医疗收费明细项目，向患者或者其家属定期提供收费清单；使用贵重药品或者特殊器械，应当事先征得患者或者其家属同意。

法〉办法》第 7 条明确了保护消费者个人信息是经营者的法定义务，并列举规定了消费者个人信息所包含的内容范围。①

（三）刑法保护

我国刑法并没有直接规定侵犯隐私的犯罪，但有一些与隐私相关的罪名。我国《刑法》第 245 条规定了非法搜查罪、非法侵入住宅罪，第 246 条规定了侮辱罪、诽谤罪，第 252 条规定了侵犯通信自由罪，第 253 条规定了私自开拆、隐匿、毁弃邮件、电报罪，第 253 条之一规定了出售、非法提供公民个人信息罪、非法获取公民个人信息罪，第 283 条规定了非法生产、销售间谍专用器材罪，第 284 条规定了非法使用窃听、窃照专用器材罪，第 285 条规定了非法侵入计算机信息系统罪，第 286 条规定了破坏计算机信息系统罪。

2015 年 8 月 29 日通过的《中华人民共和国刑法修正案（九）》对公民个人信息的保护加大了力度，涉及患者隐私权的刑法保护制度如下：修改后的第 253 条之一确定了侵犯公民个人信息罪（同时取消出售、非法提供公民个人信息罪和非法获取公民个人信息罪罪名），修改后的第 280 条确定了伪造、变造、买卖身份证件罪（取消伪造、变造居民身份证罪罪名），第 280 条之一确定使用虚假身份证件、盗用身份证件罪，修改后的第 283 条确定非法生产、销售专用间谍器材、窃听、窃照专用器材罪（取消非法生产、销售间谍专用器材罪罪名），第 286 条之一确定了拒不履行信息网络安全管理义务罪，第 291 条之一增加编造、故意传播虚假信息罪，第 308 条之一增加泄露不应公开的案件信息罪、披露、报道不应公开的案件信息罪。

（四）行政法保护

2007 年 4 月 5 日通过的《中华人民共和国政府信息公开条例》于 2019 年 4 月 3 日修订，行政机关所掌握的政府信息以公开为原则，不公

---

① 《浙江省实施〈中华人民共和国消费者权益保护法〉办法》第 7 条规定，经营者及其工作人员应当依法履行保护消费者个人信息的义务。消费者个人信息包括经营者在提供商品或者服务中获取的消费者姓名、性别、出生日期、身份证件号码、住址、职业、工作单位、联系方式、收入和财产状况、消费交易记录以及反映健康状况的体检及诊断报告、病史、治疗记录或者医疗美容记录、生物识别信息等能够单独或者与其他信息结合识别公民个人身份的信息。

开为例外,而例外情形就包括涉及个人隐私的不得公开。①《中华人民共和国居民身份证法》也规定了公安机关在履行职责中获悉的个人信息应当予以保密,②第 19 条规定了其他国家机关在履行职责、提供服务过程中获取的身份证的相关信息不得泄露,否则应承担相应的法律责任。③

(五) 信息法保护

2012 年 12 月 28 日通过了《关于加强网络信息保护的决定》,该决定第 1 条开宗明义地规定:"国家保护能够识别公民个人身份和涉及公民个人隐私的电子信息。任何组织和个人不得窃取或者以其他非法方式获取公民个人电子信息,不得出售或者非法向他人提供公民个人电子信息。"《关于加强网络信息保护的决定》提纲挈领、包罗万象,首次确立了网络服务提供者等相关单位在履行职责过程中对公民个人信息的收集使用应遵循的原则——合法、正当、必要,必须经信息主体的"知情+同意",并且对其在履行职责中获取的个人信息有保密义务;网络服务提供者对其用户发布的信息应该加强管理;网站接入服务、固定电话、移动电话等入网手续、提供信息发布服务须实施实名制;对骚扰电话和短信进行规制;公民对泄露其个人身份、散布个人隐私等侵害其合法权益的网络信息、受到商业性电子信息侵扰有删除权和制止权;公民对非法侵犯公民个人电子信息的违法犯罪行为以及其他网络信息违法犯罪行为有权进行举报、控告;政府监管部门负有信息安全保护义务、监管责任及对违法行为进行处罚。④ 2016 年 11 月 7 日通过的《中华人民共和国网络安全法》(以下简称《网络安全法》),规定了对隐私权保护的具体制度。科技进步、网络普及使得个人信息被大量采集、使用,由此引发的利用个人信息侵犯公民人身、财产安全等问题也使个人信息保护成为备受关注

---

① 《政府信息公开条例》第 15 条规定,涉及商业秘密、个人隐私等公开会对第三方合法权益造成损害的政府信息,行政机关不得公开。

② 《中华人民共和国居民身份证法》第 6 条规定,公安机关及其人民警察对因制作、发放、查验、扣押居民身份证而知悉的公民的个人信息,应当予以保密。

③ 《中华人民共和国居民身份证法》第 19 条规定,国家机关或者金融、电信、交通、教育、医疗等单位的工作人员泄露在履行职责或者提供服务过程中获得的居民身份证记载的公民个人信息,应当承担相应的民事责任、行政责任、刑事责任。

④ 2012 年 12 月 28 日第十一届全国人民代表大会常务委员会第三十次会议通过《全国人民代表大会常务委员会关于加强网络信息保护的决定》。

的话题。在此背景下,《中华人民共和国个人信息保护法(草案)》于2020年10月21日公布,面向社会公众征求意见,草案对个人信息的界定及其保护做了全面的规定,首先明确了处理个人信息所遵循的原则——处理个人信息的方式合法、正当、公开,目的明确、合理并限于实现处理目的的最小范围,并应采取相应措施保证个人信息的准确、安全。[1] 其次规定处理个人信息应遵循"告知+同意"的基本规则,然后规定了同意规则下的不同情形以及例外情形。[2] 第三,对不同情形下个人信息的处理做出了具体的有针对性的规定。[3] 第四,对个人信息中的敏感信息做了特别规定。[4] 此外,还对国家机关处理个人信息、跨境提供个人信息、个人信息处理活动中的权利与义务也做了较为详细的规定,并规定了相关职能部门对个人信息的保护职责以及侵犯个人信息所应承担的法律责任。2021年8月20日《中华人民共和国个人信息保护法》通过,2021年11月1日起施行,明确了宪法关于"国家尊重和保障人权,公民的人格尊严不受侵犯,公民的通信自由和通信秘密受法律保护"作为个人信息保护的宪法依据[5];增加了信息主体对个人信息的删除权[6];更加细化处理个人信息的原则,要符合比例原则,遵循必要、不得过度、对个人权益最小影响的原则[7];确定了个人信息的处理规则、敏感个人信息处理规则、个人信息跨境提供的规则,特别是在大数据时代背景下个人信息被广泛采集并进行分析利用,立法要求自动化决策时必须保证决策的公开透明以及结果公平、公正,在市场交易行为中不得对个人的交易条件实行不合理的差别待遇,对不特定个体进行信息推送时,应当同时提供不针对其个人特征的选项,并赋予了个人要求处理者以简洁语言加以说明的权利和拒绝权[8];明确了不满十四周岁未成年人的个人信息适用

---

[1] 《中华人民共和国个人信息保护法(草案)》第5条至第9条。
[2] 《中华人民共和国个人信息保护法(草案)》第13条至第19条。
[3] 《中华人民共和国个人信息保护法(草案)》第21条至第28条。
[4] 《中华人民共和国个人信息保护法(草案)》第29条至第32条。
[5] 《中华人民共和国个人信息保护法》第1条。
[6] 《中华人民共和国个人信息保护法》第4条第2款。
[7] 《中华人民共和国个人信息保护法》第5条、第6条。
[8] 《中华人民共和国个人信息保护法》第24条。

于敏感信息①，加大了对未成年人这一群体的保护力度；完善了对死者个人信息的保护②；规定了对违法处理个人信息、侵犯个人信息的行为应承担的相应法律责任，包括对个人信息违法行为人的信用惩戒制度、国家机关不履行个人信息保护义务的法律责任、个人信息侵权行为的民事责任等全方位的责任承担③。《个人信息保护法》作为我国第一部专门的个人信息保护法，其颁布实施对于我国个人信息保护将产生重大影响。

（六）医事法保护

2019年12月28日，《中华人民共和国基本医疗卫生与健康促进法》通过，2020年6月1日起实施，立法明确了对个人健康信息安全的保护④，在大数据时代，个人健康信息贯穿了医疗大数据、商业医疗保险定制、智能化医疗诊断等多领域，个人健康信息的保护作为个人信息保护的重要部分有了法律依据。在此之前在一些单行法律、法规中也对患者的个人信息保护有所涉及。1998年6月26日通过的《中华人民共和国执业医师法》第22条规定了医师在执业活动中应当尊重患者，保护患者的隐私；第37条规定了医师在执业活动中，泄露患者隐私，造成严重后果的，主管部门可给予警告、责令暂停执业活动、吊销其医师执业证书等行政处罚，构成犯罪的还要承担刑事责任。2008年1月23日国务院第206次常务会议通过的《护士条例》第18条规定了护士应当保护患者的隐私。第31条规定，护士在执业活动中泄露患者隐私的，主管部门可给予警告、责令暂停执业活动、吊销其护士执业证书等行政处罚。2003年7月30日国务院第16次常务会议通过的《乡村医生从业管理条例》第24条规定，乡村医生在执业活动中应当尊重患者，保护患者的隐私。

在疾病防控方面的法律法规中，1989年2月21日制定了《中华人民共和国传染病防治法》（以下简称《传染病防治法》），并分别于2004年、

---

① 《中华人民共和国个人信息保护法》第28条。
② 《中华人民共和国个人信息保护法》第49条。
③ 《中华人民共和国个人信息保护法》第66条至第71条。
④ 《中华人民共和国基本医疗卫生与健康促进法》第92条。

2013年进行了两次修正。《传染病防治法》第12条规定了疾病预防控制机构、医疗机构对于自己掌握的涉及个人隐私的有关信息、资料有义务保密，不得泄露。第68条、第69条规定了相关疾控防治、医疗机构对其获得的与公民个人隐私相关的信息、资料故意泄露的应承担相应的法律责任。[①] 2006年1月18日国务院第122次常务会议通过的《艾滋病防治条例》第39条规定了艾滋病病人及其家属的姓名、住址、工作单位、肖像、病史资料以及其他可能推断出其具体身份的信息受法律保护。第56条规定了因公开艾滋病病毒感染者、艾滋病病人或者其家属的信息的应受到相应的行政处分。

在医疗活动法律规范方面，2007年3月21日国务院制定的行政法规《人体器官移植条例》第23条规定了从事人体器官移植的医务人员的保密义务，范围包括和器官捐献、器官移植相关的人员及患者的个人信息、手术信息等资料。第27条还进一步规定了违反上述义务应当承担的行政责任和民事责任。为适应现代化病历管理的需要，更好地维护医患双方的合法权益，进一步强化医疗机构病历管理，维护医患双方的合法权益，2013年11月20日，国家卫生计生委、国家中医药管理局在原来的《医疗机构病历管理规定》的基础上进行修订，通过了《医疗机构病历管理规定（2013年版）》，其中第6条对关系到患者隐私的病历管理做了规定，[②] 同时对病历的保管、借阅与复制进行了相应的规范。国家卫生计生委、国家中医药管理局2017年组织制定的《电子病历应用管理规范（试行）》第14条对电子病历的操作规范做了规定以防止患者的病历信息被

[①] 《传染病防治法》第68条规定，疾病预防控制机构违反本法规定，有下列情形之一的，由县级以上人民政府卫生行政部门责令限期改正，通报批评，给予警告；对负有责任的主管人员和其他直接责任人员，依法给予降级、撤职、开除的处分，并可以依法吊销有关责任人员的执业证书；构成犯罪的，依法追究刑事责任……（五）故意泄露传染病病人、病原携带者、疑似传染病病人、密切接触者涉及个人隐私的有关信息、资料。第69条规定，医疗机构违反本法规定，有下列情形之一的，由县级以上人民政府卫生行政部门责令改正，通报批评，给予警告；造成传染病传播、流行或者其他严重后果的，对负有责任的主管人员和其他直接责任人员，依法给予降级、撤职、开除的处分，并可以依法吊销有关责任人员的执业证书；构成犯罪的，依法追究刑事责任……（七）故意泄露传染病病人、病原携带者、疑似传染病病人、密切接触者涉及个人隐私的有关信息、资料的。

[②] 《医疗机构病历管理规定（2013年版）》第6条规定，医疗机构及其医务人员应当严格保护患者隐私，禁止以非医疗、教学、研究目的泄露患者的病历资料。

泄漏。① 2019年12月28日通过的《中华人民共和国基本医疗卫生与健康促进法》，专门规定了医疗机构及其工作人员应尊重患者的人格尊严，保护患者隐私权。② 还进一步规定了保护与公民隐私有着密切关系的公民个人健康信息安全③，以及危害公民个人健康信息安全所应承担的法律责任④。

二 我国患者隐私权法律保护的总体评价

在党的十一届三中全会上，党中央提出，"宪法规定的公民权利，必须坚决保障，任何人不得侵犯。""为了保障人民民主，必须加强社会主义法制，使民主制度化、法律化，使这种制度和法律具有稳定性、连续性和极大的权威，做到有法可依，有法必依，执法必严，违法必究。"党的十一届三中全会开启了改革开放的伟大征程，也开启了社会主义民主法治建设的伟大征程，党带领人民开启了中国特色社会主义法治道路，坚持"有法可依，有法必依，执法必严，违法必究"的法制建设十六字方针取得了伟大的成就。2010年以宪法为统帅，以法律为主干，由宪法、民商法、行政法、经济法、社会法、刑法、诉讼与非诉讼程序法等多个法律部门组成的中国特色社会主义法律体系已经形成。⑤ 隐私权的法律保护问题虽然提出得较晚，但由于隐私的特点，是一种基于本能的需要，因此对隐私利益的保护并不晚。例如，1982年3月8日全国人民代表大

---

① 《电子病历应用管理规范（试行）》第14条规定，电子病历系统应当对操作人员进行身份识别，并保存历次操作印痕，标记操作时间和操作人员信息，并保证历次操作印痕、标记操作时间和操作人员信息可查询、可追溯。

② 《中华人民共和国基本医疗卫生与健康促进法》第33条规定，公民接受医疗卫生服务，应当受到尊重。医疗卫生机构、医疗卫生人员应当关心、爱护、平等对待患者，尊重患者人格尊严，保护患者隐私。

③ 《中华人民共和国基本医疗卫生与健康促进法》第92条规定，国家保护公民个人健康信息，确保公民个人健康信息安全。任何组织或者个人不得非法收集、使用、加工、传输公民个人健康信息，不得非法买卖、提供或者公开公民个人健康信息。

④ 《中华人民共和国基本医疗卫生与健康促进法》第105条，违反本法规定，扰乱医疗卫生机构执业场所秩序，威胁、危害医疗卫生人员人身安全，侵犯医疗卫生人员人格尊严，非法收集、使用、加工、传输公民个人健康信息，非法买卖、提供或者公开公民个人健康信息等，构成违反治安管理行为的，依法给予治安管理处罚。

⑤ 2011年3月10日，时任全国人大常委会委员长吴邦国在十一届全国人大四次会议第二次全体会议上宣布，中国特色社会主义法律体系已经形成。

会常务委员公布，10月1日起施行的《中华人民共和国民事诉讼法（试行）》就有隐私保护的内容①，1979年7月1日第五届全国人民代表大会第二次会议通过、1980年1月1日起施行的《中华人民共和国刑事诉讼法》有保护当时称之为"阴私"的内容。② 应该说，改革开放四十多年来法治建设的伟大成就有目共睹，患者隐私权的保护体系建设也是一个逐步发展完善的过程，并卓有成效。

（一）隐私权法律保护的宪法依据

隐私权作为一项基于人的本能安全需要的权利因为涉及人的尊严，与每一个国家的宪法有着密切的联系。美国隐私权的保护虽然起源于学说，但其发展与宪法第四修正案、第三修正案、第五修正案、第一修正案、第十四修正案密切相关。德国隐私权的保护也是基于《联邦德国基本法》第1条人之尊严不受侵犯、第2条人人得自由发展其人格的规定，由联邦法院和宪法法院通过判例形成。我国宪法虽然对公民隐私权的保护没有直接规定，但对公民基本自由、基本权利的详尽规定为隐私权的保护奠定了宪法基础。特别是我国《宪法》第37条规定了公民的人身自由权这一基本权利，第38条对人格尊严的保护，第39条规定了公民的住宅不受侵犯，第40条规定了公民的通信自由和通信秘密的权利。这四条规定与公民的私生活密切相关，为隐私权的宪法依据。另外，我国《宪法》第33条第3款规定，"国家尊重和保障人权。"第21条明确规定了国家对人民健康的保护，③ 第45条第1款规定的公民的社

---

① 《中华人民共和国民事诉讼法（试行）》（1982年）第58条规定："人民法院对于涉及国家机密或者个人隐私的证据应当保密。需要向当事人出示的，不得在公开开庭时进行。"第103条规定："人民法院审理民事案件，除涉及国家机密、个人隐私或者法律另有规定的以外，一律公开进行。离婚案件当事人申请不公开审理的，可以不公开审理。"

② 《中华人民共和国刑事诉讼法》（1979）第111条规定："人民法院审判第一审案件应当公开进行。但是有关国家机密或者个人阴私的案件，不公开审理。十四岁以上不满十六岁未成年人犯罪的案件，一律不公开审理。十六岁以上不满十八岁未成年人犯罪的案件，一般也不公开审理。对于不公开审理的案件，应当当庭宣布不公开审理的理由。"

③ 《宪法》第21条规定："国家发展医疗卫生事业，发展现代医药和我国传统医药，鼓励和支持农村集体经济组织、国家企业事业组织和街道组织举办各种医疗卫生设施，开展群众性的卫生活动，保护人民健康。国家发展体育事业，开展群众性的体育活动，增强人民体质。"

会物质帮助权,① 这些有关健康权的规定也都是有关患者的人权,与患者的隐私权密切相关。

(二) 隐私权的刑法、民法、诉讼法保护已有基础

对隐私权的刑法保护方面,我国《刑法》已经规定了非法搜查罪、非法侵入住宅罪、侮辱罪、诽谤罪、侵犯通信自由罪、私自开拆、隐匿、毁弃邮件、电报罪、出售、非法提供公民个人信息罪;非法获取公民个人信息罪,伪造、变造居民身份证罪,非法生产、销售间谍专用器材罪,非法使用窃听、窃照专用器材罪,非法侵入计算机信息系统罪,破坏计算机信息系统罪等直接或间接保护公民隐私权的罪名。2015年《刑法修正案(九)》又加强了对公民个人隐私、个人信息保护的一些罪名,如侵犯公民个人信息罪、伪造、变造、买卖身份证件罪(取消伪造、变造居民身份证罪罪名)、使用虚假身份证件、盗用身份证件罪,拒不履行信息网络安全管理义务罪,编造、故意传播虚假信息罪,泄露不应公开的案件信息罪,泄露、报道不应公开的案件信息罪。这些罪名虽然大多数都不是直接侵犯隐私权的,但在客观上能够保障公民的隐私权。

隐私权的民事立法保护方面,在《民法典》颁布实施之前,已有多部法律对隐私权保护做出规定,《侵权责任法》明确规定了隐私权,并在该法第62条规定医疗机构及其医务人员隐私权的侵权责任。最高人民法院《关于审理利用信息网络侵害人身权益民事纠纷案件适用法律若干问题的规定》第12条明确规定了网络侵犯隐私权和个人信息权利的侵权责任,同时规定了一些例外情形,这些规定的内容科学合理。2017年10月1日起施行《中华人民共和国民法总则》作为民法典的总则部分再次规定了隐私权这一重要的民事权利。《消费者权益保护法》是较早规定了隐私权保护内容的,但对于医患关系是否适用《消费者权益保护法》的问题,法律并未作明确规定,一些地方的地方性法规有一些突破。2020年通过的《民法典》在总结之前立法及司法实践的基础上,对隐私权及个人信息权的保护作出了全面的规定。并且关于患者隐私权保护,《民法

---

① 《宪法》第45条第1款规定:"中华人民共和国公民在年老、疾病或者丧失劳动能力的情况下,有从国家和社会获得物质帮助的权利。国家发展为公民享受这些权利所需要的社会保险、社会救济和医疗卫生事业。"

典》第 1226 条对原《侵权责任法》第 62 条进行了修改，规定了医疗机构和医务人员泄露患者的隐私和个人信息，或者未经患者同意公开其病历资料的，应当承担侵权责任，这更有利于对患者隐私权的保护。

隐私权的诉讼法保护方面，我国现行的三大诉讼法都非常重视当事人及相关人的隐私的保护，都分别设计了相应的制度予以保障。而且，我国 1979 年《刑事诉讼法》、1982 年《民事诉讼法（试行）》早就规定了对公民隐私（阴私）的保护内容，虽然未必将其视为一种权利来保护的。

（三）隐私权的行政法保护已有基础

对患者隐私权的行政法（包含综合立法）保护已有一定的基础，《关于加强网络信息保护的决定》《中华人民共和国网络安全法》明确了国家保护能够识别公民个人身份和涉及公民个人隐私的电子信息，并且在隐私权保护方面确定了一些保护原则、相应的制度及民事、行政、刑事责任的承担。《执业医师法》规定了执业医师保护患者隐私的义务，执业活动中隐匿、伪造或者擅自销毁医学文书及有关资料的、泄露患者隐私，造成严重后果的应承担相应的行政处罚和刑事责任。《护士条例》规定了护士保护患者的隐私的义务，护士在执业活动中有泄露患者隐私等行为的应承担相应的行政处罚和刑事责任。《乡村医生从业管理条例》规定了乡村医生在执业活动中应当履行保护患者隐私的义务。《艾滋病防治条例》规定，疾病预防控制机构和出入境检验检疫机构进行艾滋病流行病学调查时，任何单位或者个人不得公开艾滋病病毒感染者、艾滋病病人及其家属的姓名、住址、工作单位、肖像、病史资料以及其他可能推断出其具体身份的信息。医疗卫生机构公开艾滋病病毒感染者、艾滋病病人或者其家属的信息的，应承担相应的行政处罚或刑事责任，出入境检验检疫机构、计划生育技术服务机构或者其他单位、个人公开艾滋病病毒感染者、艾滋病病人或者其家属的信息的法律责任。《中华人民共和国传染病防治法》规定了疾病预防控制机构、医疗机构泄露与公民隐私相关的个人信息、资料所应承担的行政责任和刑事责任；医疗机构在医疗救治过程中未按照规定保管医学记录资料、故意泄露与公民隐私相关的个人信息、资料应承担法律责任。《人体器官移植条例》规定了从事人体器官移植的医务人员对与人体器官捐献相关人员的个人资料保密义务，泄露相关人员的个人信息与资料的，应承担相应的行政处罚和刑事责任，给他人造成损害的，应当依法承担民事责任。《医疗机构病历管理规定（2013年版）》规定了医疗机构及其医务人员应当保护患者隐私，除非为了非医疗、教学、研究目的，否则不得泄露患者的病历资料，并在病历的保管、借阅和复制方面规定了一些防止隐私权被侵犯的规则。《电子病历应用管理规范（试行）》规定了对电子病历系统操作的规范化管理，保证每一次操作都有据可查、可追溯到责任人，以确保患者的隐私权不受侵犯。《个人信息保护法》以专章规定履行个人信息保护职责的部门负责个人信息的保护及监督管理，明确职能部门的职责、为履行职责采取相应措施，规定了个人信息保护的约谈制度、投诉举报制度。

三　我国患者隐私权法律保护的不足

（一）"医患关系法"长期缺位

黄帝被称之为中华民族的始祖，是伟大的领导者，也是伟大的医者，相传《黄帝内经》这样的传世医书就是为其所作，表现出了济世与救人的完美统一。从汉朝起人们用"悬壶济世"的语言歌颂医生这一个职业，用"夫医道者，以济世为良"描述医生的医者仁心，以"妙手回春"赞誉医生的精湛医术，用"医者，父母心"定位医患之间信任与配合。人的一生可以选择"不娶妻，不生子，放弃财产、爵位"，做一个守卫长城的"守夜人"[①]，但却不可能不与医生打交道。因此医患关系的历史可能和人类的历史一样久远，远古的医术混同于巫术，宗法社会的医术混同于儒学，医患关系混同于道德关系，到了近现代，医术成为科学，医患关系亦从道德关系演变为法律关系，而且是最普遍的法律关系。"理想的医患关系应该是一种相互信赖、合作而富有成效的关系。这并不是对人类某个时段医患关系的描述，而是高于现实、为人类所追求并据以评价医患关系的标尺。"[②] 在科学技术、医学不太发达的农业社会，医馆、药铺、江湖游医提供了基本的医疗服务，"看病难，看病贵"的问题似乎并

[①] 用语来自 HBO 出品的电视剧《冰与火之歌——权力的游戏》。
[②] 曾日红：《反思法律对社会关系对立面的强化——从知情同意权切入》，《南京大学法律评论》2011 年第 36 期。

不存在或并不突出。随着科学技术的发展，医学渐成为一门科学，社会的分工更加明确，医疗行为成为一种更加专业的服务行为，医疗卫生事业成为一个国家发展战略的一部分，也成为一个国家政治经济关系的重要交汇点。宏观政策层面，医改是每一个国家"一直在路上"的永恒话题；落实在社会实践中，医患关系又是一种涉及多方面的权利义务关系。医患关系是否和谐关系到医疗卫生事业的发展和社会的稳定。

新中国成立后改革开放前，城镇职工的免费医疗和农村的赤脚医生、乡镇卫生院提供了国家供养模式的医疗公共服务，医患关系混同于全国一盘棋的计划关系之中。新中国成立之初，医疗保障体系尚未建立，到20世纪70年代，我国公民已经拥有了较为全面医疗保障，有企业职工的劳保医疗制度，机关事业单位的公费医疗制度，农村的合作医疗制度。到了90年代，随着经济体制改革的深化，各种不同性质的社会医疗保险（医保）为全民提供了医疗保障。2009年开始大规模推行新型农村合作医疗保险（新农合）为农民这一庞大群体的卫生健康提供了医疗保障。然而随着医疗改革的推进，各大医院纷纷采用新技术、新药物，投入大量资金改善医院的硬件与软件建设，医疗收费也相应提高，患者觉得难以承受日益增长的医疗费用，而广大医务人员也认为自己的付出在薪酬方面得不到应有的体现，医院的腐败问题日趋严重。患者权利得不到保障，暴力伤医的事件又层出不穷，医患关系的对立严重影响到社会的安定和谐。

医患关系是一种一方提供服务、另一方提供报酬的服务关系，但这又不同于一般的劳务关系，而是建立在极强信任基础上的委托代理关系，有着平等的民事性质，但这种关系是受到国家卫生主管部门监督的特殊关系，又因为是一个国家社会保障体系的重要组成部分而带有极强的社会性。改革开放以后，我国先后制定了《执业医师法》《医疗机构管理条例》《医疗机构管理条例实施细则》《医疗事故处理条例》《母婴保健法》《病历书写规范》等一系列法律法规，《民法通则》《民法典》等民事立法、《刑法》中有关犯罪与刑罚只是适用于医患之间出现侵权和严重的医疗事故时才纳入其调整范围，统一的卫生法一直缺位，《消费者权益保护法》能否适用于医患关系一直未予明确，关于患者和医疗机构及医务人员的权利义务从未在一部法律中予以完整地体现，调整医患关系的"医患关系法"一直缺位。这也是当前医患关系紧张的制度原因,关于患者隐私权的保护只能散见于各个单行法律法规之中,缺乏系统性的制度安排。

(二)个人信息保护法长期缺位

医疗信息或医疗数据是个人信息的重要组成部分,在世界各国的法律体系中,都属于"敏感信息",属于隐私权的客体或者与隐私权存在紧密的联系。医疗信息的收集、处理与利用以及以何种方式、目的、范围收集、处理与利用事关患者的隐私保护和医疗科学事业的发展。我国虽然已经制定了《网络安全法》,对个人信息的收集、处理与利用也做了一些原则性的规定,但《网络安全法》调整的主要是有关互联网领域的社会关系,医疗信息或数据与其他个人信息并不一样,有更强的隐秘性,因此应该在信息保护立法中占有独特的法律地位,适用特殊的法律规则。这次《个人信息保护法》的颁布实施使我国在患者的隐私保护有了更为明确直接的法律依据,已改善其长期缺位造成的保护不力现状。

(三)单行法律法规之间、一般法与特别法之间不协调

《执业医师法》《护士条例》都规定了执业医师在执业活动中有泄露患者隐私等行为的应承担相应的行政处罚和刑事责任,但未规定民事责任。《乡村医生从业管理条例》虽然规定了乡村医生在执业活动中应当履行保护患者的隐私的义务,但对乡村医生侵犯患者隐私权的责任未做任何规定。《民法典》明确规定了医疗机构及其医务人员对患者的隐私和个人信息的保密义务,以及泄露患者的隐私、个人信息及其病历资料的应当承担相应侵权责任。但缺乏更具体操作的规定,使得患者在维护自己的隐私权时还是有一定的困难。

(四)刑法缺乏直接保护隐私权的内容

现行刑法对直接侵害隐私权的行为缺乏规定,《刑法修正案九》颁行前,非法侵入住宅罪是最接近保护公民隐私的规定,对于其他侵犯个人隐私的行为,如偷拍、偷录等行为未作入罪化处理。《刑法修正案九》虽然增加了许多关于信息犯罪的内容,但最直接隐私保护的只有泄露不应公开的案件信息罪,披露、报道不应公开的案件信息罪,这两个罪名对泄漏个人隐私信息的规制作用是有限的。

（五）民法对隐私权与个人信息的"纠结"

《民法典》第六章规定了隐私权和个人信息，和《民法总则》的规定一样，对隐私权和个人信息的关系作了并列规定，把个人信息作为一种应予保护的利益作了制度设计，但二者依然存在着剪不断理还乱的"纠结"。《民法典》第110条对隐私及隐私权保护做了规定，[①] 但第1034条同时规定自然人的个人信息权，[②] 这两条之间存在"纠结"，隐私权的客体包含了私密性的私人信息，但私密性不但是一个主观的概念，而且是涉及自主决定的问题——第1034条规定的个人信息很多内容完全带有私密性。另外，有人认为身份证号码一般认为不具有私密性，但也有很多认为具有私密性。根据《居民身份证法》的规定，完全可以理解为具有私密性。另外，《民法典》第1033条规定了侵犯公民隐私权的多种情形，[③] 第1037条规定了个人信息主体的权利——自然人可以请求信息持有人及时删除其个人信息。根据这两条的规定，前者属于侵犯隐私权的行为，后者是信息收集的违法行为，两者采取的救济方式并不完全相同，违法搜集个人信息的行为与刺探行为的区别在哪里呢？还有第1036条对处理个人信息的免责情形的规定显然缺乏制约条件，例如为学术研究、课堂教学或者统计目的在合理范围内实施的行为、为维护公序良俗而实施的必要行为，对于这些情形应该规定具体的使用条件，比如隐去当事人身份信息等，这样才能确保个人隐私不被泄露。

四 我国患者隐私权法律保护不足的原因分析

（一）对患者权利重视不够

在医患关系这一特殊关系中，医患双方地位悬殊。毫不夸张地说，

[①] 《民法典》第110条规定，自然人享有隐私权，任何组织或者个人不得以刺探侵扰、泄露、公开等方式侵害他人的隐私权。本法所称隐私是具有私密性的私人空间、私人活动和私人信息等。

[②] 《民法典》第1034条规定，自然人的个人信息受法律保护。个人信息是以电子或者其他方式记录的能够单独或者与其他信息结合识别自然人个人身份的各种信息，包括自然人的姓名、出生日期、身份证件号码、个人生物识别信息、住址、电话号码等。

[③] 《民法典》第1033条规定，除法律另有规定或者权利人同意外，任何组织或者个人不得实施下列行为：……以短信、电话、即时通讯工具、传单、电子邮件等方式侵扰他人的生活安宁；以其他方式侵害他人的隐私权。

因为医疗机构、医务人员在资金、技术、信息方面处于高度的优势地位，而患者在这些方面完全处于劣势地位，再加上本身就是患病之人，身体与精神都处于痛苦之中，权利意识和观念更加薄弱，"好死不如赖活"的心理更加不利于其权利的维护。正因为如此，在其他领域权利本位社会本位的法律意识都已经占据了主导地位，在医患领域，权利本位的思想还未建立，命令与服从的义务本位观念依然根深蒂固。

（二）医疗公共服务非均等化

中国医疗公共服务的非均等化一直都存在，市场化改革之后这一情况加剧了，城乡差别日趋扩大，城市之间的差距也在拉大，优秀的医疗资源越来越集中，"看病难"在一定程度上是在这样的背景下产生的。大医院人满为患，小医院门可罗雀，医疗资源的非均等化、三级分诊流于形式。在人满为患的就医环境中，隐私权保护成为奢侈之谈。

（三）关于隐私的意识和权利观念相对薄弱

在生命健康和隐私的利益衡量中，无论是医疗机构、医务人员还是患者都是将生命健康置于首要地位，隐私则是次要的，甚至是可以忽略的。在患者的隐私和医疗事业之间，隐私也是被忽略的，这也是在诊疗过程中，主治医生带领着大群的实习学生在场的主要原因。

第二节　我国患者隐私权的一般法保护构建

一　患者隐私权的宪法保护

日常生活上所谈的隐私权一般是指民法上的隐私权，通常指是一个人私生活不受打扰，而实际上隐私权也同样是排除公权力的任意或非法干涉的，在此意义上的隐私权是宪法意义上的隐私权，属于人权的范畴。隐私权的多重保障有利于人的尊严的维护，有利于基本权利的实现，有利于保障人民的美好生活的追求。

我国《宪法》第37条、第38条、第39条、第40条规定了公民的人身自由权、人格尊严、住宅、通信自由和通信秘密，这四条规定与公民的私生活密切相关，理论界将这四条作为隐私权的宪法依据。众所周知，隐私权虽然起源于学说，但其发展与完善却是通过对"宪法解释"的判例进行的，尤其是大陆法系的"人的尊严"的法律适用。能否从我国

《宪法》第 38 条推演出隐私权的宪法保护是一个需要探讨的问题,如果不能,则必须对宪法规范作出新的创制,以适应信息时代对隐私权保护的迫切需要。

(一)我国《宪法》第 38 条对"尊严"规定评析

在第二次世界大战结束的前后,人权的重要性几乎成为一个国际性的共识。而"尊严"则是人权话语中的一个基础概念。正如有学者指出的,"尊严是现代人权话语的中心,也是最接近于能够被普遍接受的宪法价值,它影响到大量的国家宪法、国际公约和宣言"。[①] 1945 年《联合国宪章》在"序言"中开宗明义地指出,联合国人民同兹决心,"欲免后世再遭今代人类两度身历惨不堪言之战祸,重申基本人权,人格尊严与价值,以及男女与大小各国平等权利之信念"。1948 年 12 月 10 日通过的《世界人权宣言》宣称对人类固有尊严及其平等的和不可转移的权利的承认是世界自由、正义与和平的基础。[②] 第 22 条规定了每个人作为社会的一员有权享受他的个人尊严和人格的自由发展所必需的经济、社会和文化方面各种权利的实现;第 23 条规定了劳动者有权得到公正、合适报酬的权利、必要时的社会保障保证使他本人和家属有一个符合人的尊严的生活条件。1966 年联合国签署的《公民权利与政治权利国际公约》以及《经济、社会与文化权利国际公约》均规定了人的尊严,将其表述为"人的固有尊严"(inherent dignity of the human person)。1949 年联邦德国基本法使用"人的尊严",第 1 条规定:"人的尊严不可侵犯,尊重和保护它是国家的义务"。日本宪法第 13 条和第 24 条分别使用人格与人的尊严。前文已述及,德国联邦法院和日本的法院系统基于宪法的规定,提出和发展了一般人格权和隐私权的保护。和这些国家一样,我国宪法也并没有规定一般人格权和隐私权,也是规定了人格尊严不受侵犯,而且我国宪法使用的是"人格尊严"而非"人的尊严",同时也不是在公民基本权利义务一章规定,因此隐私权有没有宪法保护依据在学界历来有

---

① M. Rosen, Dignity: ItsHistoryandMeaning, HarvardUniversityPress, 2012, pp. 1 - 2. 转引自王旭:《宪法上的尊严理论及其体系化》,《法学研究》2016 年第 1 期。

② 《世界人权宣言》第 1 条规定人人生而自由,在尊严和权利上一律平等。第 12 条规定了"任何人的私生活、家庭、住宅和通信不得任意干涉,他的荣誉和名誉不得加以攻击。人人有权享受法律保护,以免受这种干涉或攻击"。

争议。

一般认为,"文化大革命"期间,全国性的普遍性的侮辱人格、蔑视人权的行径,譬如给被批斗人员"戴高帽子"、"喷气式"坐姿、"剃阴阳头"、"牛鬼蛇神"抄家、贴有辱人格尊严的大字报等,使包括党和国家领导人在内的亿万中国人民蒙受灾难。虽然《中华人民共和国宪法》（1954年）在第89条规定了我国公民的人身自由不受侵犯的权利,第90条规定了公民住宅不受侵犯,通信秘密受法律的保护,但并未规定人格尊严应受法律保护。[①] 在反思"文化大革命"教训的基础上,我国1982年《宪法》明确了对人格尊严的保护——中华人民共和国公民的人格尊严不受侵犯。为落实《宪法》这一规定,1986年《民法通则》第101条规定了对公民名誉权的保护。[②] 我国当下的民事立法已经确认了公民的一般人格权,先有《民法总则》对公民人格尊严和公民个人信息的保护[③],后有《民法典》对人格权、人格尊严及个人信息的保护。这些内容应该说都是《宪法》第38条的具体化,但隐私权不同于其他人格权,隐私权不仅仅涉及防止来自他人的侵害,还面临着防止公权力侵害的危险。因此对于隐私权的宪法保护一直是一个理论和实务中亟待解决的问题。从我国现行宪法的立法背景及第38条的字面理解,第38条第一句虽然规定了"公民的人格尊严受法律保护",但第二句又规定了"禁止用任何方法对公民进行侮辱、诽谤和诬告陷害",第二句应是第一句的进一步解释。这样一来,第38条并不是对宪法"人的尊严"的涵盖性规定,而是一个具体性的规定,其保护的范围仅限于人的名誉、荣誉,并不能因此直接

[①] 《宪法》（1954年）第89条规定,中华人民共和国公民的人身自由不受侵犯。任何公民,非经人民法院决定或者人民检察院批准,不受逮捕。第90条规定,中华人民共和国公民的住宅不受侵犯,通信秘密受法律的保护。

[②] 《民法通则》第101条规定,公民、法人享有名誉权,公民的人格尊严受法律保护,禁止用侮辱、诽谤等方式损害公民、法人的名誉。

[③] 《民法总则》第109条规定,自然人的人身自由、人格尊严受法律保护。第110条规定,自然人享有生命权、身体权、健康权、姓名权、肖像权、名誉权、荣誉权、隐私权、婚姻自主权等权利。第111条规定,自然人的个人信息受法律保护。任何组织和个人需要获取他人个人信息的,应当依法取得并确保信息安全,不得非法收集、使用、加工、传输他人个人信息,不得非法买卖、提供或者公开他人个人信息。

得出一般人格权的概念,更得不出隐私权的概念。①

(二) 尊严的法律属性

事实上,"尊严"是一个比隐私更难界定的概念,不同的历史发展时期、不同的经济条件、不同的文化背景下人类对尊严有着不同的理解。在我国的传统文化中,"士可杀,不可辱"是对尊严的追求,而追求的尊严价值大体是"富贵不能淫,贫贱不能移,威武不能屈"。② 在欧洲决斗文化中为尊严而决斗的可能是名誉。虽然尊严在不同文化中有不同的表达,但人的尊严一定是人自身的某种属性,是对人本质的某种揭示。有学者在神学意义上阐发尊严的含义,认为人虽然是上帝的造物,但上帝允许人类对生活的自我选择和自由,这就是人的尊严,人有权自由选择并成为他所愿意的样子。③ 正如康德所描述的,在目的王国是一个由普遍规律约束起来、不同的有理性的东西组成的体系,任何理性的东西都应该遵从人永远是自身的目的而不应当被作为工具,只有道德以及与道德相适应的人性才是具有尊严的东西。④ 人有能力自主决定,这是人与生俱来的本性,其核心是人性的不受支配性。正基于此人的尊严就包含了人在道德理性上的平等,有着同样的自由发展人格资格,他人无权干涉。⑤

正因为尊严在人的自由发展中的独特地位,才顺理成章地进入第二次世界大战之后的诸多人权条约和各国宪法。但法律文本中的尊严条款或尊严表述究竟是政治宣示、指导思想还是宪法原则、宪法规范,这是

---

① 亦有学者认为,《宪法》第38条规定的后段重点防范的是"侮辱""诽谤"等有损人格尊严的行为,而不是指对人的整体形象加以维护的人的尊严问题。但其认为,此处的"人格尊严"实质上是指排除国家侵犯的公法意义上的"人格权"。同时使"尊严"仅仅以"人格"为限,尊严被限缩在权利的规定之中,欠缺对整体的人的尊严的维护,也导致尊严与荣誉、名誉、隐私、形象等纠缠不清。参见胡玉鸿:《我国现行法中关于人的尊严之规定的完善》,《法商研究》2017年第1期。

② 参见陈嘉明《尊严与权利:基于中国社会视角的一种探究》,《马克思主义与现实》2011年第2期。

③ P. Mirandola: On the Dignity of Man, trans. by C. Glenn Wallis, Hackett Publishing Group, 1998, p. 5. 转引自王旭:《宪法上的尊严理论及其体系化》,《法学研究》2016年第1期。

④ [德]伊曼努尔·康德:《道德的形而上学原理》,苗力田译,上海人民出版社2018年版,第40、42页。

⑤ 王旭:《宪法上的尊严理论及其体系化》,《法学研究》2016年第1期。

尊严的法律属性问题。[1] 另外人的尊严和人的基本权利在人权条约和宪法文本中的同时出现，也会让二者的关系成为一个难解之谜。在我们看来，人的尊严并不是一项独立的权利，而是人的基本权利的另一描述，是对基本权利的一种高度凝练和抽象，二者在不同的语境中使用。人的尊严在具体的权利表达中表现在人的正当生存权（如生命权）、人身自由权、思想自由；人格尊严；行为自主权。[2]

如果换一种表达方式，那就是尊严包含了消极自由和积极自由的内容。消极自由的权利体系中以"不受支配"的自治为核心，具体包括自我选择（如在美国的社会运动中的堕胎自由，法官即明确提出"很少有决定比妇女做出堕胎的决定更加私密，更关系到个体基本的尊严和自治"）、隐私权[3]，再就是众所周知的德国联邦宪法法院基于《基本法》第2条所保护的"人格发展自由"，得出一般人格权及隐私权应受到保护的结论。德国联邦宪法法院曾指出"国家为了促进个人自由和确保个人负责任地发展自己的人格，必须保留个体的私人空间，在这个空间里个体就是他自己的主人"。[4] 作为积极自由的权利体系中以获得社会保障的权利为例，南非宪法法院在1998年的"最低福利待遇案"中就指出"社会保障是宪法赋予国家的给付义务，国家通过各种福利保证每一个人的最低生活水平，它以充分实现人的尊严为标准"。[5] 除此之外，尊严还体现在积极参与政治生活、获得社会保障和受教育权等文化权利。[6] 人的尊严是一个基本权利的集合和高度抽象，其价值在于描述某一基本权利的时候总能与尊严相连接，因此在宪法文本中，尊严条款或尊严表述是不可缺少的。

---

[1] 郑贤君：《宪法"人格尊严"条款的规范地位之辨》，《中国法学》2012年第2期。

[2] 胡玉鸿：《我国现行法中关于人的尊严之规定的完善》，《法商研究》2017年第1期。

[3] 例如1966年美国"酒精测试案"，法官即提出"公权力机构任性的和具有侵略性的检测行为违反了联邦宪法第14修正案保护的尊严"。参见王旭《宪法上的尊严理论及其体系化》，《法学研究》2016年第1期。

[4] D. Kommers and R. Miller, The Constitutional Jurisprudence of the Federal Republic of Germany, Duke University Press, 2012, p.399. 转引自王旭：《宪法上的尊严理论及其体系化》，《法学研究》2016年第1期。

[5] Decision32/1998（Ⅵ.25.）ABH1998, 251. 转引自王旭：《宪法上的尊严理论及其体系化》，《法学研究》2016年第1期。

[6] 王旭：《宪法上的尊严理论及其体系化》，《法学研究》2016年第1期。

(三) 隐私权的宪法保护

鉴于人的尊严在宪法中的独特地位已成共识，人的尊严条款进入我国宪法亦有独特的价值和现实意义。我国《宪法》第 38 条虽然规定了"人格尊严不受侵犯"，但整体并非是一个具有高度概括性的原则性条款。在这个意义上我国现行宪法对"人的尊严"这样一种基础性价值原理的表述是缺位的。[①] 在宪法修改之前，有学者提出通过宪法解释来补正第 38 条的规范内涵，将第一句理解为人的尊严这一基础性原理，将第二句理解为狭义上的人格权。[②] 有学者也建议通过宪法解释的方法解决问题，但其主张将"国家尊重和保障人权"包含"尊重和保障人的尊严"。[③] 但这两种解释方案都存在牵强附会的生搬硬套问题，第一种方案无视宪法第 38 条的立法原意，将该条人为地割裂，即使不受限于"原旨主义"，该方案也过于生硬。第二种方案则颠倒了人权与人的尊严的关系，尊严是对人的地位和价值的确认，人权是尊严的推演，因此这种方法也不应采用。[④] 最适合的路径应是在宪法修改中增加"人的尊严"的表述，这是对人的宪法地位的一种确认，正式确定以人民为中心的治国理念。而作为人的尊严重要内容的隐私权是划定私人领域和公共领域的核心概念，也应该在宪法修改中加入"任何人的私生活受法律保护，不受任意的和非法的干涉"。[⑤] 当然即使隐私权不在宪法修改中直接体现，也能在"人的尊严"这一价值之下直接推演。

二 患者隐私权的行政法保护

(一) 公共行政中隐私权保护的必要性

在西方社会的自由资本主义时期，政府只扮演一个"守夜人"的角色，其职能只限于军事与治安。一名守法的英国人除了邮局和警察以外，几乎

[①] 林来梵：《人的尊严与人格尊严——兼论中国宪法第 38 条的解释方案》，《浙江社会科学》2008 年第 3 期。

[②] 林来梵：《人的尊严与人格尊严——兼论中国宪法第 38 条的解释方案》，《浙江社会科学》2008 年第 3 期。

[③] 上官丕亮：《论宪法上的人格尊严》，《江苏社会科学》2008 年第 2 期。

[④] 胡玉鸿：《我国现行法中关于人的尊严之规定的完善》，《法商研究》2017 年第 1 期。

[⑤] 王秀哲：《信息社会个人隐私的公法保护研究》，中国民主法制出版社 2017 年版，第 107 页。

意识不到政府的存在就能平安度过他的一生。在美国，政府在经济领域的作为仅限于公共设施、公共服务的提供。但到了19世纪末，出现了翻天覆地的变化，科技与经济的发展带来的诸如就业、教育、卫生、交通、环境污染的问题严重影响到社会的安定，政府不得不从"守夜人"成为"超人"而逐步渗透到社会生活的各个领域，于是出现了强大的"行政国"，现代行政已经不再是单纯的警察行政，行政的职能更加广泛，为实现社会公平正义，福利行政、社会行政正逐渐成为行政的重要部分。①

我国坚持中国特色社会主义道路，新中国成立以来尤其是改革开放以来，我国在探索国家治理体系与治理能力现代化的道路上取得了伟大的成就，健全和发展了社会主义民主政治，在政府与市场关系方面取得了新的突破性认识，习近平总书记指出："使市场在资源配置中起决定性作用和更好发挥政府作用，政府和市场在各自领域发挥自己的作用。改革开放以来，我们对政府的职能的科学地定位是'经济调节、市场监管、社会管理和公共服务'"。②党的十八届三中全会将我国政府的职能更准确地定位为"加强中央政府宏观调控职责和能力，加强地方政府公共服务、市场监管、社会管理、环境保护等职责"。在互联网及大数据时代，政府各部门履行相应职能都需要掌握足够的信息，尤其是行政相对人的信息，政府拥有最大的个人信息数据库。譬如2018年新修改的《中华人民共和国个人所得税法》就涉及个人隐私，第15条规定了为了让税务机关识别纳税人的身份，各相关职能部门都应给予配合，③仅就此条就可以看出，"政府"才是最了解每个人私人情况的人——不仅知道公民的个人信息

---

① 马明华：《公民参与视域中公共行政的法律控制》，《河南师范大学学报》（哲学社会科学版）2012年第2期。
② 党的十六大报告提出政府"经济调节、市场监管、社会管理和公共服务"四大职能。
③ 《中华人民共和国个人所得税法》第15条规定，"公安、人民银行、金融监督管理等相关部门应当协助税务机关确认纳税人的身份、金融账户信息。教育、卫生、医疗保障、民政、人力资源社会保障、住房城乡建设、公安、人民银行、金融监督管理等相关部门应当向税务机关提供纳税人子女教育、继续教育、大病医疗、住房贷款利息、住房租金、赡养老人等专项附加扣除信息。个人转让不动产的，税务机关应当根据不动产登记等相关信息核验应缴的个人所得税，登记机构办理转移登记时，应当查验与该不动产转让相关的个人所得税的完税凭证。个人转让股权办理变更登记的，市场主体登记机关应当查验与该股权交易相关的个人所得税的完税凭证。有关部门依法将纳税人、扣缴义务人遵守本法的情况纳入信用信息系统，并实施联合激励或者惩戒。"

(户籍信息、身份证号码、护照信息、电话号码),还了解公民的医疗健康信息、基因信息,还知道公民的动向信息(住宿信息[1]、车票信息[2]、机票信息),甚至公民的财务信息(不动产信息、车辆登记信息、股票等金融账户等)……公法的核心在于防止国家权力的滥用,在隐私权保护领域亦是如此,立法目标是通过限制国家不当搜集和滥用个人信息,来防止国家大范围地介入私人生活和私人领域,从而确保个人人格在信息化时代下仍旧享有充分的自我确定和自我开展。[3] 简言之就是要限制和控制政府在个人信息收集、使用、制作等方面的权力。不容怀疑的是,为维护社会稳定,处于保护国家安全、公共安全的需要,政府收集信息是很有必要的,也有利于社会治安的综合管理,但这些权力的行使必须符合比例原则,不得滥用。

(二)《个人信息保护法》对隐私权的行政法保护

《个人信息保护法》是信息时代保护公民隐私的综合性立法,其中对国家机关处理个人信息做了特别规定,包含了国家机关收集、处理公民个人信息的内容以及政府对隐私权保护的内容。《个人信息保护法》明确国家机关履行法定职责处理个人信息除了遵循个人信息保护法一般规定中的基本原则外,还特别规定国家机关在个人信息的处理和利用应当根据依法行政基本原则依法定程序、法定权限进行,遵循告知并同意的原则处理个人信息,对依职权获取的个人信息的保密义务、安全保障义务等。同时还规定了政府对非国家机关信息处理主体处理个人信息行为的监督职能,完善国家网信部门和国务院有关部门在各自职责范围内对个人信息保护的统筹协调及监督管理。

---

[1] 公安部颁行于1987年11月10日的《旅馆业治安管理办法》第6条规定,旅馆接待旅客住宿必须登记。登记时,应当查验旅客的身份证件,按规定的项目如实登记。颁行于1986年的《中华人民共和国治安管理处罚条例》第29条规定,违反户口或者居民身份证管理,有下列行为之一的……旅店管理人员对住宿的旅客不按照规定登记的;出租房屋或者床铺供人住宿,不按照规定申报登记住宿人户口的。处50元以下罚款或者警告;有第四项或者第五项行为的,处100元以下罚款或者警告。

[2] 根据交通运输部《铁路旅客车票实名制管理办法》,购买火车票需提供有效身份信息,取票、进站时均需要提供有效身份证件。

[3] 赵宏:《从信息公开到信息保护——公法上信息权保护研究的风向流转与核心问题》,《比较法研究》2017年第2期。

（三）信息公开中的隐私权保护

现代行政中政府对人们生活的介入越来越广泛，在实现社会管理、提供公共服务的过程中掌握了大量公民个人信息，电子技术、网络的发展也使得政府对公众个人信息的收集、储存、传播、检索、利用达到了前所未有的程度。政府信息公开制度是现代公共行政中通过保障公民的知情权进而实现公民参与权的制度设计，具有民主价值，有利于实现政府工作的透明化，阳光行政有利于遏制腐败，也有利于保障社会公平，并能在更大程度上保证民众与政府的沟通，有利于政策的推行。但隐私权也是现代社会的重要人权，是关涉人的尊严和私生活不受干扰的基本权利。政府信息公开制度和个人信息保护制度都面临着同一个问题，就是知情权和隐私权、公共领域与私人领域的利益平衡。为保障公众知情权而进行的政府信息公开也难免会涉及第三方的个人信息，如何保护第三方的隐私权就需要在公民的隐私权和公众知情权之间做到利益衡量。某些国家的立法模式和执法机制就体现了它们之间的这种联系：在立法模式上，有的国家在同一部法律中规定个人信息保护与政府信息公开，例如，匈牙利[①]、南非[②]等；在执法机制上，另外一些国家，虽然在立法模式上没有合二为一，但在执法环节由同一机构负责这两项制度的实施从而实现公民个人信息保护与政府信息公开的兼顾，例如，美国司法部信息与隐私办公室负有推动政府信息公开与个人信息保护的双重责任，日本信息公开与个人信息保护审查会作为高层次的机构，实现了多部法律执法机制的统一。[③] 无论是立法合一还是执法机制的统一，都体现了对个人信息的行政法保护离不开政府信息公开制度的建立，但是如何在政府信息公开中实现对个人信息的行政法保护呢？

信息公开制度的确立有利于满足公民的知情权。自第二次世界大战结束以后，知情权在各国纷纷从应然权利转化为法定权利。[④] 那么知情权的实现在很大程度上要依赖于个人公开自己的个人信息。

在上述原则的论述中指明了信息主体知情权的满足所包括的两个方

---

① 匈牙利 1992 年制定的《个人数据保护与公共利益数据公开法》。
② 南非 2000 年制定的《信息公开促进法》。
③ 周汉华：《个人信息保护法（专家建议稿）及立法研究报告》，法律出版社 2006 年版，第 64 页。
④ 杨海坤、章志远：《中国行政法基本理论研究》，北京大学出版社 2004 年版，第 476 页。

面——一是政府的信息公开,二是信息公开中的个人信息保护。由于政府机关掌握着大量的个人信息,加之其公权力属性,因此,个人信息行政法保护法中公开制度的确立,需特别注意政府信息公开和个人信息行政法保护之间的关系。2008 年 5 月 1 日起施行(2019 年 4 月 3 日修订)的《政府信息公开条例》明确:制定这一条例是为了保障公众对政府信息的知情权实现,充分利用政府信息发展生产、服务社会。① 为保障知情权的实现,政府信息"以公开为原则,不公开为例外"。《政府信息公开条例》第 13 条明确了政府信息原则上应当公开,第 14 条、第 15 条、第 16 条规定了不予公开、不得公开的例外情形。根据《政府信息公开条例》第 15 条规定涉及商业秘密、个人隐私等公开会对第三方合法权益造成损害的政府信息,行政机关不得公开。但是,第三方同意公开或者行政机关认为不公开会对公共利益造成重大影响的,予以公开。这一规定第一要旨是保护公民、法人、其他组织的商业秘密和公民的个人隐私,也就是说,涉及第三方的商业秘密或个人隐私的事项,原则上是不公开的。《政府信息公开条例》对商业秘密和个人隐私并未作出规定,这是基于其他部门法已做出规定的考虑或者是本身难以定义。关于商业秘密,根据《反不正当竞争法》等法律、法规和国家有关规定,一般将其界定为不为公众所知悉、能给权利人带来经济利益、具有实用性并经权利人采取保密措施的技术信息和经营信息。而隐私权的界定相对较晚,虽然《侵权责任法》首次规定了"隐私权",但同样未对"隐私权"作出规定。《民法总则》规定了自然人享有隐私权,依法保护自然人的个人信息。《民法典》在之前立法的基础上,明确了对隐私权和个人信息的法律保护,并对隐私和个人信息做出了界定②,将隐私描述为"自然人的私人生活安宁

---

① 《政府信息公开条例》第 1 条规定,为了保障公民、法人和其他组织依法获取政府信息,提高政府工作的透明度,建设法治政府,充分发挥政府信息对人民群众生产、生活和经济社会活动的服务作用,制定本条例。

② 《民法典》第 1032 条规定,自然人享有隐私权。任何组织或者个人不以刺探、侵扰、泄露、公开等方式侵害他人的隐私权。隐私是自然人的私人生活安宁和不愿为他人知晓的私密空间、私密活动、私密信息。第 1034 条规定,自然人的个人信息受法律保护。个人信息是以电子或者其他方式记录的能够单独或者与其他信息结合识别特定自然人的各种信息,包括自然人的姓名、出生日期、身份证件号码、生物识别信息、住址、电话号码、电子邮箱、健康信息、行踪信息等。个人信息中的私密信息,适用有关隐私权的规定;没有规定的,适用有关个人信息保护的规定。

和不愿为他人知晓的私密空间、私密活动、私密信息"。因此，司法实践中还要面对个人信息保护的问题。

依据 2019 年修订后的《政府信息公开条例》的规定，商业秘密和个人隐私并不是绝对的不公开，只有涉及商业秘密、个人隐私的政府信息公开后会对第三方合法权益造成损害的不得公开，可见涉及个人隐私的政府信息不公开是有条件的，即公开会损害到第三方合法权益，同时在但书部分又规定了例外情况，即经第三方同意的予以公开，行政机关认为不公开会对公共利益造成重大影响的予以公开。① 从该规定来看，涉及第三方权益的政府信息公开方式有两种，一是自愿公开，作为权益主体的第三方同意的可以公开；二是强制公开，行政机关经"公共利益"衡量后为维护公共利益，即使第三方不同意，也可以公开。

2019 年修订后的《政府信息公开条例》对涉及第三方合法权益的政府信息公开做了完善，规定了会损害第三方合法权益的应征求第三方的意见，第三方答复的期限以及第三方逾期答复及不同意公开且有合理理由的不公开，充分考虑了第三方的意见，但又规定了行政机关的决定权——认为不公开可能对公共利益造成重大影响的，可以决定公开，然后告知第三方。但实践中仍面临一些问题，第一个问题是涉及商业秘密、个人隐私的政府信息不公开的前提是"会损害第三方合法权益"，那么是否对第三方合法权益造成损害如何判断，由谁来判断。根据《政府信息公开条例》的规定，依申请公开的政府信息公开损害第三方合法权益的，行政机关应当征求第三方的意见②，可以理解为行政机关征求第三方意见的前提是认为信息公开会损害第三方合法权益，那么如何判断拟公开的政府信息会损害第三方合法权益，"会损害第三方合法权益"由谁来判断，是行政机关主动判断认定还是第三方提出异议，抑或是只要涉及第

---

① 《政府信息公开条例》第 15 条规定，涉及商业秘密、个人隐私等公开会对第三方合法权益造成损害的政府信息，行政机关不得公开。但是，第三方同意公开或者行政机关认为不公开会对公共利益造成重大影响的，予以公开。

② 《政府信息公开条例》第 32 条规定，依申请公开的政府信息公开会损害第三方合法权益的，行政机关应当书面征求第三方的意见。第三方应当自收到征求意见书之日起 15 个工作日内提出意见。第三方逾期未提出意见的，由行政机关依照本条例的规定决定是否公开。第三方不同意公开且有合理理由的，行政机关不予公开。行政机关认为不公开可能对公共利益造成重大影响的，可以决定予以公开，并将决定公开的政府信息内容和理由书面告知第三方。

三方的信息的都征求第三方的意见。第二个问题是第三方"不予答复"的法律效果是什么呢？第三方逾期未提出意见的，由行政机关决定是否公开，也就是把是否会损害第三方合法权益的判断权交给了行政机关，行政机关如何做出决定没有明确的法律规定。第三个问题是第三方强制公开缺乏听证程序和救济程序。行政机关认为涉及商业秘密和个人隐私的强制公开程序，此公开行为不属于行政处罚也不是行政强制，但很显然也会侵犯当事人的合法权益，从程序上应设定听证程序，同时应该设定相应的救济程序。第四个问题是公开的方式及保障措施，因为涉及商业秘密和个人隐私，因此公开的范围必须限定一定的方式，并且需要一定的保障措施，比如申请人必须做相应的保证。第五个问题是在政府信息公开案件中对是否属于"商业秘密""个人隐私"是否需要作司法认定，我们认为对于政府信息公开是否涉及"商业秘密""个人隐私"，应由人民法院在审理案件时通过司法程序进行司法认定，也就是将第三方以"商业秘密""个人隐私"的抗辩是否成立交由司法程序予以认定，而不是简单地以第三方做出抗辩意见就予以认定，因为这不仅仅是涉及事实判断，还涉及价值判断问题。

三 患者隐私权的民法保护

（一）《民法典》隐私权制度的完善

《民法典》第110条、第1034条分别对隐私权和个人信息作了规定，把个人信息作为一种应予保护的利益作了制度设计，但二者依然存在着剪不断理还乱的"纠结"。隐私权的客体包含了私密性的私人信息，但私密性不但是一个主观的概念，而且是涉及自主决定的问题——第1034条规定的个人信息很多内容完全带有私密性。另外，有人认为身份证号码一般认为不具有私密性，但也有很多认为具有私密性。根据《身份证法》的规定，完全可以理解为具有私密性。[①] 另外，《民法典》第1033条列举了侵犯他人

---

① 《中华人民共和国居民身份证法》第19条规定，国家机关或者金融、电信、交通、教育、医疗等单位的工作人员泄露在履行职责或者提供服务过程中获得的居民身份证记载的公民个人信息，构成犯罪的，依法追究刑事责任；尚不构成犯罪的，由公安机关处十日以上十五日以下拘留，并处五千元罚款，有违法所得的，没收违法所得。

隐私的行为表现，第1037条第2款规定了自然人对违法或者违反约定处理自己的个人信息的处理方式。根据这两条的规定，前者属于侵犯隐私权的行为，后者是信息收集的违法行为，两者采取的救济方式并不完全相同，违法搜集个人信息的行为与刺探行为的区别在哪里呢？还有第1036条规定对处理个人信息行为的免责情形的规定显然缺乏制约条件，例如为学术研究、课堂教学或者统计目的在合理范围内实施的行为、为维护公序良俗而实施的必要行为，对于这些情形应该规定具体的使用条件，比如隐去当事人身份信息等，这才能确保个人隐私问题。基于此，隐私权的具体保护应该在具体的案件中结合《民法典》和《个人信息保护法》综合认定。

（二）《个人信息保护法》对隐私权的民法保护

《个人信息保护法》作为一项综合立法，其中对平等主体之间的人身财产关系属于民事特别法的内容，对隐私权进行民法保护。首先，《个人信息保护法》界定了个人信息的范围，在此基础上区分了敏感信息和一般信息，并确定了不同的保护标准。其次，《个人信息保护法》确定了处理个人信息的原则——合法正当原则、诚信原则、知情同意原则、目的明确合理原则、限制利用原则、完整正确原则、安全原则等。再次，还明确了信息主体在处理个人信息活动中的权能：信息决定权、信息保密权、信息访问权、信息更正权、信息可携权、信息封锁权、信息删除权、被遗忘权。最后，对个人信息处理主体对个人信息的收集、处理和利用时的义务做了明确的规定，以规范非国家机关信息处理主体的行为。

四 患者隐私权的刑法保护

隐私权虽然是一项产生较晚的人格权，权利的客体不确定且随着人类文化及社会经济的发展一直在不断扩大之中，对此几乎无法做出准确的表述。但隐私权不同于其他的人格权，隐私权直接从人的人格尊严衍生而来，是保护人作为人最起码的尊严、生活的安宁和安全，因而成为一种宪法性权利。故此，将隐私权纳入刑法保护是非常有必要的，并使其自身具备适应复杂多变社会现实之能力。对隐私权的刑法保护方面，我国刑法已经规定了非法搜查罪，非法侵入住宅罪，侮辱罪，诽谤罪，侵犯通信自由罪，私自开拆、隐匿、毁弃邮件、电报罪，出售、非法提供公民个人信息罪，非法获取公民个人信息罪，伪造、变造居民身份证罪，非法生产、销售间谍专用器材罪，非法使用窃听、窃照专用器材罪，非法侵入计算机信息系统罪，破坏计算机信息系统罪等直接或间接保护公民隐私权的罪名。2015年《刑法修正案（九）》通过后又加强了对公民个人隐私、个人信息保护的一些罪名如侵犯公民个人信息罪，伪造、变造、买卖身份证件罪（取消伪造、变造居民身份证罪罪名），使用虚假身份证件、盗用身份证件罪，拒不履行信息网络安全管理义务罪，编造、故意传播虚假信息罪，泄露不应公开的案件信息罪，披露、报道不应公开的案件信息罪。这些罪名大多数都不是直接侵犯隐私权的，因此对于直接侵犯隐私权的行为我们依然存在着法律上的缺位。

（一）我国刑法应规定泄露职业秘密罪

根据国外成熟的立法经验，将因特定的业务需要和原因知悉的信息予以泄露的，大都是侵犯隐私的犯罪行为，如《德国刑法典》第203条、《法国刑法典》第226-13条、《葡萄牙刑法典》第195条、第196条、《意大利刑法典》第622条、第623条、《保加利亚刑法》第145条、《希腊刑法典》第371条、《日本刑法典》第317条都规定了侵犯职业秘密罪，同时将这项权利赋予受害人，作为亲告罪来处理。根据我国《刑法修正案九》第253条之一的规定，我国刑法并没有专门的泄露职业秘密罪，而是将泄露职业秘密置于侵犯公民个人信息罪项下。

根据我国现有的立法及司法解释，侵犯公民个人信息罪属于公诉案件，而且只有达到特定的标准比如泄露500条以上的健康信息才能构成此罪，这不利于公民隐私权的保护。故此建议修改相应的立法，单独规定泄露职业秘密罪，建议规定："从事医疗业务、法律业务、会计业务或者其他基于与委托人的信赖关系而知悉他人秘密的业务的人或者其辅助者，或者曾经处于这种地位的人，无正当理由，泄露由于处理业务而知悉的他人秘密，侵犯他人隐私的，处一年以下有期徒刑、拘役、单处或并处罚金。单位犯本罪的，对单位判处罚金，并对其直接负责的主管人员和其他直接责任人员，依照本条的规定处罚。本罪告诉的才处理。""国家机关工作人员，无正当理由，泄露由于处理业务而知悉的他人秘密，侵犯他人隐私的，处一年以下有期徒刑、拘役、单处或并处罚金。本罪告诉的才处理。"

（二）我国刑法应规定侵犯私生活罪

随着科学技术的发展，各种摄制器材充斥于世，偷拍偷录行为随处可见，酒店、公共厕所等公共场所的偷拍偷录严重侵犯隐私的行为屡见报端,优衣库事件类似的恶行也是司空见惯。法国刑法已规定侵犯私生活罪,葡萄牙刑法规定了侵入私生活罪,芬兰刑法规定了窃听罪、偷窥罪[1],我国刑法应予以借鉴,规定侵犯私生活罪,以惩治偷拍偷录严重侵犯公民隐私权的行为。

建议规定:"未经他人同意,使用任何手段,监听、录制或转播他人私人性质的谈话或秘密谈话,或者是监听、录制、转播他人在私人场所的形象,故意侵犯他人私生活,处1年以下有期徒刑或拘役并处罚金。将前款资料保存、透露给公众或第三人的,依照前款处理。本罪告诉的才处理。"

第三节 患者隐私权的"医患关系法"保护构建

一 医患关系的性质

只有明确界定医患关系的性质,才能更好地作出调整医患关系的制度设计。在我国现行的法律体系中,没有一部法律明确界定医患关系的法律性质。我们先从医疗机构及医务人员的职责入手,了解其职责,界

---

[1] 《法国刑法典》第226-1条规定,未经他人同意,使用任何手段,监听、录制或转播他人私人性质的谈话或秘密谈话,或者是监听、录制、转播他人在私人场所的形象,故意侵犯他人私生活,处1年监禁并科45000欧元罚金。如上述行为系在当事人完全知情的条件下完成,当事人有可能予以反对而未予反对的,推定当事人同意。第226-2条规定,保存通过第226-1条所指行为而得到的录音、录像或资料,将其透露给公众或示之第三人,或者指使他人将其透露给公众或示之第三人,或者以任何方式使用此种资料的,处相同之刑罚。如前款所指罪是经文字或视听新闻途径实行,关于确定有责任人员,适用有关法律之特别规定。《葡萄牙刑法典》第192条规定,出于侵犯他人私人生活尤其是家庭生活或者性生活隐私的目的,在未经同意的情况下实施下列行为的:截取、录音、记录、使用、传送、泄露谈话内容、电话通讯、电子邮件或者详细的费用结算记录;获取、以相机摄取、拍摄、记录、泄露他人的肖像或者属于隐私的物品、空间的图像;对处于私人空间的人进行偷窥或者偷听其说话;或者泄露有关他人私人生活或者严重疾病的事实;处不超过1年监禁或不超过240日罚金。如果作为实现合法并且重要的公共利益的适当手段而泄露有关他人私人生活或者严重疾病的事实不应当追究刑事责任。《芬兰刑法典》第5条规定,凡使用技术设备,非法收听或记录无意被其知晓的,且发生在私人房产里的讨论、谈话或其他私生活的声音的,通常是无意被其或第三方知晓的秘密谈话,且当时的谈话环境让说话者没有理由相信有第三方正在窃听的,以窃听罪论处,处以罚金或者1年以下的监禁。未遂行为是可罚的。《芬兰刑法典》第6条规定,凡使用技术设备,非法监视或监控在家庭房产、洗手间、更衣间或其他类似地点里的人,或向公众封闭的建筑、公寓或围墙包围的庭院里的人,在这些地方发生的该行为侵犯了个人隐私,且以偷窥罪论处,处以罚金或者1年以下的监禁。未遂行为是可罚的。

定其工作性质。国务院于1994年2月26日发布、2016年2月6日修改施行的《医疗机构管理条例》第3条规定了医疗机构"救死扶伤，防病治病"、服务公民健康的宗旨；《中华人民共和国执业医师法》第2条规定了医师的资格和范围，第3条规定了医师应具备职业道德和医疗技能，医师"防病治病、救死扶伤"的职责，医师履行职责应该受到法律保护；《护士条例》第2条规定了护士的资格以及护士依法从事护理活动，履行医疗、卫生、健康的职责。《乡村医生从业管理条例》第2条、第15条分别规定乡村医生的资格及乡村医生的预防、保健和一般医疗服务职责。从上述规定来看，医疗机构和医务人员的业务是进行救死扶伤的诊疗活动，保护患者健康的医疗服务。

我们再从医疗机构和医务人员的职业活动中考察。《医疗机构管理条例》第24条规定了医疗活动的许可制度，第25条规定了医疗机构依法执业、遵守医疗技术规范，第26条、第27条、第28条规定的是医疗机构在具体的执业过程中应当遵守的规范。《医疗机构管理条例》第33条规定了医疗机构施行手术、特殊检查或者特殊治疗时的"知情同意"等。《执业医师法》第23条规定，医师签署有关医学证明文件、填写医学文书等义务，第24条规定的是医师紧急处置权和义务，第25条、第26条、第27条规定的医师执业应当遵循的规范。从这些规定来看，医疗机构和医务人员进行的医疗活动是一种服务活动，这种服务活动并不是无偿的，是一种需要遵守法律法规及医疗规范的有偿服务。

从以上分析来看，医患关系应当是一种在平等的基础上医疗机构与患者之间形成的契约关系。医患关系的平等主要体现在——医疗机构一方应当尊重患者方的就医权利，无差别地对待患者一方，患者尊重医疗机构及工作人员的劳动，积极配合治疗，从而更好实现诊疗目的。但由于患者缺乏医学知识以及对疾病认知不足，往往使得在寻求救治时处于弱势地位，无论从治疗方案、诊治手段还是用药方面几乎是无条件服从于医疗机构一方，虽然相关法律规定有保障患者知情权、决定权等维护患者一方的权利，但在医患之间事实上的不平等不容忽视，甚至因为"受制于人"，患者不得不贿赂医生以求得到合理对待，但在法律上，医患关系是平等的法律关系。

二 "医患关系法"隐私权保护的制度设计

(一)《基本医疗卫生与健康促进法》存在的问题

2019年12月28日,《基本医疗卫生与健康促进法》经十三届全国人大常委会第十五次会议表决通过,并于2020年6月1日实施。该法将基本公共卫生服务与基本医疗服务合并立法,并在第15条中明确规定"基本公共卫生服务由国家免费提供"。陈云良教授主张基本医疗服务和公共卫生服务应该分开立法,因为这是两种性质完全不同的服务,它们的运行方式、管理模式、责任承担都不同。公共卫生是一定地域内的由政府主导和负责的公共健康事业,包括疾病的预防、延长人的寿命和关注人的身心健康,公共卫生事业的公共性决定了经费由国家承担。而基本医疗则是个人患病时到医疗机构接受诊治的活动,为了保障每个患者都能够得到及时有效的治疗,减轻患者家庭的负担,现代的基本医疗是由政府、社会和个人共同承担的。因此基本医疗服务和公共卫生服务放在一起立法会不利于法律实施。我国关于公共卫生的立法虽然没有统一法典,但涉及公共卫生各领域的单行法已比较完备,我国现有的《食品安全法》《传染病防治法》《职业病防治法》《精神卫生法》《母婴保健法》《国境卫生检疫法》等形成了我国的公共卫生立法体系,那么再在"基本医疗卫生法"中对公共卫生制度进行笼统规定无太大必要,事实上,《基本医疗卫生与健康促进法》第20条、第23条、第28条关于公共卫生的规定只是对相关单行法的重复,并无特别的补充完善。[①] 另外,对基本医疗和公共卫生分别单独立法也是世界大多数国家的普遍做法,譬如日本、德国、美国等都是医事法和公共卫生法单独立法。陈云良教授认为,《基本医疗卫生与健康促进法》把健康促进单独作为一章使得整部法律的逻辑更加混乱。健康促进和医疗卫生含义并无明显的区别,公共卫生的内容事实上已经包含了健康促进的内容。《基本医疗卫生与健康促进法》关于促进健康的主要措施都属于公共卫生范畴,也都属于我国卫生和计划生

[①] 《中华人民共和国基本医疗卫生与健康促进法》第20条规定的传染病控制、第23规定的职业病防治、第28条规定的心理健康服务。

育行政管理机关历来掌管的工作职责范围。①

可见,《基本医疗卫生与健康促进法》应当立足于发展医疗卫生事业、保护人民健康,把提高公民的健康水平、保障公民的健康权作为最终立法目的,因为健康权是公民的社会权,不同于一般的民事权利,对健康权应当是宪法、行政法和民法的综合保护,宪法确定其基本权利属性,行政法通过政府行政许可、行政监督、公共服务等制度进行管理和服务,民法(特别法)通过合同制度、侵权责任制度确定健康权及其救济,围绕同一立法目的分别立法。

(二) 关于制定我国"医患关系法"的设想

我国现行医疗领域的相关法律、法规缺乏统一性、系统性,立法理念相对滞后,不能够适应当前医疗事业发展的需要,尤其是在部门立法中,不能按照科学立法的原则和理念来设定医患双方的权利义务,导致医患之间的权利义务失衡,造成实践中的医患关系不对等。另外由于现行法律规范更侧重于从行政管理的角度规范医患双方的关系,更多体现了作为管理一方的政府的意志,很少考虑到作为当事人双方的医患双方的真正利益诉求。而且现有立法中的医患关系规定存在冲突和矛盾,② 例如告知的内容、对象,相关规定并不一致。③ 为了解决实践中日益增多的医患纠纷,维护良好的医疗秩序,规范医患关系,有必要制定统一的"医患关系法",科学地规范医患关系,以实现医疗领域的法治化治理。"医患关系法"应既是一部医患关系的基本法,也更应该是一部医患关系的平衡法,通过合理、科学的规定规范双方的权利义务,实现医患双方

---

① 陈云良:《基本医疗卫生立法基本问题研究——兼评我国〈基本医疗卫生与健康促进法(草案)〉》,《政治与法律》2018年第5期。

② 申卫星:《医患关系的重塑与我国〈医疗法〉的制定》,《法学》2015年第12期。

③ 根据《执业医师法》第26条的规定,告知的内容是病情,告知的对象是患者或者家属;根据《医疗事故处理条例》第11条的规定,告知的内容是病情、医疗措施、医疗风险等,告知的对象是患者;根据《医疗事故处理条例实施细则》第62条的规定,医疗机构应当尊重患者对自己的病情、诊断、治疗的知情权利,在实施手术、特殊检查、特殊治疗时,应当向患者作必要的解释。因实施保护性医疗措施不宜向患者说明情况的,应当将有关情况通知患者家属;根据《侵权责任法》第55条的规定,告知的内容包括病情和医疗措施,告知的对象首先是患者,不宜告知患者的,应告知其家属。可见,上述不同法律、法规关于医疗告知的内容和对象之规定存在较大差异,这会使得医师感到无所适从。

地位平等，权利义务的平衡。

（三）我国"医患关系法"的立法框架与制度设计

1. "医患关系法"的基本原则

在确立"医患关系法"的基本原则之前，需要明确区分公共卫生与医疗的不同：公共卫生是一项综合性的事业，医疗是一种服务行为，前者带有公共性和群体性，后者具有私人性和个体性。因此，公共卫生立法主要针对公众，重在宏观的管理如卫生体制、政府的职权职责、预防疾病，关注政府管理和服务；"医患关系法"调整的是在疾病诊治过程中患者与医疗机构及其工作人员之间发生的权利义务关系，主要是针对每个患者，重在疾病的治疗，关注患者自己的医疗保险如何实施，可见两者的定位和功能都不同。因此公共卫生法与"医患关系法"的基本原则也不同。"医患关系法"基本原则应立足于平衡医患双方的利益，它不仅指导"医患关系法"制定过程中的制度设计，更要贯穿到"医患关系法"的运行过程中。确立"医患关系法"的基本原则首先考虑到在接受诊治过程中患者在医学专业知识方面以及患病后人的心理、精神、身体等各个方面都处于弱势地位，为增强对患者一方的保护，患者生命健康权至上原则、患者知情同意权原则是首要确立的原则，这两个原则重在保护患者的生命健康权和人格尊严。其次，"医患关系法"应确立有利于医学发展原则、医患双方权利义务平衡原则，医学的发展是基于人类命运共同体的可持续发展，也是为了更好地服务患者，医患权利义务平衡则是从利益上维护医患双方关系的稳定。①

2. 保障公民健康权："医患关系法"的社会法属性

公民健康权是一项社会权，与传统的自由权不同，既包含消极的一面，如免受侵害，又包括积极的一面，需要国家和社会全面的保障。我国宪法对健康权的规定多以国家的积极义务的方式作了规定，即国家应积极发展公共卫生事业保障公民的健康权，公民的健康权即国家的义务。②"医患关

---

① 申卫星：《医患关系的重塑与我国〈医疗法〉的制定》，《法学》2015年第12期。
② 我国《宪法》第21条规定，国家发展医疗卫生事业，发展现代医药和我国传统医药，鼓励和支持农村集体经济组织、国家企业事业组织和街道组织举办各种医疗卫生设施，开展群众性的卫生活动，保护人民健康。第45条第1款规定，中华人民共和国公民在年老、疾病或者丧失劳动能力的情况下，有从国家和社会获得物质帮助的权利。国家发展为公民享受这些权利所需要的社会保险、社会救济和医疗卫生事业。

系法"的核心目的是保障公民健康权,因此立法中要把握其社会性的特点,立法既要保障公民健康权免受医方的侵犯,又要关注政府在保障公民基本医疗服务的可及性。①

3. 明确医患关系为契约关系:"医患关系法"的民法属性

医患关系为契约关系,这就决定了"医患关系法"是特殊的民事立法。医患双方的基本权利义务是相互对应的,即患者的权利就是医疗机构的义务,应尽可能地协助配合患者实现其权利,而患者的义务就是医疗机构的权利,即要保证医疗机构能够顺利地安排治疗方案,患者应配合医疗机构实现诊治。②

4. 强调患者的权利和医疗机构及医务人员的法定义务

因为医患关系在实质上的不平等,因此应该对患者的权利予以强调,并且强化政府和公益性组织的职能确保其顺利实现。患者有权利得到专业的、体贴的、尊重患者人格的医疗服务,包括治疗、护理、适当的咨询、膳宿、管理和技术方面,患者的人格尊严、隐私权得到很好地尊重与保障,有关个人的信息和病历资料,尤其是医疗信息,务必保密。

在患者的隐私权保障方面,明确规定医疗服务提供人依医疗契约实施的医疗行为,患者以外的他人不得观摩,患者允许的除外;诊治时也要确保不被无关人员观察。病历的制作、保管、查询、向第三人提供也应该纳入"医患关系法"经患者要求,医疗服务提供人应许其查阅、复制。就文件复制、查阅,医疗服务提供人得收取合理费用。未经患者同意,医疗服务提供人不得向患者之外的他人提供患者信息,不得允许他人查阅、复制病历。

5. 强调法律责任

法律责任是法律关系主体为自己违反法律、法规的行为所承担的法律后果。法律责任的承担有利于督促法律关系主体积极履行自己的义务,保障权利的实现。医患关系中的法律责任在相关法律规范中也有体现,我国《民法典》在侵权责任编专门规定了医疗损害责任,第 1225 条规定了医疗机构应当按照规定填写并妥善保管住院志、医嘱单、检验报告、

---

① 申卫星:《医患关系的重塑与我国〈医疗法〉的制定》,《法学》2015 年第 12 期。
② 申卫星:《医患关系的重塑与我国〈医疗法〉的制定》,《法学》2015 年第 12 期。

手术及麻醉记录、病理资料、护理记录、医疗费用等病历资料,第 1226 条进一步规定如果泄露病历资料应承担侵权责任,但并没有明确医疗机构是否承担侵权责任之外的其他法律责任。我国法律责任主要包括三类,民事责任、行政责任和刑事责任。医患关系之间的民事责任主要是指存在于医患双方之间用于规范医疗服务合同责任和医疗侵权责任;行政责任一方面指行政机关对医疗事故和患者违反医疗公共秩序进行的行政处罚,另一方面指卫生行政主管部门怠于履行维护患者健康的义务以及公安部门怠于履行维护医疗公共秩序的义务做应承担的行政不作为责任——如果涉嫌渎职犯罪的则要移交司法机关处理。医师因严重医疗过错而导致患者损害的、患者或者第三方侵害医师人身安全或者危害公共医疗秩序的,触犯刑法构成犯罪的,即可追究涉案人员相应的刑事责任。[1]

本章小结

隐私权是一项极其重要的人格权,不仅仅在民法等部门法上有着重要的意义,在宪法层面上其价值也极为重大,对宪法实施和公民其他权利的保护有着极其重要的意义。对患者隐私权的保护,要形成一个多层次的法律框架。首先在一般性的立法方面,宪法要构建以人的尊严为核心的隐私权保护制度;在行政法中的行政执法特别是政府信息公开领域要做好隐私权的保护,在个人信息保护方面加大政府的责任;在民事立法方面解决隐私与个人信息纠结的问题,解决好民法与个人信息保护的关系;在刑法方面要加强直接对隐私权保护的内容。对于卫生领域的立法,要尽快制定"医患关系法",明确医患双方的权利义务,完善患者隐私权的救济途径,强化政府监管部门的监管职责,切实对患者隐私权进行全面的保护。

---

[1] 申卫星:《医患关系的重塑与我国〈医疗法〉的制定》,《法学》2015 年第 12 期。

附录 "患者隐私权法律保护"调查问卷

您的性别 [单选题]

选项	小计	比例
男	1150	36.64%
女	1989	63.36%
本题有效填写人次	3139	

您的年龄 [单选题]

选项	小计	比例
18—30	2425	77.25%
31—40	273	8.7%
41—50	275	8.76%
51—60	132	4.21%
60 岁以上	34	1.08%
本题有效填写人次	3139	

您的学历 [单选题]

选项	小计	比例
初中及以下	35	1.12%
高中	62	1.98%
大学及以上（包括大学在读）	3042	96.91%
本题有效填写人次	3139	

您的专业背景身份是 [单选题]

选项	小计	比例
医务工作者（包括医疗机构的医师、药师、护士、在医疗机构实习的医科学生）	584	18.6%
法律从业者（法律专业毕业的人员以及在校法学专业学生）	812	25.87%
其他工作者	1743	55.53%
本题有效填写人次	3139	

1. 您认为以下事项哪些为患者隐私 [多选题]

选项	小计	比例
患者姓名	1739	55.4%
患者性别	1158	36.89%
患者婚姻状况	2172	69.19%
患者职业	2003	63.81%
患者年龄	1584	50.46%
患者工作单位	2451	78.08%
患者经济状况	2623	83.56%
患者社会关系	2544	81.04%
患者身份证号	2791	88.91%
患者联系方式	2525	80.44%
患者家庭住址	2770	88.24%
患者检查结果	2684	85.5%
患者疾病状况	2645	84.26%
患者治疗方案	2209	70.37%
患者用药情况	2166	69%
患者疗程情况	2116	67.41%
患者社保情况	1990	63.4%
本题有效填写人次	3139	

2. 您认为患者的哪类疾病信息属于隐私？[多选题]

选项	小计	比例
所有疾病	1177	37.5%
所有疾病（除了日常感冒发烧）；	1600	50.97%
肛肠类疾病	1115	35.52%
性疾病	1565	49.86%
生殖系统疾病	1540	49.06%
先天性心脏病	1019	32.46%
遗传性疾病	1301	41.45%
鼻子整容术	1259	40.11%
胸部整形术	1360	43.33%
生殖器官整形	1536	48.93%
本题有效填写人次	3139	

3. 您认为医疗机构及其医务人员的哪些行为（措施）侵犯了患者的隐私权？[多选题]

选项	小计	比例
使用叫号屏（显示患者姓名等）	910	28.99%
检查报告随意放置，可被他人察看	2737	87.19%
候诊室、治疗室设置不当，诊断、治疗时可被其他人看到、听到	2591	82.54%
在床位牌记载患者疾病等信息	1418	45.17%
病历资料可被他人翻阅（通过电脑查阅）	2662	84.8%
对患者身体进行不必要的触碰	2142	68.24%
现场教学刺探患者信息	1915	61.01%
收集患者信息	1465	46.67%
传播患者信息	2526	80.47%
泄露患者信息	2778	88.5%
利用患者信息	2457	78.27%
擅自进入诊室、病房	1921	61.2%
擅自公开患者的治疗计划、医疗行程等情形	2491	79.36%
本题有效填写人次	3139	

4. 整体而言，您认为我国法律对患者隐私保护重视程度如何？[单选题]

选项	小计	比例
非常重视	500	15.93%
一般重视	1259	40.11%
不太重视	961	30.61%
非常不重视	236	7.52%
不清楚	183	5.83%
本题有效填写人次	3139	

5. 整体而言，您认为我国医疗机构对患者隐私保护重视程度如何？[单选题]

选项	小计	比例
非常重视	448	14.27%
一般重视	1242	39.57%
没感觉	589	18.76%
不太重视	681	21.69%
非常不重视	179	5.7%
本题有效填写人次	3139	

6. 当您在接受医疗服务时，隐私权有没有受到医疗机构及其医务人员的侵犯？[单选题]

选项	小计	比例
有	641	20.42%
没有	1253	39.92%
说不清	1245	39.66%
本题有效填写人次	3139	

7. 医务人员询问乳腺疾病患者婚姻状况、性生活状况，您认为该患者会[单选题]

选项	小计	比例
情愿回答	753	23.99%
不情愿但不得不回答	2308	73.53%
不回答	78	2.48%
本题有效填写人次	3139	

8. 为了接受更好的治疗，您是否会向医务人员主动提供可能对诊疗有帮助的隐私信息？［单选题］

选项	小计	比例
会	1821	58.01%
不会	165	5.26%
看具体情况	1153	36.73%
本题有效填写人次	3139	

9. 某医院主治医生在某省电视台"寻医问药"栏目中，讲述了自己治疗的一个病例是河南省尉氏县大马乡大马村人。该医生的行为是否侵犯了患者的隐私权？［单选题］

选项	小计	比例
侵犯	1655	52.72%
不侵犯	909	28.96%
说不清	575	18.32%
本题有效填写人次	3139	

10. 某医院主治医生在国内医学期刊公开发表的学术论文中如此描述患者："马某，河南省尉氏县大马乡大马村人，年龄51岁，其主要症状是……"该医生的描述是否侵犯了患者的隐私权？［单选题］

选项	小计	比例
侵犯	2133	67.95%
不侵犯	619	19.72%
说不清	387	12.33%
本题有效填写人次	3139	

11. 一位护士在医院附近的饭店大厅就餐时，与非医务人员朋友高声谈论一个患者的病情及患者个人信息，该护士是否侵犯患者的隐私权？[单选题]

选项	小计	比例
侵犯	2827	90.06%
不侵犯	115	3.66%
说不清	197	6.28%
本题有效填写人次	3139	

12. 老王在某搜索引擎搜索了男科疾病的信息，自此该搜索引擎经常向其推荐壮阳类药物广告，某搜索引擎的行为是否侵犯老王的隐私权？[单选题]

选项	小计	比例
侵犯	2257	71.9%
不侵犯	458	14.59%
说不清	424	13.51%
本题有效填写人次	3139	

13. 老王在某某医生APP咨询了男科疾病的信息，随后登陆某购物网站时，该网站在首页就推荐了与男科疾病有关的营养品，您认为：[单选题]

选项	小计	比例
是巧合	162	5.16%
不是巧合，自己个人信息被收集、加工、出售了	2674	85.19%
说不清	303	9.65%
本题有效填写人次	3139	

14. 某医院将某患者在该院住院生子的诊疗信息提供给了该患者情人的妻子，某医院是否侵犯该患者的隐私权？[单选题]

选项	小计	比例
侵犯	2559	81.52%
不侵犯	301	9.59%
说不清	279	8.89%
本题有效填写人次	3139	

15. 某医院将某患者在该院的诊疗信息提供给了持有法院调查令的律师，某医院是否侵犯该患者的隐私权？[单选题]

选项	小计	比例
侵犯	776	24.72%
不侵犯	1995	63.56%
说不清	368	11.72%
本题有效填写人次	3139	

16. 某医院将其所有的患者信息上报给国家卫生主管部门，是否侵犯该患者们的隐私权？[单选题]

选项	小计	比例
侵犯	593	18.89%
不侵犯	2104	67.03%
说不清	442	14.08%
本题有效填写人次	3139	

17. 某医院将老王的病历资料提供给工伤认定部门用于工伤认定，是否侵犯老王的隐私权？[单选题]

选项	小计	比例
侵犯	379	12.07%
不侵犯	2502	79.71%
说不清	258	8.22%
本题有效填写人次	3139	

18. 某医院将老王的基因信息提供给了老王的女友，是否侵犯老王的隐私权？[单选题]

选项	小计	比例
侵犯	2384	75.95%
不侵犯	346	11.02%
说不清	409	13.03%
本题有效填写人次	3139	

19. 老王要求某医生不得将自己的健康检查资料提供给自己的妻子，但医生认为老王的妻子有知情权，就告诉了老王的妻子，该医生是否侵犯老王的隐私权？[单选题]

选项	小计	比例
侵犯	1566	49.89%
不侵犯	934	29.75%
说不清	639	20.36%
本题有效填写人次	3139	

20. 老王因混合痔、肛裂在某医院住院治疗，后来，老王的家人在上网时发现，老王部分病历信息被人制作成光盘在网上发布出售信息："移动医学院卫生部试听教程大量实践技能手术资料1000g移动硬盘"的手术类视频光盘，其中有老王就医的部分病历。某医院的行为是否侵犯老王的隐私权？[单选题]

选项	小计	比例
侵犯	2711	86.37%
不侵犯	164	5.22%
说不清	264	8.41%
本题有效填写人次	3139	

21. 患者刘某在做流产手术时，带教老师一边做手术一边给几名旁边观摩的实习生讲解示范，带教老师是否侵犯刘某的隐私权？[单选题]

选项	小计	比例
侵犯	1668	53.14%
不侵犯	899	28.64%
说不清	572	18.22%
本题有效填写人次	3139	

22. 在医院候诊区，护士对候诊的人群说："为了保护患者个人隐私，我不叫姓名，只叫编号……5号……5号患痔疮的那位患者进来吧。"该护士是否侵犯患者的隐私权？[单选题]

选项	小计	比例
侵犯	1706	54.35%
不侵犯	1014	32.3%
说不清	419	13.35%
本题有效填写人次	3139	

23. 某新闻媒体在一篇医疗事故的新闻报道中，披露了受害者的病历摘要，提到了受害者的受损部位（附睾）……该报道是否侵犯患者的隐私权？[单选题]

选项	小计	比例
侵犯	1851	58.97%
不侵犯	749	23.86%
说不清	539	17.17%
本题有效填写人次	3139	

24. 疾控部门发布某新冠肺炎患者近十日内的行踪轨迹，是否侵犯该患者的隐私权？[单选题]

选项	小计	比例
侵犯	473	15.07%
不侵犯	2312	73.65%
说不清	354	11.28%
本题有效填写人次	3139	

25. 疾控部门发布某新冠肺炎患者所接触的人员基本信息，是否侵犯接触者的隐私权？[单选题]

选项	小计	比例
侵犯	644	20.52%
不侵犯	2093	66.68%
说不清	402	12.81%
本题有效填写人次	3139	

26. 您认为在重大的疫情危机中，患者的隐私权与常态下的患者隐私权内容一样吗？[单选题]

选项	小计	比例
一样	452	14.4%
不一样	2340	74.55%
说不准	347	11.05%
本题有效填写人次	3139	

27. 在重大的疫情危机中，您是否担心餐厅、银行、商场、药房等门店登记来访者的个人信息会侵犯隐私权？[单选题]

选项	小计	比例
丝毫不担心	384	12.23%
有点担心	1966	62.63%
很担心	613	19.53%
不清楚	176	5.61%
本题有效填写人次	3139	

28. 您认为在重大的疫情危机中，利用大数据追踪疫情与人群接触史是否侵犯个人的隐私权？[单选题]

选项	小计	比例
侵犯	486	15.48%
不侵犯	2108	67.16%
说不清	545	17.36%
本题有效填写人次	3139	

29. 您认为在重大疫情危机中，确诊患者的哪些信息需要披露？［多选题］

选项	小计	比例
患者的身份证号码	1010	32.18%
患者的工作单位	1477	47.05%
患者的病史	1714	54.6%
患者的入院时间	2081	66.29%
患者的行动轨迹	2823	89.93%
患者的人际关系、亲属关系	1593	50.75%
患者的民族、政治面貌、学历	431	13.73%
患者住所、门牌号等	1169	37.24%
患者个人图像	932	29.69%
患者姓名	1297	41.32%
患者电话	883	28.13%
本题有效填写人次	3139	

30. 您认为在重大疫情危机中，公众的健康权与确诊患者的隐私权哪个更重要？［单选题］

选项	小计	比例
公众健康权更重要	1538	49%
患者隐私权更重要	92	2.93%
同等重要	1509	48.07%
本题有效填写人次	3139	